项目型组织知识转移

马 腾◎著

知识产权出版社
全国百佳图书出版单位
—北京—

图书在版编目（CIP）数据

项目型组织知识转移/马腾著. —北京：知识产权出版社，2023.6
ISBN 978-7-5130-8788-9

Ⅰ．①项… Ⅱ．①马… Ⅲ．①社会组织管理—研究 Ⅳ．①C916.1

中国国家版本馆 CIP 数据核字（2023）第 104143 号

责任编辑：栾晓航　王海霞　　　　　责任校对：谷　洋
封面设计：邵建文　马倬麟　　　　　责任印制：孙婷婷

项目型组织知识转移

马　腾　著

出版发行：知识产权出版社 有限责任公司		网　　址：http://www.ipph.cn	
社　　址：北京市海淀区气象路 50 号院		邮　　编：100081	
责编电话：010-82000860 转 8790		责编邮箱：93760636@ qq. com	
发行电话：010-82000860 转 8101/8102		发行传真：010-82000893/82005070/82000270	
印　　刷：北京建宏印刷有限公司		经　　销：新华书店、各大网上书店及相关专业书店	
开　　本：720mm×1000mm　1/16		印　　张：16	
版　　次：2023 年 6 月第 1 版		印　　次：2023 年 6 月第 1 次印刷	
字　　数：254 千字		定　　价：79.00 元	

ISBN 978-7-5130-8788-9

彩图 2-3　知识转移研究文献共被引网络图谱

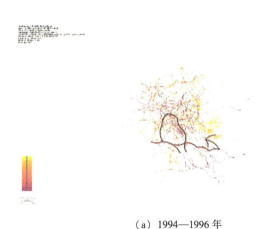

（a）1994—1996 年

彩图 2-4　1994—2022 年知识转移研究文献共被引网络演化图谱

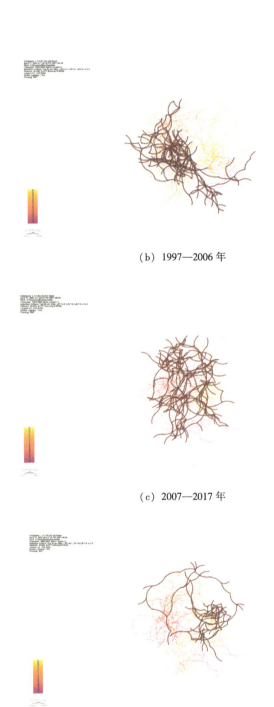

(b) 1997—2006 年

(c) 2007—2017 年

(d) 2018—2022 年

彩图 2-4　1994—2022 年知识转移研究文献共被引网络演化图谱（续）

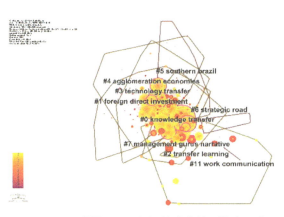

彩图 2-5　知识转移关键词共现图谱

彩图 2-6　知识转移关键词聚类图谱

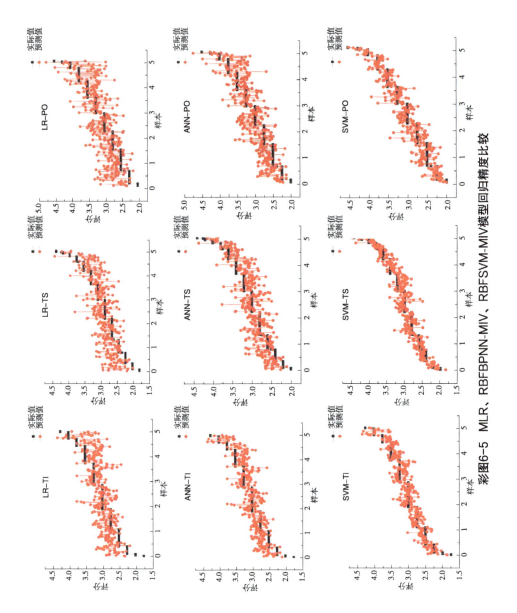

彩图6-5 MLR、RBFBPNN-MIV、RBFSVM-MIV模型回归精度比较

前　言

　　项目型组织（Project-Based Organization，PBO）作为一种新兴的组织形式，集成并整合了多种组织形式、专业智力资源及专业技术，受到业界和学术界的广泛关注。项目型组织是指以项目的形式为外部或内部客户提供成熟产品或服务的组织。项目实施过程中所积累的经验、知识创新成果是项目型组织持续发展的关键资源。项目型组织内部或项目之间有效地进行知识转移能够避免重复创新成本损失及重复同样的错误。尽管在项目型组织中均设立了适当的知识转移机制，但是真正能够在组织动态环境下有效地实现知识共享和再利用的组织仍然比较少。尤其是建设工程项目型组织，这类组织不同于一般组织，其所属"项目"往往具有临时性、一次性、复杂性和独特性等特点，组织成员具有异构性，项目成员由于分属不同的项目组织，使组织成员间缺乏沟通与协作。正是由于建设工程项目型组织自身的特点，造成其知识转移面临前所未有的挑战。

　　组织成员是否参与知识转移，取决于他们自身的知识转移意愿，其知识转移意愿又受到其所在组织情境的影响。此外，知识中介不但能够促进知识的转移，而且可以产生新的"中介知识"，能够弱化组织边界，促进组织间的知识交流与合作，提高项目型组织的生产力。针对上述问题，本书以建设工程项目型组织为研究对象，从实证角度统计分析和定量刻画项目型组织成员知识转移动机和组织情境对知识转移效果的影响，对辨析项目型组织成员知识转移动机和组织情境，创新项目型组织知识管理理论体系极为重要。从仿真分析和演化博弈的视角，探讨"知识中介"对项目型组织知识转移策略的影响。

本书在充分分析项目型组织知识转移过程要素的基础上，从成员知识转移动机和组织情境角度构建规范化的项目型组织知识转移要素系统，运用动态粒认知图模型进行要素特征选择。根据选择出的要素并结合经典研究量表，编制适合我国国情的项目型组织知识转移系统测量量表。分别运用多层线性模型、机器学习方法探讨项目型组织成员知识转移动机和组织情境对知识转移效果的影响机制，并对两种方法进行对比分析。运用系统动力学模型仿真知识中介模式下项目型组织知识转移效果，将决策人有限理论多群体演化博弈模型引入项目型组织知识转移三群体演化博弈分析中。

本书共 8 章，主要内容及结论如下。

（1）动态粒认知图模型应用于项目型组织知识转移要素特征选择，表现出优越的适用性

动态粒认知图模型既筛选出项目型组织知识转移系统的特征要素，又反映出各个特征要素之间的因果关系，增加了研究结果的直观性。研究结果显示，项目型组织成员知识转移效果（知识转移参与度、知识转移满意度、知识心理所有权）为全局控制变量；在知识转移动机要素中，平衡互惠、避免惩罚、员工情感承诺、成就动机较其他动机更为重要；在组织情境要素中，组织支持感、组织凝聚力、组织目标一致性较其他组织情境因素重要。这既为后续研究中制定测量量表奠定了基础，也为项目型组织管理者制定管理策略提供了指导方针。

（2）针对建设工程项目型组织的团队临时性、成员异构性等特点，运用多层线性模型探讨项目型组织成员知识转移动机和组织情境对知识转移效果的跨层次影响

以动机理论、社会认知理论、情境认知理论为理论基础，提出研究假设并构建理论模型。首先，运用零模型检验项目型组织成员知识转移动机和组织情境对知识转移效果影响的组间差异。其次，建立不包括第二层自变量的随机回归模型，对组织成员层面的个体间差异进行分析。结果表明：平衡互惠和成就动机对知识转移参与度有显著的正向影响；平衡互惠、成就动机、

避免惩罚动机对知识转移满意度有显著的正向影响；成就动机对知识心理所有权有显著的正向影响。最后，建立包括第二层自变量的随机回归模型，研究组织情境对成员知识转移动机以及知识转移效果的影响。结果表明：组织目标一致性、组织支持感能够促进平衡互惠、成就动机与知识转移参与度、知识转移满意度、知识心理所有权之间的正向关联；而组织凝聚力对于促进知识转移动机与知识转移效果之间的正向关联作用并不显著。以上研究结果有助于理解项目型组织成员知识转移动机和组织情境对知识转移效果的影响机制，为项目型组织制定激励策略提供理论指导。

（3）将机器学习算法应用于社会科学问题的分析研究

针对社会科学研究方法所存在的人工误差问题——验证假设不存在、潜在的关系没有得到验证，突破传统社会科学的研究范式，从"数据"出发，运用机器学习算法中的人工神经网络、支持向量机智能算法挖掘项目型组织成员知识转移动机、组织情境以及知识转移效果间的内在联系。从研究对象、研究方法、研究数据三个维度与多层线性模型进行对比分析，以期为社会科学领域相关问题的研究提供一种新的思路。从研究结果来看，两种方法得出的研究结论相近；从研究过程来看，多层线性模型研究得更加细腻，能够反映组间变化对个体的影响，而人工智能算法则能更加客观、精确地反映出成员知识转移动机、组织情境对知识转移效果的影响。

（4）基于知识中介视角，将多群体演化模型引入项目型组织知识转移研究

以系统动力学为理论基础，基于知识转移过程视角，构建知识中介模式下的知识转移系统动力学模型，使用 Vensim PLE 软件实现系统仿真，并验证模型的有效性和灵敏度。从研究结果来看，模型较好地拟合了知识中介模式下的知识转移过程，并且为研究知识转移动机和知识转移效果提供了一定的借鉴价值。由于先前的研究多集中于完全理性条件下的静态博弈和重复博弈，忽略了人的有限理性问题。因此，本书将决策人有限理性多群体演化模型引入项目型组织知识转移研究，将项目管理办公室视为项目型组织的知识中介，构建有限理性项目型组织的多主体知识转移博弈模型，计算得到基于项目型组织的三群体演化稳定策略。研究发现：影响知识转移稳定性策略的主要因素有制度因素、知识转移能力、知识溢出效应、知识协同效应、知识转移成

本以及知识转移奖惩措施，其中，知识协同效应、知识转移成本、知识转移奖惩措施决定了项目型组织知识转移行为的演化趋势。

本书在撰写过程中，得到了同济大学经济与管理学院曹吉鸣教授、加拿大阿尔伯塔大学（University of Alberta）Witold Pedrycz 教授的指导，得到了高星、缪莉莉、李冲、申良法、汤红霞、朱倩、林毅、陈倩、李峰等业界专家和同行的热情帮助，也得到了河北科技大学经济管理学院的大力支持，在此谨向他们致以衷心的谢意。此外，感谢刘娅同学在书稿修订过程中所做的工作。本书的研究工作获得了国家建设高水平大学公派研究生项目（留金发2014〔3026〕）、2023 年度河北省哲学社会科学学术著作出版资助（申报中）、河北科技大学引进人才科研启动基金项目的支持。

本书适合项目管理、工程管理、知识管理、组织学习及人力资源领域的研究者、高层管理者、从业人员阅读，可供高等院校项目管理、工程管理等相关专业感兴趣的学生和研究者参考，可作为政府、各类建筑企业、咨询单位等管理人员的参考用书。

由于作者的理论水平和实践经验有限，书中遗漏和不足之处在所难免，敬请各位专家、学者和读者批评指正。

|目　录|

第 1 章　绪论

近年来，随着全球经济一体化进程的推进，客户对产品的需求日趋非标准化，以"项目"为手段提供定制化产品或服务的项目型组织蓬勃发展于各行业，其中建设工程项目最为典型（Sydow et al.，2004）。三峡工程、西气东输工程、京九铁路等国家重点工程项目的完成，北京奥运会工程、上海世博会工程等大型市政工程项目的顺利实施，"五纵七横"高速公路网、高速铁路网、巨型港口等基础设施的兴建及顺利完工，都为未来各类工程项目的设计、施工、组织、使用、生产及运营积累了宝贵的知识财富。伴随着项目的实施，其所属的项目型组织所积累的知识也成倍增加，且项目知识被视为项目型组织重要的生产要素、经济资源和社会资本。项目内部乃至跨项目的知识转移不但能够促进项目自身的良性发展，而且有利于提升整个项目型组织的知识经济利益和知识创新速度。

本章主要介绍研究背景与意义，阐述研究内容与结构安排、研究方法与技术路线。

1.1　研究背景

项目型组织作为一种新兴的组织形式，集成并整合了多种组织形式、专业智力资源及专业技术，受到业界和学术界的广泛关注（DeFillippi and Ar-thur，1998；Sydow et al.，2004）。Srikanth（1991）最先指出了知识在项目中的重要传承作用，并建议以知识战略协助项目管理。新兴的知识经济理论更加强化了项目型组织在众多领域中快速反应和灵活多变的组织模式特性。Tesoriero（1999）认为，项目知识积累及经验总结对项目型组织管理能力的提高具有重要作用。项目知识是组织未来项目的宝贵经验，有效地识别、保存、转移项目知识可以避免项目型组织在后续项目中进行重复劳动，并可以规避风险（王众托，2003）。知识转移是一个组织单位受另一个组织单位的经验、专业技能等影响的过程。组织内部或组织外部的知识转移能力是一种主要的具有竞争优势的战略能力（Van Wijk et al.，2008）。随着项目规模日趋庞大、复杂性日渐明显，项目型组织知识的有效转移和利用正面临着前所未有的挑战（Bartsch et al.，2013）。项目型组织的知识管理以及知识转移等领域的研究在今后将受到极大的关注（Holzmann，2013）。

尽管项目型组织管理者在知识管理方面投入了较多的精力，但能够使项目型组织在动态的环境下有效地实现知识共享、转移、创新的组织仍然较少。造成项目型组织知识转移效率低下的因素有很多，很多学术论著和行业报告对此进行了专门的论述。Ajmal 和 Koskinen（2008）研究指出，项目型组织中知识转移的障碍和新知识的快速同化源于项目的不连续性，即临时性项目团队。员工一旦被分配到临时性项目团队中，就会被大量的工作和紧迫的工期所淹没。基于任务和目标导向的行为造成了项目团队成员的短视：只关注项目的可交付成果，而忽略了项目知识的获取和知识的转移。即使项目组织及时地获取了知识，其成员是否愿意并且能够参与知识交流与知识转移才是最重要的（Ajmal and Koskinen，2008）。此外，项目成员缺乏生命周期意识，项目成员间以及项目成员与组织间缺乏沟通及协作，信息技术投入不足，割裂的行业结构等也将对项目型组织知识转移产生影响。

项目型组织是以"项目"为基本单元，为客户提供产品或服务的组织。"项目"一般具有一次性、复杂性、长期性、独特性等特点。一方面，各个项目具有不同的任务目标，所需的专业知识背景不同，地理上分散，组织方面也保持相对独立。随着项目进度的深入，项目实施各阶段将产生大量基于实践经验的知识，成员个人根本无法完全掌握如此庞杂的知识体系，需要相互间的知识共享与沟通合作；另一方面，由于项目组织结构的临时性，一旦项目完成，项目成员将根据新的任务而重组，在项目组织不断地组建、解散、再组建的动态过程中，想要及时、准确地找到那些拥有特定知识的项目成员非常困难。项目知识尤其是隐性知识分别为不同的项目成员所拥有，其分布极不均衡，又由于项目成员分属不同的项目组织，因此，给项目型组织知识转移和共享造成了巨大的困难。

　　知识的载体主要为物理载体，如纸媒、音像制品、计算机等，同时，具有主观能动性的人也是知识的重要载体。知识的转移和共享是通过人的主观能动性来实现的。由此可见，"人"不但是知识的载体，还是知识转移的主要动力来源，"人"在知识的转移过程中起着至关重要的作用。另外，知识自身的属性和特点也影响着知识转移的速度与效率。"人"作为知识的载体和知识转移的助推力，在知识转移过程中的作用至关重要。那么，到底是什么激励着组织成员作出知识转移的决策呢？数十年来，国内外学者在动机领域，特别是在成就动机、惩罚动机、互惠动机、兴趣动机等方面进行了广泛的研究，取得了丰富的研究成果。动机是指引起、推动和维持个体活动的心理动因或内部过程。动机问题是心理学研究、组织人力资源研究的重要领域之一，并越来越受到项目型组织管理者的重视。

　　组织成员的个人成长和发展往往受到组织情境的影响与制约。情境认知理论认为，人是通过与外界环境直接接触和互动来决定自身行动的。在知识转移的过程中，组织成员通过对组织情境的认知、反思，来调整自己对知识的认知及获取行为。组织氛围研究认为，组织情境从工作任务、同事或主管的行为、组织政策三个方面影响组织成员的行为。

　　此外，知识中介有助于在知识需求者与知识源之间建立联系，加速知识转移并推动知识创新。项目管理办公室是介于项目高层管理和项目管理操作层之间的日常控制层，能够成功跨越项目型组织的边界，是高层管理者、项目团队和项目管理办公室成员之间的潜在知识桥梁。

　　尽管在企业管理、人力资源管理等领域有关组织情境、成员动机、知识中介对知识转移绩效的影响方面已有较多的研究，但是，以项目型组织为基础，研究组织情境对其成员知识转移动机的影响以及二者如何共同影响知识转移效果的情况鲜见。项目型组织由于受到自身特点的影响，其组织情境不同于一般组织。因此，有必要结合项目型组织的特点，对其知识转移系统进行梳理，并进一步厘清组织情境如何影响其成员知识转移动机及二者对知识转移效果的影响，分析引进知识中介概念后项目型组织知识转移策略的变化。这对项目型组织管理实践具有启发意义，并能够促进项目型组织管理理论与管理实践全面融合，具有重大的理论和实践意义。

1.2 研究意义

在系统综合集成理论、粒认知图理论和多层线性分析方法、机器学习方法的指导下，本书对项目型组织成员知识转移动机、组织情境、知识转移效果之间的相互关系及项目型组织管理实践展开研究；对项目型组织知识转移系统进行要素特征选择，根据要素特征选择的结果，结合经典文献及相关理论，构建项目型组织成员知识转移动机和组织情境对知识转移效果的跨层次影响模型；与机器学习方法的数据挖掘结果进行对比分析；基于知识中介视角进行系统动力学仿真，并开展项目型组织知识转移研究的多群体演化博弈分析。为项目型组织管理实践提供相应的策略，提升项目型组织知识转移、共享的整体能力，进而达到提高项目型组织知识利用率、节约并有效地利用资源、提升项目型组织整体效率的目的。本书的研究内容在理论和实践上具有重要意义。

1.2.1 理论意义

"项目"通过项目型组织的形式完成，具有唯一性、不确定性和复杂性，项目型组织在较多方面不同于一般商业组织，尤其是在组织知识转移方面。众所周知，有效的知识转移在项目型组织中长期发挥作用，因此，如何高效地整合、利用和转移知识对项目型组织的绩效至关重要。项目知识管理通常是项目型组织的复杂任务。这主要是因为项目团队由具有多样化技能的"人"组成，这些"人"在特定的时间内共同工作，但其缺乏彼此间的了解、信任以及合作，短时间内难以发挥最大效能。因此，本书以项目型组织成员为研究对象，从项目型组织成员的知识转移动机出发，运用多层线性模型以及机器学习方法探索项目型组织成员知识转移动机和组织情境之间的相互作用关系，以及两者对知识转移效果的影响，并基于知识中介构建系统动力学仿真模型及项目型组织多群体演化博弈模型，对突破传统社会科学研究方法的局限性、降低项目型组织知识转移系统的复杂性、拓展项目型组织的新型管理实践方法和技术，具有重要的理论意义。

第一，研究方法的拓展及应用。粒计算是一种看待客观世界的世界观和方法论。信息粒广泛存在于现实生活中，是对现实的一种抽象，信息粒化是人类处理和存储信息的一种反映（Bargiela and Pedrycz，2012）。本书以粒计算理论为基础，与动态认知图理论相结合，在原有粒认知图理论的基础上提出了动态粒认知图模型，并将其应用于项目型组织知识转移系统要素的特征选择中。

第二，跨层次分析的必要性。在社会科学研究中，个体行为既受到其自身特征的影响，也受到其所在环境的影响，因此应将个体效应与组间效应分割开来。如果只关注个体效应，而忽视组间效应，由于具有相似背景的个体的相似程度比其与组外个体的相似程度更高，那么在个体层面得到的相关系数可能有误；如果只关注组间效应，则会丢失重要的个体信息。现有研究通常只关注成员知识转移动机对知识转移效果的影响或者组织情境对知识转移效果的影响，而忽略了其组间效应，即不同组织情境对成员知识转移动机及知识转移效果的影响。本书应用多层线性模型研究项目型组织成员知识转移动机和组织情境对知识转移效果的跨层次影响，多层线性模型能够捕捉到高层结构数据（组织情境）对低层结构数据（成员）的影响效应，并且能够解释多层结构之间的复杂关系，对探索项目型组织成员知识转移动机、组织情境对知识转移效果的影响具有重要的理论意义。

第三，机器学习方法的应用。除了多层线性模型的应用，研究者试图探索一条基于数据而非假设的社会科学研究道路。因此，本书将机器学习方法应用于项目型组织成员知识转移动机、组织情境、知识转移效果三者间关系的挖掘上，提高了社会科学研究结果的科学性、精确性，为社会科学问题的研究提供了新思路。

第四，决策人有限理性多群体演化模型的应用。先前的大量研究是基于完全理性条件下的静态博弈和重复博弈，而实际上决策人是无法实现完全理性假设的。另外，项目型组织由各子组织组成，且每个子组织都有其独立的项目预期：尽量使自身的利益最大化。但是，项目型组织发展的理念是共赢，即在单个项目成功的同时，使项目型组织的利益最大化，而并不是追求局部最优。这种共赢的理念符合博弈论中多重合作博弈的解释。因此，本书基于知识中介将决策人有限理性多群体演化模型引入项目型组织知识转移的研究中，从而得出更准确的结论。

1.2.2 实践意义

进入 21 世纪后，为了适应复杂多变的市场经营环境和客户的非标准化需求，组织、企业任务多以"项目"的形式完成，因此，项目型组织应运而生（Van Donk and Riezebos，2005）。知识是保证项目型组织成功的关键资源，项目型组织只有有效地整合并利用分布在各个子项目和组织成员中的知识资源，才能达到缩短项目周期、降低项目成本、提高项目质量和客户满意度的目的，从而最终实现节约组织资源、提高组织绩效的目的。本书以项目型组织的基本构成单元——"人"为研究对象，研究不同组织情境下成员的知识转移动机对知识转移效果的跨层次影响，对项目型组织管理者制定项目管理策略、提升项目绩效具有重大的实践意义。

第一，项目型组织知识转移能动性的提升。

动机是驱使人从事各种活动的内部原因。知识需要一定的载体才能得以传播、应用、保存。显性知识可编码存储于文档中，隐性知识因其难以格式化，大多存储于人的头脑中，不可编码、难以转移。无论是显性知识还是隐性知识，其传播、交流、应用都需要"人"的参与，需要知识中介的桥梁作用。因此，要想提升项目型组织知识转移的能动性，加强知识流动，从而提升项目绩效，就应该从项目型组织成员知识转移动机、组织情境、知识中介等方面着手进行研究。

第二，项目型组织管理水平和绩效的提升。

项目型组织知识转移的主要目的是帮助"项目""项目型组织"提升绩效、迅速响应客户需求、减少重复性工作、共享最佳实践方案及生成新的技术和服务。国内外多位学者研究指出，项目型组织知识转移效率的提高有利于项目型组织创新，并能够提升项目型组织的绩效和客户满意度（Reich et al.，2012）。本书将粒认知图理论、多层线性模型、机器学习方法、系统动力学和多群体演化博弈与项目型组织知识转移管理实践联系起来进行研究，在借鉴国外相关研究的基础上，试图从中归纳总结项目型组织领域内具有普适性、共通性的研究结果，为我国项目型组织知识管理积累理论成果，为我国项目型组织管理者提供管理实践策略，从而达到节约组织资源、降低组织管理成本、减少组织重复资源浪费、提升组织知识管理水平和效率的目的。

1.3 研究内容与结构安排

1.3.1 研究内容

研究内容是整个研究的基石，应在明确的研究方向和研究目的下，决定以何种理论或研究方法为基础，对研究对象展开研究并对研究结果加以分析。本书以项目型组织成员知识转移动机、组织情境以及知识转移效果为核心概念开展相关研究，仿真模拟了知识中介对知识转移效果的影响，进行了基于知识中介的项目型组织知识转移多群体演化博弈分析。值得注意的是，本书从理论模型的构建到数据的收集、整理、仿真、分析，再到对项目型组织管理实践提出政策建议，都是以项目型组织的代表——建设工程项目型组织为研究对象开展的，以下简称"项目型组织"。

本书的研究内容紧紧围绕以下四个方面展开，如图 1-1 所示。

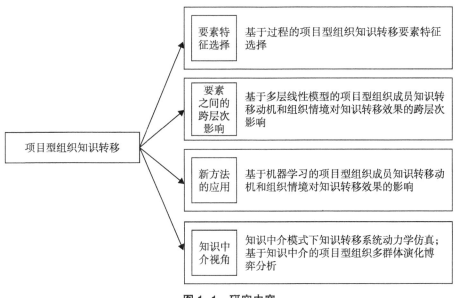

图 1-1 研究内容

1.3.2 结构安排

本书围绕项目型组织知识转移系统这一主题，梳理知识转移研究的相关文献，从项目型组织成员知识转移动机、组织情境以及知识转移效果三个方面出发，设计了整体研究思路，系统地安排了结构和内容。本书共 8 章，各章的主要内容如下。

第 1 章，绪论。

本章首先简述了项目型组织知识转移的研究背景，以及国内外在项目型组织知识转移管理中的难点和重点；然后详述了本书的研究意义、研究内容与结构安排、研究方法与技术路线等框架性内容。

第 2 章，文献综述。

本章在大量收集、整理和阅读相关文献的基础上，分别对国内外知识转移的相关研究以及本书的研究变量（成员知识转移动机、组织情境、知识转移效果）进行综述。首先，本书以 1994—2022 年 Web of Science 数据库中以"知识转移"为主题的文献为数据源，基于引文分析和共词分析，运用 CiteSpace Ⅲ 对知识转移研究的演进脉络及前沿热点进行探析；其次，针对项目型组织、项目型组织知识转移的内涵、特点、研究及发展现状进行综述；最后，全面、系统地对本书的三个核心概念（成员知识转移动机、组织情境、知识转移效果）从内涵界定、变量测量、相关研究等方面进行综述，在梳理国内外相关研究现状的基础上，对现有研究成果进行了评述。

第 3 章，基于动态粒认知图的项目型组织知识转移要素特征选择。

本章首先界定了项目型组织的内涵，并指出项目型组织区别于一般组织的特点。通过大量的文献分析，归纳总结国内外学者关于项目型组织知识转移的定义、研究内容及结论，并结合我国特点提出本书对项目型组织知识转移的定义。依据知识转移的一般过程，结合项目型组织的特点，提出项目型组织知识转移的一般过程，在此基础上从本书的测量变量出发，构建了项目型组织成员知识转移动机—组织情境要素系统。其次，论述了动态粒认知图的基本理论及其构建的一般步骤，阐述了动态粒认知图理论在本书中的适用性。再次，将动态粒认知图理论应用于项目型组织成员知识转移动机—组织情境要素系统，将所收集的信息粒化并构建动态粒认知结构图模型，通过参数设置和仿真模拟找到项目型组织成员知识转移动机和组织情境间的因果联系。最后，进行解粒化处理，并对结果进行讨论。

第 4 章，项目型组织知识转移系统量表设计与检验。

　　本章结合第 3 章的研究结果对研究问卷进行了设计与检验。首先，确定研究问卷的设计原则、设计内容、设计过程，并选择测量工具；其次，根据经典量表编制了本书的初始变量测量量表；再次，为了确保量表及数据质量，进行了小样本前测，并根据结果进行了修订；最后，用修订好的量表进行大样本数据收集，并进行了探索性因子分析、信度与效度分析和验证性因子分析。

　　第 5 章，基于多层线性模型的项目型组织成员知识转移效果分析。

　　本章应用多层线性模型探讨了项目型组织成员知识转移动机和组织情境对知识转移效果的跨层次影响。首先，阐述了多层线性模型的概念、发展及原理；其次，在理论研究的基础上，分别对项目型组织成员知识转移动机、组织情境与知识转移效果之间的关系进行分析和推导，提出研究假设，构建理论模型；最后，对研究假设进行检验，依次为零模型随机结果分析、知识转移动机对知识转移效果的调节效应假设检验、组织情境的跨层次调节效应假设检验。

　　第 6 章，基于机器学习的项目型组织成员知识转移效果分析。

　　本章将机器学习智能算法应用于社会科学问题研究中。首先，对机器学习方法的原理、研究和应用现状及其适用性进行了阐述；其次，分别运用多元线性回归、径向基反馈神经网络、径向基核函数支持向量机进行 MATLAB 数据挖掘仿真分析，并从精度、准确度、速度等方面对三种方法进行了对比分析；最后，从研究结论、研究对象、研究方法、数据精度四个方面与多层线性模型方法进行对比分析。

　　第 7 章，知识中介模式下项目型组织知识转移。

　　本章将系统动力学、多群体演化博弈理论应用于基于知识中介的项目型组织知识转移的研究中。首先，阐述知识中介的内涵和模式，构建基于知识中介的知识转移动机与知识转移效果的系统动力学模型，并进行仿真分析，验证模型的有效性和灵敏度；其次，将项目管理办公室视为项目型组织的知识中介，构建基于知识中介的项目型组织三群体演化博弈模型，将知识溢出效应、知识转移协同效应、知识转移成本和知识转移的奖惩措施设定为知识转移策略参数；最后，得到项目型组织知识转移三群体演化博弈平衡点，通过分析平衡点的稳定性，最终得到演化稳定策略。

第8章，结论与展望。

首先，总结和凝练研究结论；其次，提炼本书的主要创新点；最后，分析本书研究的不足，并对未来的研究方向进行展望。

1.4 研究方法与技术路线

1.4.1 研究方法

1. 文献梳理

本书运用 CiteSpace Ⅲ 梳理知识转移相关文献演进脉络并进行热点前沿分析，从而确定研究主题，并形成研究思路。在项目型组织知识转移系统要素特征选择的基础上，结合相关文献进行理论研究并提出研究假设，构建理论模型并设计初始量表。在研读大量关于组织成员知识转移动机、组织情境及知识转移效果的研究文献的基础上，结合项目型组织的实际情况，分析现有研究的不足和有待进一步研究的内容，充分借鉴现有研究成果，提出项目型组织成员知识转移动机和组织情境对知识转移效果影响的跨层次研究假设，最终形成本书的跨层次理论模型。

2. 理论研究与定性分析

运用系统综合集成理论，以阶梯型渐进的方式分析项目型组织及其知识转移的内涵、特点，并构建项目型组织成员知识转移动机和组织情境要素体系；运用文献回顾、逻辑演绎、理论分析等方法，界定成员知识转移动机、组织情境、知识转移效果在本书中的内涵，并确定其变量测量条目。

3. 实地访谈与问卷调查

访谈是一种定性的分析方法，通过与受访者进行面对面的交流沟通，能够直接获取一手资料，便于研究者厘清思路、发现问题。本书运用半结构化的访谈方式，主要针对我国项目型组织的内涵、特点及其知识转移的具体情况与受访者进行互动交流，探索项目型组织成员知识转移动机、组织情境以及知识转移效果的维度结构，并将其作为设计与修订测量量表的依据之一。

为了使量表结构最优、尺度合理，数据准确、真实，本书的问卷调查包括小样本前测和大样本调查两个部分。依据项目型组织知识转移要素特征选择结果及研究的理论框架，借鉴经典量表设计并编制了以项目型组织成员知识转移动机、组织情境、知识转移效果为内容的测量量表，并进行了小样本前测。采用前测数据对量表的内部一致性、信度进行评估，并在此基础上修订量表，形成大样本调查问卷。在全国范围内，历时 7 个月，以电子问卷的形式对 64 个项目型组织团队进行了大样本调查。

4. 定量分析

模糊认知图是一种有向的、动态的反馈系统，其在因果反馈关系的描述中引入模糊测度，具有能够直观、自然地表达逻辑问题的优势，因此被广泛应用于社会及行为科学研究、军事政策、监督控制系统、智能决策系统中。Pedrycz 教授将信息粒的概念以及粒计算的方法引入认知图中，提出粒认知图的概念。粒认知图可使信息粒化，保留了更多的专家知识。以往针对某一领域的研究变量的筛选大多通过文献阅读、梳理完成，这一过程的主观性较强，且不能反映研究变量之间的因果关系。因此，本书将动态粒认知图引入项目型组织成员知识转移动机和组织情境的研究变量筛选中，针对其属性的因果关系和重要程度进行属性约简。

本书将研究对象锁定在项目型组织成员知识转移动机和组织情境与知识转移效果的交互作用上。如果采用传统的多元统计学方法，并不能将个体效应和组间效应区分开来，研究结果的准确性会受到一定的影响。因此，本书采用多层线性模型分析项目型组织成员知识转移动机和组织情境对知识转移效果的跨层次影响。

径向基反馈神经网络和径向基核函数支持向量机都是机器学习算法，其发展较为成熟，被应用于多个领域。一直以来，社会科学问题的研究一直延续"提出假设—开发量表—分析数据—验证假设"的模式，尽管该模式在较长时期内发挥了重要作用，但其也有一定的局限性（受研究者和专家主观意识的影响）。因此，本书以数据为驱动，运用径向基反馈神经网络及径向基核函数支持向量机研究项目型组织成员知识转移动机和组织情境与知识转移效果的相互作用，并进行对比分析，以期为社会科学研究提供一种新的思路。

5. 仿真分析

系统动力学以系统思考为理论基础，以构建回路的方式形成系统框架，以因果关系图和系统流图刻画系统间的逻辑关系，以方程刻画系统关联的数量关系，以计算机编程仿真进行模拟分析，兼具定性和定量分析的优势，能够处理复杂非线性系统的相关问题，并设置延迟机制，更加贴近现实问题，且克服了传统硬系统思想的缺点（要求完美的系统环境条件和良好的系统结构）。知识转移过程具有复杂、非线性等特点。因此，本书应用系统动力学仿真分析知识中介模式下的知识转移效果，更加贴近知识转移的实际情况，模型较好地拟合了知识中介模式下的知识转移过程，并且为研究知识中介、知识转移动机和知识转移效果提供了借鉴。

演化博弈论是将博弈论和动态演化过程相结合的一种理论。在认识论上，演化博弈论不同于传统博弈论要求参与人完全理性且信息完备化，而是假设参与人是有限理性且不要求信息完备化；在方法论上，演化博弈论也不同于传统博弈论将重点放在静态均衡上，而是强调一种动态的均衡。在演化博弈论中，核心概念是群体演化稳定策略和复制动态。演化稳定策略表示种群抵抗变异策略入侵的一种稳定状态，复制动态实际上是描述某一特定策略在种群中被采用的频数或频度的动态微分方程。项目型组织的可持续发展依靠的是共赢的理念，既要保证单个项目成功，又要使项目型组织利益最大化，而不是追求局部最优。这种共赢的理念符合博弈论中多重合作博弈的解释。鉴于子项目组织成员的有限理性、知识转移的非对称性以及子项目组织数量的不确定性，本书采用非对称多群体演化复制动态博弈对项目型组织知识转移进行分析，旨在探索知识转移方策略选择影响因素以及知识中介参与情况下知识转移方演化稳定策略的改变，最终为各群体策略选择优化提供着力点。

1.4.2 技术路线

本书的技术路线如图 1-2 所示。

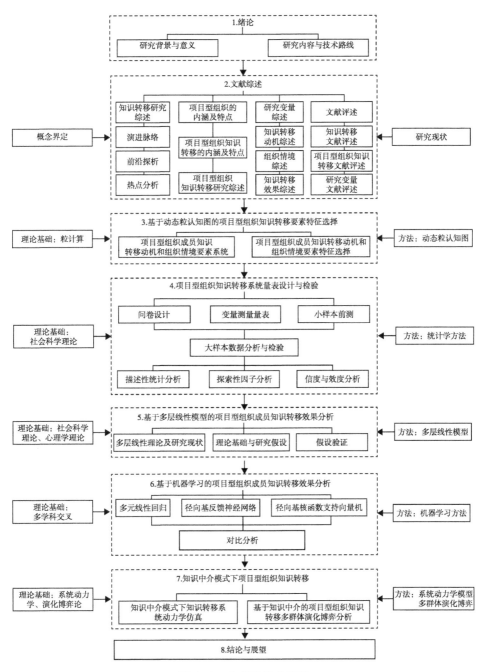

图 1-2　本书的技术路线

第 2 章　文献综述

通过第 1 章对研究背景与意义的介绍，不难发现项目型组织的研究对象已经从以往的宏观—中观层面逐渐转移到微观—中观层面；在研究方法的选择上，逐步由单一层次研究发展到跨层次研究。首先，本章在大量收集和阅读知识转移相关文献的基础上，运用 CiteSpace Ⅲ 对知识转移研究领域的演进脉络进行梳理，并通过分析共被引网络关键节点文献突现率以及关键词中心性（和被引频次），得出知识转移研究领域的研究前沿及热点；其次，对本书的研究变量（项目型组织成员知识转移动机、组织情境和知识转移效果）进行综述；最后，进行文献评述。

2.1　知识转移研究综述

1959 年，著名管理学大师彼得·德鲁克（Peter Drucker）提出了"知识社会"这一概念，并进一步指出："知识已经成为生产活动中的支配性资源，知识彻底改变了社会架构。"❶ Foss 和 Pedersen（2002）指出："知识是组织赖以生存和发展的关键资源，在复杂多变的经济环境中为组织提供可持续性竞争优势。"组织想要保持其可持续竞争优势，仅依靠组织培训系统为员工提供专业知识和技能是远远不够的（Brown and Duguid，1991），组织需要一套完善的知识转移系统，将专家的经验和知识转移到需要的地方（Hinds et al.，2001）。国外关于知识转移的研究表现为多视角、多层次、多主体，并且日益广泛和深化。通过对国外知识转移文献的梳理，以期为我国相关研究和应用

---

❶ DRUCKER P F. Post-Capitalist Society ［M］. London：Butterworth-Heinemann，2004.

提供参考。

　　随着文献计量学的不断发展，演变出多种分析方法和计量工具。总体来说，对于某特定领域研究的演进脉络及前沿分析，依据研究的知识基础不同有三种方法：引文文本分析法、关键词共词分析法、文献耦合分析法。受分析原理和数据来源的影响，仅使用一种文献计量分析方法会使科学问题的研究和梳理具有一定的局限性。鉴于此，需要将不同的文献计量方法相结合，用于科学问题的梳理和前沿探析。引文文本分析在文献计量分析中始终是一种间接的、有效的途径，将引文文本分析和关键词共词分析相结合已获得普遍的认可。因此，本书将引文文本分析和关键词共词分析相结合，以 CiteSpace Ⅲ 为技术手段，以 Web of Science 数据库 1994—2022 年发表的关于知识转移主题的文献为数据基础，对共被引文献进行网络化分析，以可视化形式展示知识转移研究的热点和前沿，为未来开展相关研究提供借鉴。

　　本书数据来源于 Web of Science 核心数据库（SCI-EXPANDED、SSCI、AHCI、ESCI），采用以下文献检索策略：（TS = "knowledge transfer $" OR TS = "knowledge spillover $" OR TS = "knowledge flow $" OR TS = "technology transfer $"）AND（方向 = "Management" OR "Business" OR "Economics" OR "Engineering Industrial" OR "Operations Research Management Science" OR "Engineering Multidisciplinary" OR "Construction Building Technology" OR "Engineering Civil" OR "Engineering Manufacturing"）AND（文献类别 = Article and Review）AND（时间跨度 = 1994—2022）。对检索结果进行数据清洗，除去主题不符的论文，总计得到文献 23707 篇（数据库更新时间为 2023 年 4 月 7 日）。通过 SCI 数据库自有分析功能创建引文分析报告，得到 1994—2022 年年出版文献数及其占比，如图 2-1、图 2-2 所示。

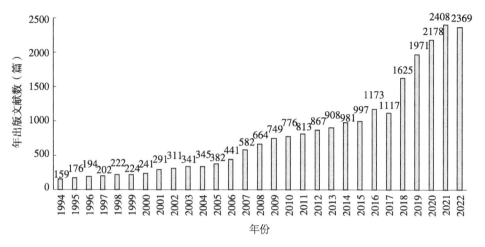

图 2-1　1994—2022 年年出版文献数

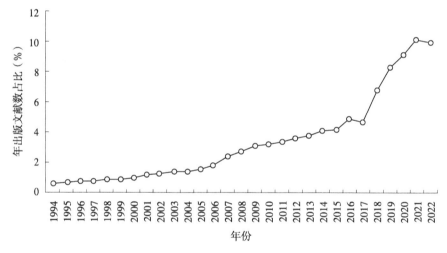

图 2-2　1994—2022 年年出版文献数占比❶

由图 2-1 和图 2-2 可知，对于知识转移的相关研究，无论是从年出版文献数还是年出版文献数占比来看，都呈波动上升的趋势。由图 2-1 可知，知识转移文献的年出版数呈阶梯上升趋势（仅以 1994—2022 年数据为例）：1994—1996 年（年出版文献数＜200 篇）是知识转移研究的初步发展阶段；1997—2006 年（200 篇＜年出版文献数＜500 篇）是知识转移研究的稳步发展

❶　年出版文献数占比是指年出版文献数占总出版量的比例。

阶段；2007—2017 年（500 篇<年出版文献数<1600 篇）是知识转移研究的蓬勃发展阶段；2018—2022 年（年出版文献数>1600 篇）是知识转移研究的快速发展阶段。此外，由图 2-2 中快速上涨的年出版文献数占比也能印证这一结论。

2.1.1　知识转移的内涵

知识转移的概念由 Teece 和 Armour（1977）首次提出，此后的研究者不断对其进行发展、完善，从不同层次、角度对知识转移的内涵、结构、模型、方法、影响因素等进行研究。Cohen 和 Levinthal 在 1990 年发表的文章中首次提出了知识吸收能力的概念，指出组织及个人的知识背景、知识结构、知识分类等对于组织的沟通系统具有至关重要的作用，奠定了其在该领域的首创地位。Nonaka（1994）提出一种动态的组织知识创新过程管理范式。随后，Nonaka 和 Takeuchi（1995）详细阐述了知识转移的 SECI❶ 模型，按照知识的性质，将知识转移分为四种模式：①从个体到个体的隐性知识的转移，称为知识的社会化；②从个体到团体的显性知识的转移，称为知识的组合化（融合）；③从团体到组织的隐性知识向显性知识的转移，称为知识的外在化；④从组织到个体的显性知识向隐性知识的转移，称为知识的内隐化。其实，Nonaka 早在 1991 年就在《哈佛商业评论》（*Harvard Business Review*）上发表论文，为组织角色、组织结构、组织持续创新构建了理论框架，并指出公司的成功与否取决于其对于顾客的快速反应能力、市场开发能力、新产品的创新和技术主导能力。Nonaka（2000）基于知识转移的 SECI 模型提出了知识转移"场"理论，文中根据 SECI 知识转移过程提出了四种场：原始场、对话场、系统场和实践场。经过进一步研究，Nonaka 和 Yoyama（2003）修订了之前的理论，通过 SECI 过程和"场"重新审视知识创造理论，试图借助辩证思维进一步推进该理论。通过 1991 年、1994 年、2000 年、2003 年的论文以及 1995 年的论著，Nonaka 在知识转移过程模式方面的首创地位得以确立，其关于知识转移 SECI 过程的论述对后续的知识转移研究产生了深远的影响。不同

---

❶ SECI 分别代表社会化（socialization）、外在化（externalization）、组合化（combination）、内隐化（internalization）。

学者对知识转移的定义见表2-1。

表 2-1 不同学者对知识转移的定义

主题	作者（年份）	内涵
知识转移	Szulanski（1994）、Nonaka 和 Takeuchi（1995）	是组织创新和维护的复杂过程，即组织内部和组织间知识创造的互动螺旋过程
	Davenport 和 Prusak（1998）	有效的知识转移是在经过知识传输和知识吸收过程后而保留下来的知识
	Argote 和 Ingram（2000）	是组织中的一个单位（小组、部门）被另一个单位影响的过程
	Disrerer（2002）	是组织显性任务布置和分配的过程
	Kiefer 等（2005）	是知识创造者和知识使用者之间内部交互的过程
	Newell 等（2009）	是对组织中群体或个人所创造知识的再利用过程
	Reed 和 Knight（2010）	是单向交流的知识，通常具有清晰的概念，针对特定的接收者完成特定的目的
	Gasik（2011）	是两个特定单位（转移者、接收者）之间进行沟通的行为

通过上述分析可知，自从知识转移这一思想被提出以来，学者们逐步从对知识转移的过程（Gilbert and Cordey-Hayes，1996；Dixon，2000）（SECI 模型）、知识转移的对象（Alavi and Leidner，2001；Bartol and Srivastava，2002）（个人、团体、组织、公司等）、知识转移影响因素（Simonin，1999；Cummings and Teng，2003）等方面的研究细化到对知识转移动机的研究。目前，学者们对知识转移的概念已达成相对一致的看法，认为知识转移概念需要包含以下四个方面的要素：①知识转移主体、知识转移受体（个人、团体、组织、公司等）；②在特定的情境下（项目环境、跨国公司）；③进行交互活动（转移、吸收、再利用等）；④完成特定的目的（缩小知识势差，鼓励合作，共同发展）。

2.1.2　知识转移相关文献演进脉络梳理

对文献演进脉络的梳理有助于研究者了解该研究领域内每一阶段的发展状况，从而为研究者开展进一步的研究指明方向。采用 CiteSpace Ⅲ信息可视化软件对本书所检索到的研究数据（23707 篇文献）进行可视化分析，在 "节点类型"（Node Type）控制面板中分别选择 "被引参考文献"（Cite Reference）、"关键词"（Keyword），设置时间区间为 "1994—2022" 年，每年一个分区（LRF＝3，LBY＝5，e＝3）。"Selection Criteria" 为 "Top 20 per slice"，即以每个时间分区的文献被引频次排名前 20 位的节点为研究对象。在 "修剪"（Pruning）控制面板中选择 "修剪分区网络"（Pruning sliced networks）和 "最小生成树"（Minimum Spanning Tree），即运用最小生成树算法生成共被引网络图谱。节点阈值为 50（文献被引用超过 50 次才显示文献标签）。运行后得到知识转移研究文献共被引网络图谱，如文前彩图 2-3 所示。其中，$N＝443$（有 443 篇文献符合被引频次阈值），$E＝577$（文献共被引关系），共有 15 篇文献被引次数超过 45 次。

根据初步分析结果，运用 CiteSpace Ⅲ分别以 "1994—1996" "1997—2006" "2007—2017" "2018—2022" 为时段，对文献数据进行图层叠加（Overlay）分析，得到 1994—2022 年知识转移研究文献共被引网络演化图谱，如文前彩图 2-4 所示。本书中 Overlay 分析是指以 1994—2022 年的共被引网络图谱为底图，而后将不同时间段的共被引网络图谱叠加在底图上，通过共被引关系和网络连线颜色变化，观察其演化发展动态。在文前彩图 2-4 中，节点和连线的颜色代表不同的时段（由冷色到暖色：由远及近）。这四个时段的共被引关系各有不同，反映了各自时段的自然聚类和被引关系，验证了逐步分析结论。接下来将进一步探讨关键节点文献的演化脉络。

在文前彩图 2-3 中，最明显的节点是 Argote（1999）的《组织学习：创造、保留和知识转移》一书，这本书描述并整合了关于解释组织学习曲线的因素以及通过经验获得的生产力收益的持久性和转移性的研究结果。Argote 在其中一个章节里描述了关于一个组织向另一个组织学习的研究，即跨组织的知识转移，后续知识转移学者在研究中大多引用了 Argote 的文献。节点大小排在第二位的 Perkmann 等（2013）对学术参与和商业化进行了文献综述。

学术参与是将学术知识转移到工业领域的重要方式，该文献从学术参与程度、前因条件和学术参与的后果等方面进行分析，创建了一个学术研究人员外部参与的分析框架。该文献最后指出，对学术参与的研究需要不同的分析方法。Bozeman 等（2015）探索了技术转移的研究现状，重新审视了技术转移的有效性模型，并强调应加强对公共价值有效性标准的关注和发展。Inkpen 和 Tsang（2005）探索了网络的社会资本维度如何影响网络成员之间的知识转移。这一文献指出，每种网络类型具有不同的社会资本维度，这些维度能与促进知识转移的条件联系起来，进而促进知识的高效转移。Siegel 等（2003）则进行了一项探索性研究，评估了组织实践对大学技术转让办公室相对生产力的影响。研究表明，大学技术转让办公室的生产力可能取决于组织实践，最关键的因素是教师的奖励制度、人员配置/薪酬，以及大学和公司之间的文化障碍。

关键节点文献是连接各文献聚类的"知识拐点"。分析关键节点文献所承载的信息，可进一步厘清不同文献聚类间的知识流动路径和研究脉络，对于剖析相关知识领域结构和梳理知识转移演进脉络具有重要的意义。知识转移研究文献共被引网络中的关键节点文献见表 2-2。在表 2-2 中，共被引频次为 53、SCI 频次为 2239 的文献作者 Inkpen 和 Tsang 在 2005 年发表的文章对网络社会资本如何影响网络成员之间的知识转移进行了研究。该研究将社会资本维度划分为企业内网络、战略联盟和产业区，并确定了结构、认知和关系三种维度的网络类型，通过将这些维度与网络中的知识转移联系起来，证明了每种网络类型具有不同的社会资本维度。共被引频次为 48、SCI 频次为 386 的文献作者 Audretsch 等（2016）将创业融资的视角代入了技术转让领域，为技术转让研究增加了新的理解。Chang 等（2012）探究了外派人员知识转移、子公司吸收能力和子公司绩效，该研究确定了外派人员能力的三个维度：能力、动机和机会寻求，并通过子公司获得的知识数量检验了它们对子公司绩效的影响。研究结果表明，在选择外派人员从事海外工作时，跨国公司应该超越对技术、技能的关注，考虑知识转移的能力，同时考虑提升子公司的吸收能力。

表 2-2　知识转移研究文献共被引网络中的关键节点文献

作者（年份）	共被引频次/ SCI 频次	标题
Argote（1999）	133/825	Organizational learning：Creating，retaining and trans-ferring knowledge
Perkmann 等（2013）	121/1174	Academic engagement and commercialisation：A re-view of the literature on university-industry relations
Siegel 和 Wright（2015）	62/288	Academic entrepreneurship：Time for a rethink?
Audretsch（2014）	57/380	From the entrepreneurial university to the university for the entrepreneurial society
Javorcik（2004）	55/1457	Does foreign direct investment increase the productivity of domestic firms? In search of spillovers through back-ward linkages
Inkpen 和 Tsang（2005）	53/2239	Social capital，networks，and knowledge transfer
Guerrero 等（2015）	53/246	Economic impact of entrepreneurial universities' activi-ties：An exploratory study of the United Kingdom
Meyer 等（2011）	51/719	Multinational enterprises and local contexts：The op-portunities and challenges of multiple embeddedness
Chang 等（2012）	50/307	Expatriate knowledge transfer，subsidiary absorptive capacity，and subsidiary performance
Lane 等（2006）	48	The reification of absorptive capacity：A critical review and rejuvenation of the construct
Siegel 等（2003）	48/889	Assessing the impact of organizational practices on the relative productivity of university technology transfer offices：An exploratory study
Audretsch 等（2016）	48/386	Entrepreneurial finance and technology transfer
Bozeman 等（2015）	47/170	The evolving state-of-the-art in technology transfer re-search：Revisiting the contingent effectiveness model
Boschma（2005）	46/3172	Proximity and innovation：A critical assessment
Rothaermel 等（2007）	45/883	University entrepreneurship：A taxonomy of the litera-ture

综合分析上述关键节点文献的被引频次、研究主题以及发表时间，能够厘清知识转移研究的三条基本路径：一是对知识转移现状的研究，主要关注

知识转移的研究内涵、发展情况和模型概念的构建，Argote（1999）、Perk-mann 等（2013）、Bozeman 等（2015）的文献属于此类；二是立足于产学知识转移，从科研人员、技术转移办公室、大学等诸多维度探讨知识转移的发展及其对经济的影响，如 Guerrero 等（2015）、Audretsch 等（2016）、Rotha-ermel 等（2007）属于此类文献；三是以学习理论和组织行为理论为基础，以知识转移主体的行为为视角研究知识转移机制，主要关注知识转移主体的行为和知识转移规律，如 Inkpen 和 Tsang（2005）、Chang 等（2012）的文献属于此类。

学术论文中的关键词往往能准确而直观地表达出文献所论述的主题或相关领域的学术前沿，帮助读者尽快了解论文主题进而判断是否需要通读全文。通过对文献关键词进行共词分析，不仅可以找到某一领域学科的研究热点，还可以揭示该领域学科的研究范式（赵丽梅和张庆普，2012）。依据 CiteSpace Ⅲ 平台，在"节点类型"（Node Type）控制面板中选择"关键词"（Keyword），"Selection criteria"为"Top 50 per slice"，节点阈值为 100，其余参数不变，运行后得到关键词共现图谱，如文前彩图 2-5 所示。

由文前彩图 2-5 可见，整个图谱呈中央汇聚、四周发散型聚类，呈现清晰的聚类，并且与周边各个节点相连。这表明知识转移相关研究根据所研究的对象、方法、过程的不同已形成明显的派系。图中的年轮越大，表示该关键词在网络中出现的次数越多，中间带有红色内圈的表明关键词出现的频次激增。另外，输出的分析报告中还显示了关键词的中心度值的大小、频次及中心度分析，见表 2-3。Gotta 和 O'Kelly（2006）指出，中心度是网络中具有高连接度、起连接桥作用的节点。CiteSpace Ⅲ 中采用最短路径算法计算节点的中心度，即网络中通过某节点任意最短路径关系链条数占最短路径总数的比例。中心度值大的节点往往是网络中的关键节点。中心度值大于或等于 0.1 的前 10 个关键词以及被引频次大于 1400 的前 10 个关键词见表 2-3。

表 2-3　关键词频次及中心度分析

高频关键词		高中心度关键词	
关键词	频次	关键词	中心度
performance（绩效）	2975	technology transfer	0.15

高频关键词		高中心度关键词	
关键词	频次	关键词	中心度
innovation（创新）	2899	performance	0.14
knowledge transfer（知识转移）	2455	design（设计）	0.14
research and development（研发）	2061	management	0.13
technology transfer（技术转移）	1963	model	0.13
knowledge（知识）	1805	growth（成长）	0.13
absorptive capacity（吸收能力）	1627	research and development	0.11
management（管理）	1452	model	0.12
impact（影响）	1407	system（系统）	0.11
model（模型）	1406	perspective（预测）	0.10

此外，对所收集的数据通过最大似然法（Log-Likelihood Ratio，LLR）进行关键词聚类分析，得到知识转移关键词聚类图谱，如文前彩图 2-6 所示。聚类完成后，整个网络的模块度（modularity）（Newman and Girvan，2004）值为0.3966，大于0.3，表示网络适于切割为若干个组内相似度高而组间差异度大的组别（模块）；聚类内部指标（silhouette）值为 0.7737，大于 0.5，表明该网络的聚类效果较好。276 个影响力较大的关键词聚类为 26 个子类，其中排名前 9 位的关键词子类包含所有关键词的比例达到 92.75%，说明近二十年来学者们的研究热点包含在这 9 个子类中。

综上所述，可以对知识转移相关研究领域进行简要的阐述。首先，知识转移的概念起源于对组织吸收能力的探讨，从而引发了对于知识转移路径问题的思考。其次，早期有关知识转移的研究仅把知识看作组织的数据、信息、资料等显性知识的简单复制或机械转移，其目的是节省时间和成本。随着"知识"内涵的丰富，知识转移研究也不断地深入，越来越多的学者开始将视角从对显性知识转移的内涵、过程、影响因素（Cummings and Teng，2003；Goh，2002）等方面的研究逐步转移到对隐性知识转移的研究，认为隐性知识转移的效果决定着组织的创新能力（Cavusgil et al.，2003；Dhanaraj et al.，2004；Howells，2002）。近年来，学者们开始从组织文化、信任、知识转移绩效、社会网络关系、知识转移行为动机等方面研究知识转移问题（Ajmal and

Koskinen，2008；Levin and Cross，2004；Santoro et al.，2006）。研究发现，鼓励知识转移的组织文化能够提升知识转移的绩效，并且信任是组织知识转移得以促进的重要机制。通过上述分析可知，知识转移文献研究的主题可归纳为知识（技术）转移的内涵、知识转移影响因素、知识转移绩效、知识转移与组织创新、知识转移研究视角五类。

2.1.3　知识转移研究前沿与热点探析

1. 知识转移研究前沿探析

Price（1965）首次提出"研究前沿"的概念，这是一个揭示研究领域演化动态的概念。近60年来，不同学者相继对"研究前沿"的概念进行了定义和诠释。Small（1973）基于Price的"研究前沿"的概念，通过分析特定领域内发表较早的核心论文，运用同被引聚类方法表征该时段内较活跃的研究主题和研究领域。Persson（1994）将一组与高被引文献集相关联的施引文献定义为"研究前沿"。陈超美（2006）将特定领域内一组突发的概念或研究问题定义为"研究前沿"。这里的"突发"是指在某一时间段内，特定术语、关键词或者被引文献频次突然激增，用突现率表示。1994—2022年知识转移研究文献前沿术语突现关键词见表2-4。1994—2010年，突现关键词主要集中在技术转移（technology transfer）、企业合营（joint ventures）、研究与开发（R & D）、组织（organization）和投资（investment）等方面。2011—2019年，研究方向多集中于以公司为研究对象的知识转移、信任（trust）、前因条件（antecedents）、合作（cooperation）和知识流动（knowledge flows）等方面。经过前一段时间的探索性发展，2017—2022年，研究方向逐步归结到商业化（commercialization）、优化（optimization）、深度学习（deep learning）、预测（prediction）、开放性创新（open innovation）下的知识转移等研究前沿上，同时也印证了《科学》（Science）在其创刊125周年之际公布的最具挑战的125个前沿科学问题，前25个问题是最为重要的，排名第16位的是"人类的合作行为如何发展"。

表 2-4 1994—2022 年知识转移研究文献前沿术语突现关键词

突现起止年份	突现关键词（突现率）
1994—2010 年	technology transfer（62.86）；joint ventures（41.19）；United States（46.81）；investment（39.41）；organization（34.20）；R & D（30.12）；economy（20.69）
2011—2019 年	trust（37.72）；location（26.76）；domestic firms（25.03）；antecedents（23.53）；clusters（19.75）；cooperation（19.20）；knowledge flows（19.10）
2017—2022 年	commercialization（57.19）；optimization（56.92）；deep learning（53.92）；heat transfer（50.48）；prediction（45.14）；simulation（42.61）；open innovation（30.01）；system（25.33）；integration（24.08）；design（23.63）；university（17.80）

对知识转移研究共被引网络中的文献按突现率大于 25 进行整理排名，排在前 10 位的文献见表 2-5。

表 2-5 知识转移研究共被引网络文献突现率排在前 10 位的文献

作者（年份）	突现率	突现起止年份	标题
Perkmann 等（2013）	62.42	2015—2018 年	Academic engagement and commercialisation：A review of the literature on university-industry relations
Siegel 和 Wright（2015）	30.17	2017—2020 年	Academic entrepreneurship：Time for a rethink?
Inkpen 和 Tsang（2005）	29.84	2008—2010 年	Social capital, networks, and knowledge transfer
Javorcik（2004）	29.14	2006—2009 年	Does foreign direct investment increase the productivity of domestic firms? In search of spillovers through backward linkages
Meyer 等（2011）	28.94	2014—2016 年	Multinational enterprises and local contexts：The opportunities and challenges of multiple embeddedness
Audretsch（2014）	28.21	2016—2019 年	From the entrepreneurial university to the university for the entrepreneurial society

续表

作者（年份）	突现率	突现起止年份	标题
Guerrero 等（2015）	27.89	2018—2022 年	Economic impact of entrepreneurial universities' activities: An exploratory study of the United Kingdom
Lane 等（2006）	27.05	2009—2011 年	The reification of absorptive capacity: A critical review and rejuvenation of the construct
Chang 等（2012）	26.33	2014—2017 年	Expatriate knowledge transfer, subsidiary absorptive capacity, and subsidiary performance
Siegel 等（2003）	26.19	2005—2008 年	Assessing the impact of organizational practices on the relative productivity of university technology transfer offices: An exploratory study

由表 2-5 可知，2005—2011 年，突现文献分别是：Inkpen 和 Tsang（2005），突现率 29.84；Javorcik（2004），突现率 29.14；Lane 等（2006），突现率 27.05；Siegel 等（2003），突现率 26.19。Javorcik（2004）对外国直接投资跨行业的溢出效应进行了研究，他的研究表明，外国直接投资的积极生产力溢出效应是通过外国子公司及其在上游部门的本地供应商之间的联系发生的。Lane 等（2006）对吸收能力进行了综述，"吸收能力"这一词汇出现于 Cohen 和 Levinthal（1989）的研究中，它是企业的基本学习过程之一，指企业从环境中识别、吸收和利用知识的能力。Lane 等（2006）评估了这一领域的关键文章，并提出了一个吸收能力过程、先验和结果的模型。Siegel 等（2003）对大学技术转让办公室相对生产力进行了评估，通过定性分析，该研究指出组织层面的教师奖励制度是提升大学技术转让率的关键。可见，这一时期的学者多围绕知识转移的前因条件与影响因素进行研究，探索知识转移效率的提升方式。

2014—2019 年，突现文献分别是：Perkmann 等（2013），突现率 62.42；Meyer 等（2011），突现率 28.94；Audretsch（2014），突现率 28.21；Chang 等（2012），突现率 26.33。Perkmann 等（2013）对学术参与进行了系统回顾，概述了个人、组织和机构层面学术参与的各种前因及其后果。由于跨国企业能够通过跨多个环境创建、转移、重组和利用资源，进而创造价值，Meyer 等（2011）探讨了多重嵌入在跨国企业进入当地环境时的机遇与挑战。

跨国企业能够从当地环境中获得资源和能力进而对其进行整合利用，以创造竞争优势，但也面临着组织惰性、制度惰性等诸多挑战。Audretsch（2014）探讨了大学在社会中的作用及其随着时间的推移而演变的原因。该研究指出，创业型大学具有双重使命：既要生产新知识，又要改变其活动和价值观，以促进技术转让和知识溢出。大学在创业社会中的目标不仅是促进技术转让和增加创业公司的数量，还要确保人们在新兴的创业社会中茁壮成长。

2017—2022 年，突现文献分别是：Siegel 等（2015），突现率 30.17；Guerrero 等（2015），突现率 27.89。Siegel 等（2015）对学术创业进行了重新思考，该研究认为，先前关于大学和学术创业的讨论过多地依赖于研究与第三使命之间的关系，而对以研究为基础的教学/教育与第三使命之间的关系关注得不够。因而，随着学术创业的演变，需要进一步探讨是否所有大学都需要参与学术创业。Guerrero 等（2015）对创业型大学的经济活动进行了探索，该研究发现，创业型大学通过其教学、研究和创业活动等多重使命，成为促进经济和社会发展的外溢效应的渠道。由 2014—2019 年以及 2017—2022 年的研究可以发现，近年来学者们不仅关注企业的知识转移，更是将知识转移的研究重点放在了学术创业等方面。

2. 知识转移研究热点分析

Chen（2009）指出，研究热点是指在共被引网络中，中心度较高的一组文献所探讨的科学问题或主题。从文献计量学角度来看，在某一特定学科领域内被引频次最高的研究文献往往是该领域的研究热点的集中体现。此外，关键词被看作作者写作意图的高度概括，重点体现了文章的主题思想和主旨内容。如果某一关键词出现的频次或者中心度较高，可视其为当前研究热点。

基于 SCI 数据库中 1994—2022 年的文献数据，运用 CiteSpace Ⅲ 分析 2018—2022 年各年的高频关键词和高中心度关键词，整理出排名前 10 位的高频、高中心度的关键词，目的在于探索近年来的研究热点，并为今后的研究方向提供参考依据。2018—2022 年各年关键词频次及中心度分析见表 2-6~表 2-10❶。

---

❶ 表 2-6~表 2-10 中为按顺序排列的结果。

表 2-6 2018 年关键词频次及中心度分析

高频关键词		高中心度关键词	
关键词	频次	关键词	中心度
performance	281	performance	0.84
innovation	231	knowledge transfer	0.71
knowledge transfer	201	research and development	0.63
absorptive capacity	165	absorptive capacity	0.61
research and development	158	innovation	0.58
technology transfer	146	technology transfer	0.38
impact	142	foreign direct investment	0.28
knowledge	119	capability	0.23
management	118	knowledge spillovers	0.17
industry	107	academic entrepreneurship	0.12

由表 2-6 可见，排名前 10 位的高频关键词分别是 performance、innovation、knowledge transfer、absorptive capacity、research and development、technology transfer、impact、knowledge、management、industry。排名前 10 位的高中心度关键词分别是 performance、knowledge transfer、research and development、absorptive capacity、innovation、technology transfer、foreign direct investment（外国直接投资）、capability、knowledge spillovers（知识外溢）、academic entrepreneurship（学术创业）。由此可以看出，2018 年的知识转移研究集中在管理和创新两方面；研究对象为公司、企业、学校、研发知识管理等领域；研究视角既有微观方面的知识转移绩效、知识吸收能力、知识转移溢出效应、知识转移能力评价等，也有外国直接投资等视角。

表 2-7 2019 年关键词频次及中心度分析

高频关键词		高中心度关键词	
关键词	频次	关键词	中心度
performance	278	absorptive capacity	0.83
innovation	246	knowledge transfer	0.78
knowledge transfer	231	performance	0.64

续表

高频关键词		高中心度关键词	
关键词	频次	关键词	中心度
research and development	177	research and development	0.62
impact	170	innovation	0.45
technology transfer	164	spillovers	0.35
absorptive capacity	162	technology transfer	0.24
knowledge	148	capability	0.18
management	129	productivity	0.18
model	124	commercialization	0.13

对比表 2-7 和表 2-6 可以发现，2019 年延续了 2018 年的研究热点方向。除了上述研究热点，2019 年又新增 productivity（生产力）和 commercialization（商业化）两个高中心度关键词。由此可见，2019 年知识转移绩效和创新仍是研究的重点，但知识转移研究热点逐渐向技术转移绩效和商业化方向发展，人们开始关注技术商业化、公司生产力和全要素生产率与知识转移之间的关系。

表 2-8　2020 年关键词频次及中心度分析

高频关键词		高中心度关键词	
关键词	频次	关键词	中心度
performance	274	performance	0.89
knowledge transfer	199	knowledge transfer	0.71
innovation	186	absorptive capacity	0.52
impact	152	technology transfer	0.49
research and development	150	research and development	0.48
absorptive capacity	134	innovation	0.18
technology transfer	128	management	0.18
management	126	knowledge spillovers	0.18
knowledge	125	model	0.12
model	109	determinants	0.12

与表 2-7 相比，表 2-8 中新增了高中心度关键词 determinants（决定因素）。由此可见，2020 年，随着全球经济发展，知识转移的研究更加关注知识转移绩效、知识溢出的决定因素等方面。

表 2-9　2021 年关键词频次及中心度分析

高频关键词		高中心度关键词	
关键词	频次	关键词	中心度
performance	228	innovation	1.07
knowledge transfer	184	absorptive capacity	0.92
innovation	174	knowledge spillovers	0.87
impact	131	research and development	0.82
model	127	knowledge transfer	0.53
management	118	model	0.53
research and development	113	performance	0.42
technology transfer	106	spillovers	0.42
knowledge	100	technology transfer	0.19
technology	99	foreign direct investment	0.19

表 2-9 与上述内容近似，只是个别高频、高中心度关键词的排序稍有差别，在此不再详述。

表 2-10　2022 年关键词频次及中心度分析

高频关键词		高中心度关键词	
关键词	频次	关键词	中心度
performance	302	performance	0.78
innovation	258	knowledge transfer	0.76
knowledge management	235	innovation	0.56
impact	210	absorptive capacity	0.43
model	160	research and development	0.37
research and development	156	model	0.26
management	144	technology	0.22
knowledge	142	knowledge spillovers	0.22

续表

高频关键词		高中心度关键词	
关键词	频次	关键词	中心度
absorptive capacity	137	systems	0.17
technology transfer	125	impact	0.12

表 2-10 中新增了高中心度关键词 systems（系统）。由此可见，2022 年以及今后的知识转移研究除了沿着前述脉络继续发展，将更加注重系统化和科学化。不仅关注企业维度，更关注知识转移、溢出效应等在区域创新体系、创新系统中的作用。与此同时，高频、高中心度关键词 performance 和 innovation 的排名一直位居前列，说明知识转移与绩效、创新一直息息相关。

2.1.4   小结

本节以 Web of Science 数据库为基础，以 CiteSpace Ⅲ 为研究工具，并结合引文文本分析和关键词共词分析方法对知识转移研究现状进行探讨。研究发现：首先，知识转移的内涵包括以下四个方面：①知识转移主体、知识转移受体；②在特定的情境下；③进行交互活动；④完成特定的目的。其次，通过对关键词频次和中心度进行分析，发现知识转移的文献研究主题可归纳为知识（技术）转移的内涵、知识转移影响因素、知识转移绩效、知识转移与组织创新、知识转移研究视角五类。与此同时，通过对共被引网络中关键节点文献进行梳理，厘清了知识转移研究的三条基本路径：一是对知识转移现状的研究；二是立足于产学知识转移；三是以学习理论和组织行为为理论基础、以知识转移主体的行为为视角研究知识转移机制。再次，通过共被引网络文献的突现率，分析得到目前知识转移研究的前沿问题：①运用图论（网络）研究方法研究知识转移问题；②知识转移与创新之间的内在联系问题。最后，通过分析 2018—2022 年共被引网络高频、高中心度关键词研究，体现出知识转移领域近年来的研究热点，即知识转移绩效、知识转移与创新、知识转移系统等。

2.2 项目型组织知识转移研究综述

2.2.1 项目型组织的内涵及特点

1. 项目型组织的内涵

随着经济、技术全球一体化发展，专业分工更加细化，要求产品及服务越来越具有针对性和独立性，快速的市场转变以及技术的不确定性使更多的产品和服务都是以"项目"的形式完成。"项目"是管理、技术知识的集成并从投资者那里获得最优价值的有效手段，是项目型组织的基本单元。项目型组织形式被广泛应用于工业、建筑、信息、航天、文化等领域的建设、开发、运营或维护中（Hobday，2000）。

以"项目"为工作模型，尤其是项目型组织的发展特别引人注目（Vakkayil，2010）。自从20世纪90年代末期项目型组织的概念被提出以来，越来越多的组织研究者将精力集中于项目型组织相关问题的研究。从广义上来讲，项目型组织可被定义为由一些相对独立的可被指导、监督的项目构成的组织实体（Savolainen，2008）。不同的学者对项目型组织内涵的界定有所不同，项目型组织的内涵见表2-11。

表 2-11　项目型组织的内涵

作者（年份）	内涵
Powell（1996）	以临时性的特殊组织结构形式使项目型组织执行特定的任务
Hobday（2000）	整合多样的智力资源和专业知识的新兴组织形式
DeFillippi and Arthur（2002）	在特定的工业文化和专业服务背景下，管理产品生产功能的临时性组织
Sydow 等（2004）	认为项目型组织涉及不同的组织分组和组织绩效构成，为项目任务绩效创建临时组织系统
Huemann 等（2007）	以项目为导向的公司是具有强大项目管理文化背景的单层管理组织

作者（年份）	内涵
Ajmal 和 Koskinen（2008）	项目型组织是以"项目"的形式完成任务的组织，并且这些"项目"构成了组织价值链的主要活动。通常，这些产品或服务"项目"都是按照顾客需求定制的，并且采用项目管理的方法管理和运营"项目"
Cacciatori（2008）	项目型企业是以管理生产职能为基础的临时性组织
Pemsel 和 Wiewiora（2013）	以"项目"的形式为外部或内部客户提供成熟产品或服务的组织

由表 2-11 可见，项目型组织没有标准形式，既有可能是独立的机构，也有可能是一个庞大组织的子公司，其典型的特点是能够同时掌管多个项目（Artto et al.，2011）。项目型组织形式具有很多优点，如专业化的流程/控制、节约交货时间、提高产品质量、有利于客户和供应商之间的创新。本书采用 Pemsel 和 Wiewiora（2013）关于项目型组织的定义，认为项目型组织（PBO）是以"项目"的形式为外部或内部客户提供成熟产品或服务的组织。

2. 项目型组织的特点

项目型组织的首要特征是其固定组织环境下的项目临时系统，这将导致临时性项目组织与固定的项目型组织内部之间的紧张关系（Sydow et al.，2004）。Turner 和 Müller（2003）指出，项目是一个临时性组织。项目资源被分配用于完成那些独特的、唯一的、临时性的工作，包括管理固有的不确定因素并按需要加以整合，目的是在变化的环境中谋求利润。由于项目自身可能涉及一个或多个组织，并且可以并行或跨时间、跨地域分布，因此这些临时性项目往往具有动态边界和组织情境（Newell and Edelman，2008）。项目由此常常跨越组织内部或外部功能，产生不同程度的重复或独特的组织活动，这将增加项目型组织的管理复杂性（Bredin and Söderlund，2011）。项目型组织的这一情境特性导致了项目型组织人员流动性大、组织文化作用强大、高度的团队合作以及与客户紧密联系等具体特点，这些具体的特点都应在制定项目型组织知识管理策略时予以充分的考虑。

项目型组织中这种项目的临时性特性产生了不同的项目生态环境，如项目之间的复杂度、相互依赖关系。项目生态环境改变了项目之间的相互动态作用，因此创建组织间的动态学习边界成为项目型组织知识转移、共享、整合的挑战（Söderlund and Vaagaasar，2008；Bredin and Söderlund，2011）。由于项目的一次性、独立性、临时性等特点，导致不同的项目具有不同的项目文化，而项目型组织则具有多种组织文化相融合的特点。不同的项目文化将影响项目型组织中项目的整合以及项目知识的积累。Wiewiora（2013）指出，不同的文化价值观存在于项目型组织中，这将影响知识共享意愿及知识共享机制的应用。另外，项目的一次性、临时性、专业性等特点还将造成人员的流动性大，项目成员的不同文化背景和专业知识背景也将在人力资源、团队塑造、知识整合方面对项目型组织产生一定的影响。

综合其内涵和特点可见，项目型组织是典型的以"项目"的形式为客户提供产品（工程实体，包括建筑物、构筑物）的组织，既可以是"投资"行为的项目型组织（如房地产公司），又可以是建设行为的项目型组织（如中国建筑工程总公司），其在一定的约束条件下，遵守必要的建设程序，从事以形成固定资产为目的的建设活动，具有临时性、单件性、周期长、风险大、不确定因素多等特点，完全符合上文中分析的项目型组织的一般特点，因此建设工程项目型组织在项目型组织中具有代表性。

2.2.2 项目型组织知识转移的内涵及特点

1. 项目型组织知识转移的内涵

知识学习和共享被认为是支持组织学习的重要基础。组织持续不断地进行知识积累有利于其面对不确定的组织环境、市场动态、经济周期、技术更新、社会需求，保证其竞争力和可持续发展能力。项目知识是在项目实施过程中产生和使用的各种知识的总和，包括管理知识、技术知识以及其他相关知识（Back and Moreau，2001；Ajmal and Koskinen，2008）。对项目型组织来说，项目知识是促进组织持续发展的关键资源。近年来，项目的规模不断扩大、管理体系日趋复杂，项目实施各阶段积累的经验、知识创新成果也成倍增加，这就对项目型组织知识转移提出了新的挑战（Bartsch et al.，2013）。项目高层管理者已经开始逐步重视知识管理的作用，将知识视为项目组织重要的经济资源、生产要素和社会资本（Lee and Choi，2003），项目知识共享是组织和个人获取与积累知识的重要途径（周国华等，2014），项目知识管理，尤其是复杂项目的知识管理就显得尤为重要（Desouza and Evaristo，2004）。越来越多的学者开始专注于项目型组织知识/信息管理的问题。Armagna（2014）从项目参与者的角色出发，构建了基于嵌入型知识的项目型组织三维概念框架，分别为关系维度、时间维度、结构维度，并指出项目型组织知识管理应充分考虑将人力资源管理实践与组织设计相结合。Reich 等（2014）提出了项目型组织知识联盟的概念，实证研究表明，那些能够使人力、物力在项目型组织的三个不同层面（项目团队、业务变化团队、治理团队）实现知识联盟的项目管理者能够积极地影响项目的商业价值。Lindner 和 Wald（2011）指出，项目型组织知识管理成功的关键在于其知识管理文化以及项目管理办公室（PMO）的构建。Pemsel 等（2014）提出了项目型组织知识治理的概念框架，区别于"知识管理""组织学习"的概念，项目型组织知识治理考虑了宏观与微观因素的相互作用，强调了知识治理流程的自然属性以及其与项目型组织环境的关系。项目型组织知识/信息管理研究主题见表2-12。

表 2-12　项目型组织知识/信息管理研究主题

主题	作者（年份）
信息沟通在项目管理中的重要性	Johannessen 和 Olsen（2011）
项目型组织的知识共享机制	Boh（2007）
项目型组织中的知识梳理过程和结果	Prencipe 和 Tell（2001）
项目研究与发展计划中知识共享的复杂性研究	Santos，Soares 和 Carvalho（2012）
项目型组织知识转移	Ajmal 和 Koskinen（2008）
项目管理中的信息管理策略	Back 和 Moreau（2001）
项目中的知识管理和基于项目的知识管理	Reich 和 Gemino（2012）
信息和通信技术（ICT）在全球项目团队中的重要性	Jackson 和 Klobas（2008）

早期的项目管理研究多集中于实现项目管理目标的技术和工具的整合，近期的研究则指出，组织学习是提升项目型组织的绩效和保证其成功的关键驱动力。很多文献强调，项目型组织知识管理及知识转移将成为随后几年项目研究的重点（Holzmann，2013）。与项目型组织整体能力的提升相比，单一项目指标的完成显得并不那么重要（Reich，2007）。另外，在实践中，已有

强有力的证据表明有效的跨项目的知识转移能够减少组织因重复劳动而损失的成本。项目型组织的信息化管理不但能够满足项目的特定需要，使项目表现出更好的绩效，更重要的是其促进了项目之间的知识创造与传播。

2. 项目型组织知识转移的特点

鉴于项目型组织具有不同于一般组织的特点，项目型组织的固有特点必然会对其知识管理或转移产生一定的影响。Sydow 等（2004）从组织、组织单元、组织内部网络、组织领域四个维度分析项目型组织的潜在特点对知识转移过程的影响，见表 2-13。

表 2-13　项目型组织的潜在特点对知识转移过程的影响

维度	潜在特点	作者
组织	项目化程度	Hobday（2000），Prencipe 和 Tell（2001）
	项目型组织的子公司或独立公司	Turner 和 Keegan（2000）
	员工参与、团队与社会化、合作	Wiewiora 等（2013）
	永久系统中嵌入的临时系统	Bredin 和 Söderlund（2011）
	员工的高流动性	Ajmal 和 Koskinen（2008）
	整合与分化的紧张关系	Gareis（1989）
	在知识整合、分享、积累方面的困难	Bredin 和 Söderlund（2011），Tell（2011）
组织单元	部长职责、程序、项目管理办公室、指导小组、董事会、项目	Aubry 等（2010），Müller 和 Gurevych（2009），Morris 和 Geraldi（2011）
组织内部网络	项目生态	Grabher（2004），Newell 和 Edelman（2008）
	相互依赖关系	Newell 和 Edelman（2008），Söderlund（2011）
	动态学习边界	Dubois 和 Gadde（2002），Lindkvist（2004），Newell 和 Edelman（2008），Scarbrough 等（2004），Söderlund 等（2008）
组织领域	以实践为基础的学习	DeFillippi（2002）
	项目类型	Davies（2009），Turner（2000）
	产出类型（独一无二的标准产品）	Davies（2009），Söderlund（2011）
	市场情况、产品系统、经济理性、技术类型、任务类型	Söderlund 和 Tell（2011）
	知识和问题特性	Prencipe 和 Tell（2001）

　　项目型组织知识转移机制根据知识属性的不同，可分为显性知识转移和隐性知识转移。Nonaka 和 Takeuchi（1995）指出，显性知识是指那些容易被辨认、厘清、记录、共享的知识，如书籍、手册、报告等。隐性知识被定义为直觉、情感、观念和信仰，它深深地嵌入人的思维方式、谈话、工作中，并难以被阐述和描述。显而易见，隐性知识受到其固有特性（无法编辑或记录）的影响，往往是通过"人—人"的沟通、联系而实现成功转移的。

　　由上述分析可见，隐性知识转移往往受到组织情境、成员动机的影响。项目是由不同专业的专家在特定的时间段内共同完成复杂创新任务的临时系统。项目成员往往具备不同的专业背景、文化背景，并跨组织参与不同的项目，导致项目成员背景复杂、流动性大，这就成为项目知识管理以及项目型组织知识转移的障碍。实际上，本书所涉及的知识转移主要关注项目型组织成员隐性知识的转移。

2.2.3　项目型组织知识转移研究综述

　　项目知识是项目型组织重要的经济资源、生产要素和社会资本（Pereira，2021）。跨项目的知识转移能够减少组织因重复劳动而损失的成本或重复错误（Schindler and Eppler，2003）。要想使项目型组织成功的经验或失败的教训得以传承，完善的知识转移系统必不可少。Ajmal 和 Koskinen（2008）从组织文化视角探讨了项目型组织知识转移，指出项目型组织知识转移的主要障碍包括：项目组织新成员对项目资料不熟悉；人员或社会壁垒导致失败的项目经验被忽视；组织成员缺乏知识转移动机；组织领导缺乏对知识转移重要性的认识等。项目型组织知识转移需要通过个人、团队、组织三个层面展开。同时，其得出以下结论："知识转移"并不仅仅是转移"知识"，而是对知识共享的组织文化的培育；项目管理者将不同的组织文化和专业知识融合在一起，促进知识的有效转移。Decker 和 Landaeta（2009）运用实证研究的方法分析了项目型组织成员情绪智力与知识转移方法选择之间的联系。Formentini 和 Romano（2011）运用价值分析的方法构建了多个项目间的知识转移决策系统。组织环境、项目特征、社会关系（Ren，2020）、项目相似性、项目紧迫性（Ren，2018）、信任（Nadeem et al.，2021）将影响项目型组织知识转移。而组织边界、项目成员间的误解、不同专业及文化背景（Almeida and Soares，

2014；Pemsel and Widén，2011；Correa et al.，2023）、语言、地理距离（Ko-skinen et al.，2003）将阻碍项目型组织的知识转移。因此，研究者们从不同的视角开展项目型组织知识转移研究。一是从组织、成员方面，例如，项目型组织纵横向知识转移机制（Zhou et al.，2020）、项目管理办公室的中介作用（Waveren et al.，2022）、跨项目组织文化（Zhou et al.，2022）、知识转移行为（Cheng and Yin，2022）、知识学习意愿（Zhao et al.，2022）；二是数字化的应用，如自动化、智能化的建筑项目知识迁移系统框架（Xu et al.，2022），基于建筑信息模型（BIM）的知识转移（Wang et al.，2022；Wang and Meng，2021；Rotimi et al.，2022），数字化技术的应用（Ngereja and Hussein，2021）；三是社交媒体、网络视角，如社交媒体对知识转移的作用（Narazaki，2020；Ma et al.，2022）、基于正式网络的知识转移和基于社会网络的知识转移（Liu et al.，2022）。

项目型组织数字化打破了知识转移的传统途径，通过丰富的知识转移渠道影响了项目型组织知识转移效率，提升了组织韧性。信息和通信技术的新兴趋势导致了各种计算机技术的融合，如信息物理系统（CPS）、建筑信息模型、大数据和云计算，这些技术将丰富建筑知识库，改变建筑工地的行为和管理模式（Zhou et al.，2018）。随着数字化和工业 4.0 的发展，为不需要项目人员的实际流动就能实现跨项目边界的隐性知识转移提供了可能（Ferreira et al.，2022）。Gupta 等（2022）指出，高层管理者的支持、知识管理战略的制定、知识友好型文化、数字基础设施的创建和维护以及员工培训是在工业 4.0 环境中开发知识管理系统的主要驱动因素。借助人工智能方法，能够提升项目型组织的知识管理能力（Jallow et al.，2020）。基于 BIM 技术的知识管理系统能够使施工知识在项目经理和工程师之间进行交流与重用，以解决施工问题，并减少解决可施工性等问题的时间和成本（Ho et al.，2013）。但是，与 BIM 进行互动、学习和熟练使用 BIM 并不能确保知识的实际转移。计算机自我效能可以改善知识转移效果，进而促进建设项目型组织中 BIM 技术的应用，个人使用 BIM 的信心和能力将激励其分享通过培训获得的 BIM 知识（Rotimi et al.，2022）。

国内外关于项目型组织知识转移的研究见表 2-14。

表 2-14　国内外关于项目型组织知识转移的研究

作者（年份）	研究内容及结论
Koskinen 等（2003）	项目成员面对面交流有利于知识共享。此外，语言、相互信任、物理上的接近将影响项目成员的知识共享
Savolainen（2008）	指出项目组织中个体之间动态职能的关系，以及工作场所开放的沟通环境是影响项目型组织成员知识共享的重要因素。另外，信任在项目隐性知识转移中也发挥着重要作用
Ajmal 和 Koskinen（2008）	总结项目型组织知识转移的四个障碍：①受时间、资源、人员流动性等的限制，项目成员无法全面、系统地了解其所在项目的总体情况；②个人或社会将成为项目型组织知识转移的障碍，成功的项目固然值得学习，但是失败的项目往往更具价值；③项目型组织成员缺乏知识转移动机；④项目型组织缺乏有力、有效的知识管理。同时，研究也强调了项目型组织文化在知识转移过程中的重要性
Lindner 和 Wald（2011）	提出广义的项目信息管理策略，解决项目型组织知识转移问题
Pemsel 和 Widén（2011）	指出组织边界是组织间知识转移的障碍，会对组织知识溢出效应产生负面影响。弱化组织边界、确定组织边界的连接策略可以促进组织间的知识交流与合作，提高项目型组织的生产力
d'Armagnac（2014）	从项目参与者的角色出发，构建了项目型组织基于嵌入型知识的三维概念框架，分别为关系维度、时间维度、结构维度，并指出项目型组织知识管理应充分考虑将人力资源管理实践与组织设计相结合
Reich 等（2014）	提出项目型组织知识联盟的概念，通过实证研究表明，那些能够使人力、物力在项目组织的三个不同层面（项目团队、业务变化团队、治理团队）实现知识联盟的项目管理者能够积极地影响项目的商业价值。项目型组织知识管理成功的关键在于项目型组织知识管理文化以及项目管理办公室的构建
Pemsel 和 Wiewiora（2014）	提出项目型组织知识治理的概念框架，区别于"知识管理""组织学习"的概念，项目型组织知识治理考虑了宏观与微观因素的相互作用，强调了知识治理流程的自然属性以及其与项目型组织环境的关系
Almeida 和 Soares（2014）	指出观念上的误解，认为学科背景、项目文化以及工作方式的不同将成为项目型组织知识转移的障碍

作者（年份）	研究内容及结论
Wei 和 Miraglia（2017）	采用单一案例研究设计，从文件、档案数据和对一家国内建筑公司经验丰富的项目经理的深入半结构化访谈中收集了丰富而详细的信息，对组织文化、规范和共同信念与基于项目的组织中跨项目知识转移的关系进行了实证研究
Zhou 等（2020）	探讨关键因素如何影响横向和纵向的跨项目知识转移有效性，以及如何在项目型组织内部形成跨项目知识转移机制
Garcia 等（2021）	考察了建筑、工程和施工（AEC）项目团队中的临时知识转移网络在项目交付过程中是如何产生和发展的，结果表明，最初在项目团队网络中出现了核心—外围结构，以支持团队协调。后来，核心和外围成员之间的三角形出现了，而没有分解核心—外围结构，也没有为团队成员之间的深层知识转移生成内聚的子组
Zhou 等（2022）	考察了项目型组织知识接收者的内部知识预期（感知内部知识有用性、成长和可及性）和积极预期确认对其持续跨项目学习意图的影响，以及感知外部知识有用性在内部知识预期和延续意愿之间的调节作用
Cheng 和 Yin（2022）	从组织文化和组织结构中确定了与知识转移行为相关的五个组织前因。利用 152 个中国建筑企业组织成员的调查数据进行了模糊集定性比较分析（fsQCA），揭示了影响知识转移行为的组织前因配置
王能民和杨彤（2006）	指出项目间的知识转移主体是项目成员的流动，项目间的知识转移媒介主要是正式的市场媒介与非市场媒介，项目间知识转移更多的是通过群化与融合来实现，项目间的知识转移具有很强的依赖性
李丽萍和于宏新（2010）	指出项目的一次性、临时性、项目成员多样性的特点将对项目知识管理产生一定的影响。一方面，项目的多学科性有利于知识的传播与创新；另一方面，项目的一次性、临时性特点，将使项目知识随着项目生命周期的结束而丢失
任旭和刘佳（2021）	构建项目经理魅力型领导影响项目团队知识转移的模型。研究发现，项目经理魅力型领导对团队成员知识转移意愿有显著的正向影响，心理安全感在魅力型领导和知识转移意愿间的关系中起中介作用，环境动态性负向调节心理安全感对知识转移意愿的正向影响
杨青等（2021）	从重叠并行性的视角，分析知识在项目间的转移和学习过程

由表 2-14 可见，我国学者对项目知识转移的研究起步并不晚，且较多关

注项目实施中的知识转移问题，而忽略了项目型组织的知识管理、知识转移和知识创新问题。其实，单一项目的成功并不意味着项目型组织的成功，而失败的项目经验往往能为项目型组织提供经验积累，是促进项目型组织发展的宝贵财富。因此，本书将项目型组织知识转移作为研究重点。

2.2.4　小结

本节分析了项目型组织及项目型组织知识转移的内涵及特点，并综述了项目型组织知识转移的研究现状。研究发现：项目型组织的内涵并未统一，项目型组织没有标准形式，既有可能是独立的机构，也有可能是一个庞大组织的子公司，其典型的特征就是以"项目"的方式提供产品及服务。项目型组织的一个显著特点是项目的临时性。基于项目的临时性特点引发项目型组织的不同组织情境、不同文化环境、不同人员背景构成以及人员流动性大等特征。

组织环境、项目特征、社会关系、项目相似性、项目紧迫性、信任将影响项目型组织知识转移。而组织边界、项目成员间的误解、不同专业及文化背景、语言、地理距离将阻碍项目型组织的知识转移。研究者从不同视角开展项目型组织知识转移研究：一是组织、成员视角；二是数字化的应用视角；三是社交媒体、网络视角。

数字化和工业 4.0 的发展，为不需要项目人员的实际流动就能实现跨项目边界的隐性知识转移提供了可能。因此，数字化技术背景下项目型组织知识转移将成为项目型组织知识转移研究的新方向。另外，项目型组织知识转移中介及成员知识转移动机也值得做进一步研究。

2.3　研究变量综述

2.3.1　知识转移动机综述

1. 知识转移动机的概念

动机是指人行动的主观愿望。动机是决定一般行为的关键所在（Deci and Ryan，1987），无论是信息接收行为（Davis et al.，1992；Teo et al.，

1999) 还是与工作相关的行为 (George and Brief, 1996), 同时, 动机也是知识转移行为的主要触发器 (Osterloh and Frey, 2000)。外部动机和内部动机被认为是组织成员进行知识转移的两大诱因 (Vallerand, 2000)。外在动机侧重于目标驱动, 如奖励或福利等; 内部动机则更关注兴趣或参与某一活动的满足感。总之, 外部动机和内部动机将影响个人活动意图及其实际行动 (Davis et al., 1992)。

员工知识共享的外部动机是基于组织成员对知识转移价值看法的一种输出信念 (Osterloh and Frey, 2000)。例如, 当组织成员进行知识转移所得到的回报大于其所付出的成本时, 他们将进行知识转移, 否则将停止知识转移, 这就是知识转移的外部动机之一。进行知识转移的成本包括时间的花费、脑力劳动; 潜在的收获包括组织的报酬或与同事间的协作责任的回报等 (Ko et al., 2005)。

内部动机是指员工从事某项活动是出于自身兴趣, 或在参与过程中能够感受到愉快并得到满足感 (Deci, 1975)。例如, 通过知识转移, 一方面, 员工能够提升自身知识效能; 另一方面, 通过为组织提供有用的知识, 员工能够实现自我价值 (Constant et al., 1994)。内部动机在解释人类行为中起到了至关重要的作用, 尤其是在知识共享领域 (Deci and Ryan, 1985; Tyler and Blader, 2001)。

Lindenberg (2001) 将内部动机分为规范内部动机和享乐内部动机。规范内部动机针对自身和社会规范的感觉承诺, 表达了对组织价值观的支持, 同时依据所在的组织对自身进行识别 (Kreps, 1997)。享乐内部动机源于自我肯定、能力提升和享受活动过程, 通过物质或社会福利完成并且提升个体表现。

2. 知识转移动机的测量

对于知识转移动机的测量, 国外的研究起步较早, 我国对其测量大多沿用成熟的分类模式和量表。这里归纳了近年来具有代表性的关于知识转移动机测量的文献, 见表2-15。

表 2-15　知识转移动机测量文献

研究者（年份）	维度、内容
Noe（1986）	四维，态度、兴趣、价值观、期望值
Constant 等（1994）	三维，自利、互惠、自我实现
Lindenberg（2001）	三维，外部动机、规范内部动机、享乐内部动机
Lin（2007）	四维，奖励、互惠、知识自我效能、帮助他人
Cruz 等（2009）	二维，外部动机（高动力刺激、酬劳、职位提升、稳定）、内部动机（自信、自治、坦诚、会员资格）
Swift 等（2010）	四维，学习证明、学习规避、绩效证明、绩效规避
Chang 和 Chuang（2011）	二维，声誉、利他主义
Hung 等（2011）	四维，经济回报、声誉反馈机制、利他主义、互惠
Javernick 和 Will（2011）	五维，互惠、组织文化、模仿领导者行为、避免惩罚、员工情感承诺
Wang 等（2019）	二维，外部动机、内部动机
唐炎华和石金涛（2007）	四维，个人利益、兴趣动机、个人成就感、组织情感
Dasi 等（2021）	二维，参与和行动

根据上述分析可知，知识转移动机分为内部动机与外部动机，其中内部动机主要包括兴趣、态度、价值观、期望值、利他主义、自信、自我实现、员工情感承诺等；外部动机主要包括互惠、自利、经济报酬、职位提升、声誉、避免惩罚等。结合本书主题和项目型组织的特点，笔者将外部动机（平衡互惠、避免惩罚）和内部动机（兴趣、员工情感承诺、成就动机、模仿领导者行为）作为本书的初步测量指标。

3. 知识转移动机的相关研究

无论是外部动机还是内部动机，都对知识转移具有至关重要的作用。哪些动机将显著影响知识转移？它们是如何影响知识转移的？针对这些问题，本书对近些年国内外学者关于成员知识转移动机的研究进行了梳理，见表 2-16。

表 2-16　国内外知识转移动机相关研究

研究者（年份）	研究对象	研究结论	研究范式
Osterloh 和 Frey（2000）	组织	研究指出内部动机对公司的重要性，拥挤效应使内部动机和外部动机成为公司的内生变量	理论

续表

研究者（年份）	研究对象	研究结论	研究范式
Lindenberg（2001）	专业组织、灵活组织	研究指出在一个专业性官僚组织中，知识共享的社会困境可通过规范性内部动机克服；在操作灵活的组织中，团队的相互依赖至关重要，通过密集的社会化规范来加强；外部动机将强化内部享乐动机	理论
Kalling（2003）	跨国公司	研究指出动机对跨国公司之间的知识转移至关重要	实证
Lin（2007）	组织成员	研究表明互惠动机、知识效能、帮助他人动机与知识转移共享意愿显著相关，报酬对知识转移意愿和共享行为无显著的影响	实证
Siemsen 和 Roth（2008）	公司雇员	研究强调了成员动机在知识共享中的关键作用	实证
Gagné（2009）	组织成员	研究指出组织成员的需求满意度将影响其内部动机，从而影响成员的分享意愿，最终对组织成员的知识共享行为产生影响	实证
Martín 等（2009）	公益组织	研究证实公益组织成员内部动机是影响知识转移的关键因素，而与外部动机无关	实证
Swift（2010）	组织成员	研究表明学习证明、学习规避、绩效证明与知识共享正相关，绩效规避与知识共享负相关	实证
Chang 和 Chuang（2011）	虚拟社区成员	研究证实利他主义与知识共享显著正相关；声誉与知识共享质量显著正相关，而与知识共享数量无关	实证
Hung 等（2011）	团队	研究指出经济回报能够提高知识转移愉快度，但是并不能促进知识转移；声誉反馈机制正向影响知识转移的数量、有用性和创造性，但并不能提升知识转移满意度；互惠与知识转移数量、有用性和创造性无关，但是其正向影响知识转移满意度；利他主义与知识转移数量、有用性、创造性无关，但是其正向影响知识转移满意度	实证
Turner 和 Pennington（2015）	组织	研究证实在组织网络中动机显著影响知识共享行为	实证
Tho 和 Trang（2015）	校企联盟	研究证实商学院学生的内部动机对其将知识转移到商业组织的行为具有显著的正向影响	实证

续表

研究者（年份）	研究对象	研究结论	研究范式
Wang 等（2019）	R & D 联盟	研究发现工作经验与个人表现正相关；工作经验与外在动机呈正互动关系；工作经验、中心网络地位和内在动机呈正三方互动关系	实证
Dasi 等（2021）	项目团队	研究分析了项目绩效与团队能力、动机和机会（AMO）之间的关系	实证
唐炎华和石金涛（2007）	知识型员工	研究证实组织情感、兴趣动机为知识型员工知识转移的关键因素，个人成就动机次之，个人利益与其他因素相对次要	实证
居佳等（2020）	项目团队	研究表明团队成员知识转移自主动机对知识转移效果有正向作用，而受控动机在两者的关系中发挥负向调节作用；成员间联结强度与知识转移动机的交互性对知识转移效果起正向作用	实证

由表 2-16 可见，对于知识转移动机的研究，研究对象多集中于组织、跨国公司、校企联盟、虚拟社区等；研究范式多为实证研究；研究视角倾向于成员内部动机的作用。

4. 知识转移动机的研究评述

对于动机的研究和测量来源于动机心理学、社会心理学等心理学理论。动机按其诱因的不同分为外部动机和内部动机。内部动机较外部动机而言更加复杂和难以测量，因此，国内外学者大多将精力放在内部动机的研究与测量上。

对于知识转移动机的测量，国外已有大量成熟的量表，而国内在此方面的研究有待进一步加强。通过对近年来知识转移动机文献的梳理发现，国外学者的研究对象多集中于跨国公司、组织、校企联盟、R & D 联盟、团队等，并取得了一定的研究成果。但是，对于项目型组织成员知识转移动机的研究鲜见。外部动机显而易见，而内部动机往往受到组织情境和所处环境的影响，鉴于项目型组织情境区别于一般组织情境，有必要对项目型组织成员的知识转移动机进行测量，分析研究组织情境如何影响成员知识转移动机进而影响知识转移效果。

2.3.2 组织情境综述

1. 组织情境的概念

组织情境是对组织成员工作具有外部促进或阻碍作用的组织结构和系统（Denison et al.，1996）。组织情境的构成要素并非一成不变，不同的学者对其有不同的认知，每种组织情境构成都有不同的作用（Edmondson，2003）。

从微观层面来讲，组织情境包括组织赋权、组织激励/惩罚机制、组织支持感、组织指导、组织反馈、组织目标一致性（隶属于组织文化维度）、组织凝聚力（隶属于组织文化维度）、信任等（Hyatt and Ruddy，1997；Janz，1997）。除此之外，还有训练、技术咨询的有效性、团队回报（Gladstein，1984）。微观组织情境与宏观组织情境的主要区别在于：微观组织情境可根据特殊的团队需求进行调整，不同分公司或子公司的组织情境根据团队的反馈和输入的不同而不同。

与微观组织情境研究相比，关于宏观组织情境的研究相对较少，这主要是因为宏观组织情境数据收集困难；大多数大型团队样本来自同一个组织，组织情境没有变化，呈单一维度。目前，关于宏观组织情境的研究多集中在组织文化、组织特征、组织战略、组织结构等方面（Zellmer-Bruhn and Gibson，2006；Zaheer et al.，2006）。

2. 组织情境的测量

彼得·德鲁克指出："只有能被测量的，才能被管理。"❶ 由此可见，"测量"在管理中具有重要地位。测量是获取信息的重要手段，是管理中的基本环节，它可以为管理者提供充分、准确的信息。目前，已有较多国外学者从组织文化、组织氛围、知识距离等方面开发出具有较高信度的测量量表，并对组织情境进行了测量。依据维度的不同，现有文献中的多维量表主要包括二维、三维、四维、五维量表。本书对具有代表性的量表根据维度进行划分，见表2-17。

---

❶ 德鲁克. 卓有成效的管理者（中英文双语版）[M]. 许是祥，译. 北京：机械工业出版社，2009.

表 2-17 组织情境测度指标

研究者（年份）	维度和内容
Gupta 和 Govindarajan（1991）	三维，任务环境、结构特性、组织文化
Doolen 等（2003）	三维，组织文化、组织系统、管理过程
Kim 和 Lee（2006）	三维，信任程度、领导支持、组织奖励
Zellmer-Bruhn 和 Gibson（2006）	四维，团队类型、培训、反馈机制、自治
Huang 和 Chou（2015）	二维，回报、组织支持
Luo 和 Lee（2015）	三维，组织氛围、组织承诺、信任
徐金发和许强（2003）	五维，文化、战略、组织结构和过程、环境、技术和运营
祁红梅和黄瑞华（2008）	五维，领导支持、组织奖励、组织控制、群体行为、工作需求
关涛（2010）	三维，动机、组织支持、吸收能力
袁红军（2013）	三维，组织支持、吸收能力、动机
周国华等（2014）	四维，信任氛围、组织奖励、领导支持、组织正规化
刘玉新等（2019）	三维，领导、组织支持和公平、工作特征和同伴

根据上述分析可知，对于组织情境的测量主要集中于组织文化、组织支持（领导支持）、信任、组织承诺、组织奖励等维度。结合本书的研究主题和项目型组织的特点，拟采用组织目标一致性、组织凝聚力、组织支持感、组织领导力、组织学习作为组织情境的初步测度指标。

3. 组织情境的相关研究

组织情境对于知识转移来说至关重要，到底哪些组织情境将影响组织成员的知识转移和接收行为进而影响知识转移效果？针对这一问题，本书对国内外学者关于组织情境的研究进行了梳理，见表 2-18。

表 2-18 国内外组织情境相关研究

研究者（年份）	研究对象	研究结论	研究范式
Syed-Ikhsan 和 Rowland（2004）	公共组织	研究表明组织文化、组织结构、技术、人力资源、政治因素将影响公共组织的知识获取和知识转移绩效	实证

续表

研究者（年份）	研究对象	研究结论	研究范式
Zellmer-Bruhn 和 Gibson（2006）	跨国组织	研究指出强调全球一体化的组织情境削弱了团队学习效果，但组织反应能力和知识管理增强了团队学习效果	实证
Kim 和 Lee（2006）	IT 组织	研究表明组织信任、领导支持、组织奖励对成员知识共享意愿具有促进作用	实证
Luo 和 Lee（2015）	组织	研究表明组织氛围在组织知识转移绩效中扮演重要角色，组织信任和组织承诺能够提升知识转移绩效	实证
Huang 和 Chou（2015）	组织	研究表明组织回报会影响知识吸收从而影响知识转移，组织支持将直接影响知识转移	实证
徐金发和许强（2003）	企业	研究指出组织情境的相似度是企业知识转移的重要因素	理论
祁红梅和黄瑞华（2008）	企业	研究指出领导支持、群体行为、工作需要对外部动机和内部动机具有显著影响，从而影响知识获得绩效和创造绩效；组织奖励和组织惩罚仅影响内部动机，从而影响知识创造绩效	探索性理论与实证
关涛（2010）	跨国公司	研究指出组织吸收能力和组织支持没有与复杂嵌入发生交互作用，简单嵌入与组织支持发生交互作用，组织支持正向影响默会知识	实证
袁红军（2013）	图书馆咨询团队	研究表明组织情境（组织支持、吸收能力、动机）对图书馆咨询团队知识转移起到了显著的推动和调节作用	理论
周国华等（2014）	项目	研究证实信任氛围、组织奖励、领导支持、组织正规化等组织情境对项目成员知识共享意愿（贡献意愿、收集意愿）具有差异化影响	实证
刘新玉等（2019）	组织	组织情境中的领导、组织支持和公平、工作特征和同伴均影响工作热情	理论

由表 2-18 可见，国内外学者对于研究对象的选择多集中于跨国公司、项目、企业等；在研究范式上多为实证研究。

4. 组织情境的研究评述

组织情境的概念来源于情境理论。通过文献阅读和梳理可见，组织情境按其可变化程度分为宏观组织情境和微观组织情境，由于受到数据收集以及组织背景的限制，研究者大多将精力集中于微观组织情境的研究。结合项目型组织的特点，本书将项目型组织的组织情境定义为：对组织成员工作起到外部促进或阻碍作用的组织结构和系统，其构成根据子公司/分公司的不同而不同。

从文献检索和梳理的情况来看，国内外学者对于组织情境的测量指标基本保持一致，主要集中于组织文化、组织支持（领导支持）、信任、组织承诺、组织奖励等方面。

通过对组织情境相关研究的梳理可见，一方面，国内外学者运用实证研究方法对不同研究对象（跨国公司、组织、企业、项目、图书馆团队）的不同组织情境对其知识转移效果的促进或阻碍作用进行研究，虽然已取得一定的成果，但是对于项目型组织情境下知识转移效果的研究几乎为零；另一方面，考虑成员动机与组织情境交互作用的文献也并不多见。因此，本书试图探讨项目型组织成员动机与组织情境对知识转移效果的跨层次影响。

2.3.3 知识转移效果综述

1. 知识转移效果的概念

（1）知识转移

知识转移的概念由 Teece 和 Armour（1977）首次提出，此后被研究者们不断地发展、完善，从不同视角、层次全面探讨知识转移的内涵。通过第 2.1.1 小节的研究发现，学者们对知识转移的概念已达成相对一致的看法，其认为知识转移概念需要包含以下四个方面的要素：①知识转移主体、知识转移受体（个人、团体、组织、公司等）；②在特定的情境下（项目环境、跨国公司）；③进行交互活动（转移、吸收、再利用等）；④完成特定的目的（缩小知识势差，鼓励合作，共同发展）。

本书结合项目型组织的特点将知识转移定义为：项目型组织知识转移是指项目型组织成员在项目型组织内部进行的知识交互活动，最终实现相互合作、共同发展。

（2）效果

效果（effect，effectiveness）是由某种动机或原因产生的结果。动机是指人行动的主观愿望，效果是指人实践的客观后果。任何行为都是由一定动机引起的，动机是效果的行动指导，效果是动机的行动体现和检验根据。动机和效果是统一的，但两者的统一是一个复杂、曲折的过程。

对绩效（performance）的定义目前主要有三种观点：①认为绩效是一种结果，表现为工作产出或结果；②认为绩效是一种行为，表现为与组织目标有关的行动或行为；③认为绩效是行为和结果的综合，表现为既关注行为的内容和结果，又关注行为的过程。

通过上述分析可见，"效果"和"绩效"所表述的内容在本质上是相同的。

（3）知识转移效果

有效的知识转移被认为是及时地、在预算范围内获得知识接收方的满意。将知识看作有形（显性知识）或无形（隐性知识）的产品，从商品或服务评价角度来看，知识转移的有效性可以通过对所转移知识的拥有程度、承诺程度和满意程度三个方面来衡量。目前，学术界对于评价知识转移是否成功及其有效性的概念主要有知识转移效果、知识转移绩效、知识转移效率及成功知识转移四个方面，这四个方面的对比分析见表2-19。

表2-19 知识转移效果、知识转移绩效、知识转移效率、成功知识转移对比分析

知识转移有效性	视角	概念和研究者（年份）
知识转移效果	知识	是指所获知识的主体范围大小以及转移知识的丰富程度，Ryu 等（2005）
		是组织间通过知识转移活动获得的有关管理、技术等方面的知识量，Gupta 和 Govindarajan（2000）
	技术转移与创新	知识转移效果更注重知识在被接收方吸收之后的再创造过程，Kim 和 Nelson（2000）
	接收方	知识接收方的知识内化程度可反映知识转移效果，包括知识接收方对所转移知识的拥有程度（ownership）、承诺程度（commitment）、满意程度（satisfaction），Meyer 和 Rowan（1977）

续表

知识转移有效性	视角	概念和研究者（年份）
知识转移绩效	过程	用知识转移频率来衡量知识转移绩效，Håkanson 和 Nobel（2000）
	过程+结果	用转移成本和知识接收方满意度衡量知识转移绩效，Pinto 和 Mantel（1990）
	过程+结果+行为	过程绩效、结果绩效和行为绩效，王一飞和李柏洲（2011）
知识转移效率	时间	知识转移量与转移知识所花费的时间之比，知识转移量用转移主体数、知识长度和知识宽度的乘积表征，Pérez-Nordtvedt（2008）
	过程+狭义	过程中狭义的知识转移效率用知识转移的速度和成本量化知识转移效率，Zahra（2000）
	广义	广义知识转移效率的概念用速度和成本量化知识转移过程中的效率，用有用性和满意度量化知识转移结果效率，原长弘和周林海（2011）
成功知识转移	接收方	判断知识、技术是否被成功转移的标志是，知识接收方在无外力帮助的情况下，能够独立吸收、运用、维护所引进的知识、技术，并具有一定的改进、扩展和开发能力，Chesnais（1996）
	客观因素	将知识转移的障碍作为因变量，知识转移过程中遇到的障碍越少，则转移得越成功，Szulanski（1996）
	成员—组织	组织中某人的"私人知识"转化为"可获得知识"可看作私人知识向组织的成功转移，Dixon（1999）

由表 2-19 可见，知识转移效果、知识转移绩效、知识转移效率、成功知识转移的内涵既有区别又有联系，但其在本质上是统一的。知识转移效果和知识转移绩效是结果变量，强调知识接收方对知识的满意度和内化程度；成功知识转移是状态变量，其既关注知识转移目标的达成，也关注知识转移过程中资源的有效利用程度，即对转移质量加以评估；知识转移效率是速率变量，在对结果变量和状态变量进行考评的同时加入时间的概念，既强调知识转移产出后的效果，又强调知识转移过程中的效果。科学研究追求精而深，不在于广而博。因此，本书将研究重点放在知识转移效果上，强调知识接收方的参与度和满意度，与此同时，结合项目型组织的特点，用项目型组织成

员知识转移参与度（过程）与所接收知识的内化程度（结果）表征知识转移效果。

2. 知识转移效果的测量

目前，对于知识转移效果的测量尚没有统一的方法，广泛应用的测量方法主要有定性描述法、主观量化法、客观量化法。由于定性描述法受到专家知识的限制，容易造成偏差，故采用得较少。因此，常用的知识转移效果评价方法有客观量化法和主观量化法。客观量化法主张采用有形的、可度量的、不以人的意志而改变的客观事实度量变量，如货币、财务指标、利润增加量或成本降低量等；主观量化法主张将个人直观判断转化为数字，如李克特量表的广泛应用。本书通过梳理大量文献，汇总得到知识转移效果测度指标，见表2-20。

表 2-20　知识转移效果测度指标

研究者（年份）	维度和内容
Szulanski（1995）	三维，知识转移所消耗的时间、预算、知识接收方的满意度
Daft（1998）	四维，知识理解力、有效性、速度、经济性
Kostova（1999）	二维，知识接收方对于所接收知识的所有权、对知识的掌握和吸收程度
Hansen 等（1999）	二维，知识转移双方各自预定的消耗（时间）、知识接收方所接收的知识量
Argote 和 Ingram（2000）	二维，知识存量、组织绩效变化
Cummings 和 Teng（2003）	一维，某段时间内的知识转移总量
Jensen 和 Szulanski（2007）	二维，知识的使用率、知识实施效果
Zihanxin 等（2022）	四维，速度、成本、有效性和满意度
卢兵等（2006）	二维，获得知识的主体数、所获取知识的丰富度
刘旸等（2009）	二维，获取知识的便捷度、对所获取知识的满意度
朱亚丽等（2011）	五维，知识转移容易性、知识转移效果满意度、知识再创造度、知识基础变化、技术依赖降低度
侯娜（2012）	五维，投入程度、满意程度、知识学习、知识创造、技术创新
高山行等（2018）	二维，知识转移速度、知识有用性
邓程等（2020）	二维，知识的被理解程度、知识对新产品开发的有用性

由表 2-20 可见，对于知识转移效果的测量，多从二维出发，着重测量知识转移的时间效率以及对知识转移效果的满意度等。

3. 知识转移效果的相关研究

知识是支撑组织/企业发展的关键资源，是组织价值的主要来源，对其进行有效的利用或转移能够提高组织的竞争力。因此，众多国内外学者对知识转移效果的影响因素做了大量研究。国内外知识转移效果实证研究见表 2-21。

表 2-21　国内外知识转移效果实证研究

研究者（年份）	研究对象	研究结论	研究范式
Cummings 和 Teng（2003）	R&D 组织	知识特性（可表述性、根植性）、知识差距、规范距离将影响 R&D 组织的知识转移成功率	实证
Mazloomi 和 Jolly（2008）	联盟	知识的性质、吸收能力、互惠行为、联盟的形式将影响联盟间的知识转移效果	实证
Rhodes 等（2008）	公司	结构化学习策略、组织创新文化将影响公司间的合作及知识转移	实证
Ambos T C 和 Ambos B（2009）	跨国公司	研究地理距离、文化距离、语言距离对跨国公司的成员合作机制（PCM）以及技术合作机制（TCM）的影响。研究表明，地理距离对 TCM 具有显著的负向影响；文化距离对 TCM 具有显著的正向影响，对 PCM 具有显著的负向影响；语言距离对 TCM 具有正向影响，对 PCM 具有显著的负向影响	实证
Duan 等（2010）	项目	关系、文化意识、语言、动机、知识距离、目标、转移渠道、合理地选择伙伴、信任、透明度将影响知识转移效率	实证
Zihanxin 等（2022）	产学研	产学研的目标差异、机构合作伙伴对知识转移绩效具有负向影响。技术知识差异有显著的倒置吸收能力，与知识转移绩效之间的关系为 U 形效应：巨大的技术知识差异削弱了吸收能力对知识转移绩效的影响，较弱的技术知识差异负向调节吸收能力对知识转移绩效的影响	实证
Dong 等（2022）	社区	社区激励不仅对知识转移绩效有直接的正向影响，而且通过用户意愿和能力的中介作用发挥了间接的正向作用	实证
张志勇等（2007）	战略联盟	与正式控制相比，联盟的社会控制能促使更多的知识转移主体参与联盟，从而使联盟的知识转移在更深层次上和更宽范围内进行	理论

续表

研究者（年份）	研究对象	研究结论	研究范式
王三义和刘新梅（2007）	企业	知识转移动机影响企业间的知识转移机会和能力，并直接作用于知识转移效果；知识转移机会通过改变企业间的知识转移能力影响企业间知识转移的发生；企业间知识转移能力在企业间知识转移活动中的作用最为显著	实证
原长弘等（2012）	校企技术转移	城市层面的政府支持和市场不确定性正向调节学校层面的知识转移效率	实证
张红兵和张素平（2013）	技术联盟	基础知识的关联性、专业知识的差异性、发送方的知识转移能力、接收方的知识吸收能力、联盟企业间的承诺都对知识转移的有效性具有正向影响；联盟企业间的信任并不会对知识转移有效性产生直接作用，而是通过承诺间接地对知识转移产生正向影响	实证
陈怀超等（2014）	跨国公司	认知距离和管制距离、规范距离和认知距离越远，国内跨国公司越难以在总部和东道国分支机构之间进行有效的知识转移；国际经验作为"距离桥接"变量，削弱了管制距离、规范距离和认识距离对知识转移效果的影响；社会资本削弱了管制距离对知识转移效果的影响	实证
高山行等（2018）	企业	竞争联系、合作联系对于知识转移效果均有正向促进作用；法律支持增强了竞争联系与知识转移效果间的正向关系，削弱了合作联系与知识转移效果间的正向关系；政治联系正向调节合作联系与知识转移效果间的正向关系	实证
邓程等（2020）	企业	知识隐藏对知识转移效率与效果均存在显著的负向影响，知识转移效率和效果对知识隐藏与新产品开发速度及新产品创新性的关系具有中介作用，个人主义负向显著调节知识隐藏与知识转移效率和效果间的关系，不确定性规避负向显著调节知识隐藏与知识转移效果间的关系	实证

由表 2-21 可见，目前对于知识转移效果的研究多采用实证方法，研究对象集中在联盟、跨国公司、项目、校企技术转移等方面。

4. 知识转移效果的研究评述

关于知识转移成功与否、优劣程度的测量，学术界尚未形成统一的概念，根据研究侧重点和研究视角的不同，主要有知识转移效果、知识转移效率、知识转移绩效、成功知识转移等。本书对上述知识转移测度指标进行了对比分析，并结合项目型组织的特点，从知识转移过程和知识接收方两方面测度知识转移效果。项目型组织知识转移效果是指知识转移过程中的双方参与度、知识接收方的知识心理所有权及其对知识转移的满意程度。

从文献检索和梳理的情况来看，国内外学者对于知识转移效果的测量指标基本保持一致，主要集中于两个方面：一是知识转移过程中时间、资源的占用情况；二是知识接收方对所接收知识的内化以及满意程度等。

近年来，对于知识转移效果的研究主要集中于实证研究方面。通过文献梳理并结合当前国际经济形势不难发现，在研究对象上，目前研究与以往研究有所不同，以往学者较多关注成员向组织进行知识转移、组织内部成员间的知识转移、组织与组织间的知识转移等，目前研究较多集中于战略联盟、跨国公司、项目、产学研、校企联盟等方面。

从上述分析来看，尽管关于知识转移效果的理论和实证研究已有很多，并取得了大量的研究成果，但是仍存在一些值得进一步研究的问题，主要包括：

1）随着全球经济一体化发展，越来越多的任务以项目的形式完成，项目型组织发展为新的业态形式，如大型建设项目组织、IT 项目、航空航天项目等。这些项目型组织区别于一般组织，具有其自身的特点；此外，项目在实践过程中需要大量的技术支撑，同时在完成后也会给项目型组织留下宝贵的经验。那么，项目型组织是如何转移知识，又是如何传承经验的？国内在此方面的研究较少。可见，关于项目型组织知识转移的研究具有重大的理论意义和实践价值。

2）国内外对于知识转移效果的测量及实证研究已有大量成果，但从成员动机和组织情境方面着手研究的文献鲜见。因此，笔者试图通过实证研究厘清项目型组织情境如何影响项目型组织成员的知识转移动机，从而最终影响知识转移效果，以期为学术界和实业界提供理论基础与实践依据。

2.3.4　小结

通过对以上知识转移动机、组织情境、知识转移效果研究变量从概念、测量到相关研究的综述可以看出：

1）国外关于知识转移动机的研究已有大量文献，已实现体系化，且取得了一定的成果，但我国在此方面的研究仍处于起步阶段，如何编制出适应我国国情和文化环境的量表，并对我国组织成员知识转移动机进行测量，是目前所面临的关键问题。

2）成员的知识转移动机在一定程度上受到组织情境的影响，因此本书将组织情境变量引入研究内容的范围内。我国对于组织情境的研究已取得了一定的成果，研究视角和研究对象与国外趋于一致，但针对项目型组织情境的研究鲜见。因此，本书将项目型组织作为研究对象，研究项目型组织情境对成员知识转移动机和知识转移效果的影响。

3）国内外关于知识转移效果的研究均已趋于成熟，只是评价知识转移效果优劣的标准与名称不同，如成功知识转移、知识转移效果、知识转移绩效等，但是其本质相同。本书采用知识转移效果这一说法，从知识转移满意度、参与度以及心理所有权三个方面衡量知识转移效果。

2.4 本章小结

本书通过收集大量相关研究资料，运用 CiteSpace Ⅲ 对 1994—2022 年知识转移研究文献演化脉络进行梳理，并探讨知识转移研究热点和研究前沿；梳理项目型组织知识转移的内涵及特点，并从概念、测量、相关研究等方面对研究变量——知识转移动机、组织情境、知识转移效果进行综述。

1. 知识转移文献评述

通过对知识转移概念、过程、要素及其发展演化路径的梳理，对知识转移领域当前研究热点、研究前沿的探讨可以看出，知识转移研究已发展到较成熟的阶段。研究视角从微观到宏观，研究内容多为知识转移概念、知识转移过程、影响因素等，研究对象集中于个人、团队、组织、公司等。知识转移研究的基本路径：一是对知识转移现状的研究；二是立足于产学知识转移；三是以学习理论和组织行为为理论基础，以知识转移主体的行为为视角，研究知识转移机制。随着研究的规范化和系统化，以及自主创新意识的增强，目前知识转移研究的前沿问题包括：一是运用图论（网络）研究方法研究知识转移问题；二是知识转移与创新之间的内在联系问题。最后，通过分析

2018—2022 年共被引网络高频、高中心度关键词研究，体现出近年来的知识转移研究热点，即知识转移绩效、知识转移与创新、知识转移系统等。

2.　项目型组织知识转移文献评述

项目在实施过程中需要大量的技术支撑，同时在完成后也会给项目型组织留下宝贵的经验。对于项目型组织来说，高效的项目间知识共享不仅能有效地提高企业的技术水平、管理水平和竞争力，还能促进企业的可持续发展。但是，由于项目型组织具有临时性、流动性、单件性等特点，导致其知识转移存在"效率质量悖论"，影响了项目型组织知识的有效转移。跨项目知识转移的重要性越来越受到学术界和工业界的重视，高效的知识转移和信息共享对保持组织韧性、可靠性至关重要。关于项目型组织知识转移的研究正在兴起，但尚未完全发展。无论是理论框架、概念界定与测量，还是跨层级因果机制，大多仍处于描述性和定性研究的阶段，且大多是基于单一数据在某一层面开展的研究，而针对多元异质性层级的多粒度动态测量知识转移效果的研究较少。

3.　研究变量文献评述

通过从概念、测量、相关研究等方面对研究变量——成员知识转移动机、组织情境、知识转移效果进行梳理不难发现，我国关于知识转移动机的研究还处于起步阶段，对组织情境、知识转移效果的研究较成熟，并取得了一定的成果。研究对象多集中于组织、跨国公司、团队、联盟等；研究范式主要为实证研究。虽然上述研究取得了一定的成果，但是仍存在一定的不足和局限性。首先，由于客观需要，以项目型组织为存在形式的组织数量激增，但关于项目型组织成员知识转移动机、组织情境的研究较少；其次，现有研究大多将成员知识转移动机与组织情境割裂开来，未考虑两者之间的相互影响。因此，本书关注项目型组织成员知识转移动机与组织情境的跨层次影响，分析其对知识转移效果的影响。

第 3 章 基于动态粒认知图的项目型 组织知识转移要素特征选择

随着机器学习和自动推理时代的到来，以及数据、信息和知识的爆炸性增长，迫切需要关于数据、信息和知识领域的新思想与新技术。实际上，信息是有组织的数据，而知识是有组织的信息。信息粒几乎渗透在人类的各种活动中。粒计算（granular computing）是人工智能领域中模拟人类思维解决复杂问题的新方法。粒计算模型是近年来人工智能领域的研究热点之一。近年来，人们对模糊认知图的研究不断深入，使其应用领域不断扩展，有研究者将粒计算与认知图相结合，提出动态粒认知图模型，并将其应用于项目型组织知识转移要素特征选择中。

本章首先对项目型组织及其特点进行分析，总结归纳项目型组织区别于一般组织的特点；然后，根据知识转移过程，分析项目型组织知识转移过程要素，进而针对过程要素构建项目型组织知识转移动机和组织情境体系；在充分分析粒认知图概念、原理和当前发展的基础上，提出动态粒认知图模型，并阐述其构建的一般过程及适用性；运用动态粒认知图模型对项目型组织知识转移过程要素进行特征选择，初步得到项目型组织知识转移过程中的关键要素以及各关键要素之间的关系，为下一步的量表编制和多层线性模型分析打下基础。

3.1 项目型组织知识转移要素系统

3.1.1 项目型组织知识转移过程要素

项目型组织知识转移区别于项目环境下的知识转移，项目型组织知识转移包括项目型组织与项目之间的知识转移，以及项目型组织下的项目与项目之间的知识转移；而项目环境下的知识转移也包括两种情况：一是项目间的知识转移，二是项目参与方之间的知识转移。由此可见，项目型组织知识转移与项目环境下的知识转移研究既有交叉，又有区别：交叉体现在二者都将项目间的知识转移列为研究对象之一；区别体现在研究边界不同，项目型组织主要是内部知识转移，而项目环境下的知识转移还包括项目边界之外的合作伙伴、供应商等之间的知识转移。项目型组织和项目环境下的知识转移的区别与联系如图 3-1 所示。

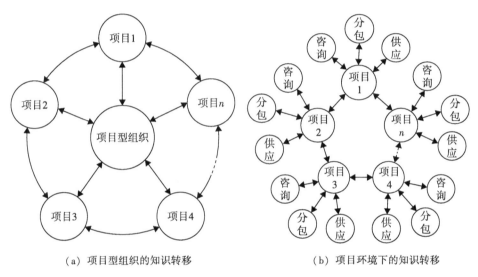

(a) 项目型组织的知识转移　　　　(b) 项目环境下的知识转移

图 3-1　项目型组织和项目环境下的知识转移的区别与联系

Albino 等（1998）研究指出知识转移过程的四要素：转移主体、转移意愿、转移内容、转移媒介。Nonaka 和 Takeuchi（1995）阐述了知识转移的 SECI 模型：①知识的社会化；②知识的组合化（融合）；③知识的外在化；④知识的内在化。这四种模式构成了知识转移的一般过程。Szulanski（1994）基于交流模型研究知识转移，指出知识转移是在一定的组织情境下，知识从源单元到接收单元的信息传播过程，其分为四个阶段：①知识识别；②双方建立知识转移渠道，源单元调整知识；③接收单元调整知识；④接收单元吸收整合知识。O'Dell 等（1998）认为，知识转移是一个循环的过程。Lahti 和 Beyerlein（2000）认为，知识转移包括传递和扩散两个维度。显性知识转移通过书本、档案、资料库、软件等媒介转移，隐性知识转移主要依靠组织成员的行为或相互合作来完成。张兵和王文平（2011）研究了非正式知识网络中的知识转移小世界现象。应洪斌和沈瑶（2009）研究发现，非正式网络中的信任、沟通质量、工作互动和网络规模能极大地促进成员间的知识转移。项目管理学会（PMI，2008）指出，项目型组织需要知识中介去克服项目临时性所带来的困难，整合异构的专业人员，从而创造独特的项目产品。

项目型组织知识转移除了具有一般组织知识转移的特征，还具有其自身的特性。首先，项目型组织由临时性项目组成，这就使项目知识的可编码化时间较少，项目知识大多以非编码化的形式存在于项目成员的头脑中。其次，由于项目的临时性，导致项目型组织成员流动性较大，成员的归属感较差。最后，项目型组织成员进行知识转移的收益获取时间较长或根本没有收益，因此，很难激发项目型组织成员进行知识转移。

本书根据已有研究成果，并结合一般组织知识转移过程要素，归纳总结了项目型组织知识转移所包含的过程要素：①知识转移主体、知识转移受体（项目型组织成员）；②在特定的情境下（组织情境、知识转移渠道）；③进行交互活动（知识转移）；④完成特定的目的（缩小知识势差、提升项目型组织知识转移效果）。

3.1.2 项目型组织成员知识转移动机和组织情境要素系统

本书根据上述观点，并结合项目型组织知识转移过程要素，考察项目型组织成员知识转移动机和组织情境的相互作用对知识转移效果的影响，构建项目型组织成员知识转移动机和组织情境要素系统。该要素系统根据项目型组织知识转移过程要素构建，因此主要包括知识转移主体、知识转移客体、知识属性、特定项目型组织环境四个维度。项目型组织成员知识转移动机和组织情境要素系统如图3-2所示。

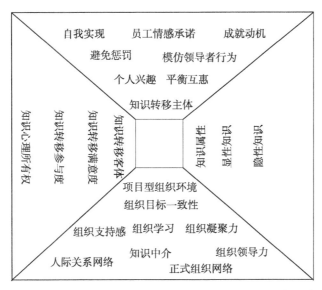

图 3-2　项目型组织成员知识转移动机和组织情境要素系统

知识转移主体（知识转移方）维度主要考察项目型组织成员知识转移的内部和外部动机。外部动机包括避免惩罚、平衡互惠；内部动机包括个人兴趣、员工情感承诺、成就动机、模仿领导者行为、自我实现。

项目型组织环境主要考察项目型组织情境、知识转移渠道两个方面。项目型组织情境包括组织目标一致性、组织凝聚力、组织支持感、组织领导力、组织学习；知识转移渠道包括非正式网络（人际关系网络）、知识中介、正式组织网络。

知识属性包括隐性知识和显性知识。

知识转移客体（知识接收方）主要考察知识接收方的知识转移效果，包括知识转移参与度、知识转移满意度、知识心理所有权。

通过专家访谈，对部分因素进行了定义修正。项目型组织成员知识转移动机和组织情境要素系统见表 3-1。

表 3-1　项目型组织成员知识转移动机和组织情境要素系统

知识转移要素	内容	指标	指标释义	来源文献
知识转移方	知识转移动机	C_1（平衡互惠）	知识转移方在共享知识的同时期待接收方给予回报	Constant 等（1994）、Javernick（2011）
		C_2（个人兴趣）	发自内心地探索、共享、转移知识	Osterloh 和 Frey（2000）
		C_3（避免惩罚）	为了逃避组织惩罚而进行知识转移	Javernick（2011）
		C_4（员工情感承诺）	出于对组织的情感、信任、支持而进行知识转移	Javernick（2011）、唐炎华和石金涛（2007）
		C_5（成就动机）	完成知识转移的成就感（自我激励和鞭策）	Deci（1975）
		C_6（模仿领导者行为）	领导者营造了知识共享和互动的良好氛围，模仿领导者而进行知识转移	Javernick（2011）、Lin（2007）
		C_7（自我实现）	乐于共享知识，以实现自我价值	Constant 等（1994）
组织环境	组织情境	C_8（组织目标一致性）	项目型组织中各个项目之间、团队之间，以及与其父组织之间的目标一致	Gupta 和 Govindarajan（1991）
		C_9（组织凝聚力）	项目型组织成员间依靠诚实、互惠凝聚在一起	徐金发和许强（2003）
		C_{10}（组织支持感）	项目成员对于组织如何看待其贡献以及关心其利益的一种总体感觉和信念	Kim 和 Lee（2006）、关涛（2010）
		C_{11}（组织领导力）	组织的一种特殊人际关系影响力	Von Krogh 等（2012）
		C_{12}（组织学习）	组织为了实现发展目标、提高核心竞争力而围绕信息和知识采取的各种行动	Lewis（2011）
	知识转移渠道	C_{13}（人际关系网络）	组织知识或个人经验等通过人际关系网络实现转移或共享	张兵和王文平（2011）
		C_{14}（知识中介）	独立于组织之外的第三方服务机构，提供专业化的咨询服务或智力支持	Holzmann（2013）
		C_{15}（正式组织网络）	组织知识或个人经验通过组织结构节点网络实现转移或共享	曹兴和宋娟（2014）、Xuan 等（2011）

续表

知识转移要素	内容	指标	指标释义	来源文献
知识属性		C_{16}（隐性知识）	不能清晰表达和有效转移的知识，具有默会性、黏聚性等	Nonaka（1994）
		C_{17}（显性知识）	能够明确表达的知识	Nonaka 和 Takeuchi（1995）
知识接收方	知识转移效果	C_{18}（知识转移参与度）	在知识转移过程中，组织成员是否积极参与并有效接收知识，组织规划完善，团队氛围良好	Ryu 等（2005）
		C_{19}（知识转移满意度）	对所接收知识的及时性、完整性、准确性的满意程度	刘旸等（2009）、朱亚丽等（2011）
		C_{20}（知识心理所有权）	对所接收的知识是否可以熟练掌握、灵活运用、举一反三	Kostova（1999）

3.2　粒认知图理论及其发展

3.2.1　粒认知图理论

1. 由认知图到模糊认知图

认知图（Cognitive Map，CM）是由政治学家阿克塞尔罗德（Axelrod）于 1970 年提出的，用于表达社会科学知识。1976 年，他又提出了一种由正、负两个不同的弧组成的三值认知图。

模糊认知图（Fuzzy Cognitive Map，FCM）是由节点（概念节点）以及联结节点的有向边组成的模糊有向图，是在认知图论的基础上发展而来的。Kosko（1986）将模糊集理论引入认知图，将概念节点的三值逻辑关系扩展为 [−1，1] 区间上的模糊关系，提出了模糊认知图的概念。

定义 3-1　考虑 FCM 的概念节点 $C_1，C_2，\cdots，C_i，\cdots，C_n$，假设有向边权重 $e_{i,j} \in [-1,1]$，矩阵 $\boldsymbol{E} = (e_{i,j})$，其中 $e_{i,j}$ 是有向边 C_iC_j 的权重，$\boldsymbol{E}$ 称作 FCM 的邻接矩阵，也称作关联矩阵。

设在 FCM 中，$\boldsymbol{E}$：$(C_i, C_j) \rightarrow \varpi_{ij}$ 是一种映射，$\varpi_{ij} \in \boldsymbol{E}$，$C_i$，$C_j \in C$，用 ϖ_{ij} 表示概念（C_i，C_j）之间的因果影响程度，则 $\boldsymbol{E}(C_i \times C_j) = (\varpi_{ij})_{n \times n}$ 也为模糊认知图的邻接矩阵。FCM 结构示意图如图 3-3 所示。

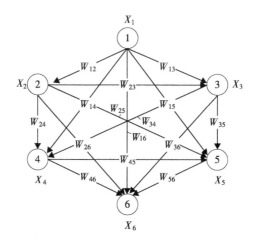

图 3-3 FCM 结构示意图

在 FCM 中，概念节点可以对系统状态产生影响。W_{ij} 的值表示概念节点 C_i 对概念节点 C_j 的影响。$W_{ij} > 0$ 表示概念节点 C_i 与概念节点 C_j 正向联系，$W_{ij} < 0$ 表示概念节点 C_i 与概念节点 C_j 反向联系，$W_{ij} = 0$ 表示概念节点 C_i 和 C_j 之间无联系。对具有 n 个节点的动态模糊认知图的节点更新根据式（3-1）进行

$$X_i(t + 1) = f(\sum_{j=1}^{n} X_i(t) \cdot W_{ij}) \qquad (3-1)$$

式中，$X_i(t + 1)$ 为 t 时刻概念节点 C_i 更新值；f 为非线性连续非减函数，其作用是将数值转换到区间 [0, 1] 或 [-1, 1] 上。

FCM 由早期的认知图发展为模糊认知图，此后被各国学者不断深化和扩展，主要有基于规则的模糊认知图（Carvalho and Tomè，2001）、直觉模糊认知图（Iakovidis and Papageorgiou，2011）、模糊灰色认知图（Salmeron，2010）、动态认知网络（Miao et al.，2001）、动态随机模糊认知图（Aguilar，2003）、模糊认知网络（Kottas et al.，2007）、演化模糊认知图（Cai et al.，2010）、基于有限模糊规则的模糊认知图（Song et al.，2011）、简单度分布模

糊认知图（Ruan et al.，2011）、粗糙认知图（Zhang et al.，2011）、基于时间自动控制的模糊认知图（Acampora et al.，2011）。

Codara（1998）指出 FCM 功能强大，它可以解释决策行为背后的原因，并在此基础上进行预测，同时将结果反馈给决策者，帮助决策者制定相应的战略。FCM 是一种简单、有效的模拟复杂因果关系的推理引擎，其应用领域不断得到拓展，被广泛用于社会、政治、科学、工程、信息技术、专家系统、医疗、教育、预测、环境等领域。Dickerson 和 Kosko（1993）运用 FCM 构建虚拟世界，模拟鲨鱼如何捕猎。Cole 和 Persichitte（2000）提出将 FCM 应用于教学研究领域。Lee 等（2002）将 FCM 应用到网络数据挖掘领域。Mei 等（2014）将 FCM 应用于流行病研究，并指出个人决策可以驾驭流行病。Lopez 和 Salmeron（2014）将 FCM 引入企业资源计划（ERP）项目的动态风险控制研究中。

2. 由模糊认知图到粒认知图

粒认知图（Granular Cognitive Map，GCM）由 Pedrycz 和 Homenda（2014）提出，它是在模糊认知图的基础上发展而来的。与模糊认知图不同，粒认知图由信息粒以及连接信息粒的边构成，信息粒及边表达为区间、模糊集、粗糙集、概率密度函数等。粒认知图与模糊认知图的最大区别在于：粒认知图在有监督的模式下运行，并通过覆盖准则和特异性指标评价粒认知图的优劣。与模糊认知图相比，粒认知图具有灵活、简洁并包含更多信息等优点。粒认知图与认知图、模糊认知图的异同见表 3-2。

表 3-2　粒认知图与认知图、模糊认知图的异同

图类	节点类型	值域	状态	学习方式
认知图	数值节点	-1, 0, 1	静态	无
模糊认知图	概念节点	$[-1, 1]$	动态	非监督
粒认知图	信息粒	区间、模糊集、粗糙集、阴影集	动态	有监督

值得注意的是，粒认知图是建立在构建好的原始图基础上的，而且其对原始图的构建方法并无要求。粒认知图的设计及评价过程如下。

（1）收集数据

$D = \{x[k]\}$（$k = 1, 2, \cdots, N$）是模糊认知图概念节点的评价值，并且

收集与其相对应的目标值 $target_k$，即 $Dataset = \{(x_1, target_1), (x_2, target_2), \cdots, (x_N, target_N)\}$。

（2）信息粒化

将原始模糊认知图的概念节点值和连边的权重值以区间、模糊集、粗糙集、阴影集或概率密度函数的形式表示，即为信息粒化。假设 a_i 为 W_{ij} 的权重值，粒化为长度为 $\varepsilon|range_i|$ 的区间 $[a_i^+, a_i^-]$，其中 ε 为信息粒度，在 $[0, 1]$ 内取值。区间分布在 a_i 周围，有两种区间分布模式：对称区间和非对称区间。对称区间是指区间边界到数值点 a_i 的距离相等，即 $a_i^+ = a_i^- = \varepsilon|range_i|/2$；非对称区间是指区间边界到数值点 a_i 的距离不等，即 $a_i^- = a_i - \varepsilon\gamma|range_i|$，$a_i^+ = a_i + \varepsilon(1-\gamma)|range_i|$。其中，$\gamma \in [0, 1]$ 为非对称指标。

（3）粒模型评价

任意 x_k 粒模型都会返回 Y_k。信息粒化从两方面进行评价，即覆盖准则和特异性准则。覆盖准则是指计算 Y_k 包含 $target_k$ 的个数。如果 Y_k 表现为区间，且包含 $target_k$，粒模型测量后返回"1"；如果 Y_k 表现为模糊集，且包含 $target_k$，粒模型测量后返回 $target_k$ 隶属于 Y_k 的隶属度。覆盖准则被看作被包含数据与全部数据之间的隶属度总和：

$$Q = \frac{1}{N}\sum_{k=1}^{N} \text{incl}(target_k, Y_k) \qquad (3-2)$$

特异性准则是指可量化的特异性信息颗粒聚类，用平均区间长度衡量：

$$V = \frac{1}{N}\sum_{k=1}^{N} |y_k^+ - y_k^-| \qquad (3-3)$$

式中，$Y_k = [y_k^-, y_k^+]$，评价准则 Q 和 V 均与信息粒度 ε 有关，且覆盖粒度准则和特异性准则相冲突，因此需要构建全局性粒度评价指标 AUC：

$$AUC = \int_0^1 Q(\varepsilon)\,\mathrm{d}\varepsilon \qquad (3-4)$$

AUC 的值越高，说明信息粒化表现得越好。

（4）粒认知图

粒认知图以信息粒替代模糊认知图中的概念节点，故粒认知图的节点更新为：

$$X_i(t+1) = f(\sum_{\substack{j=1 \\ \oplus}}^{n} x_i(t) \otimes W_{ij}) \tag{3-5}$$

式中，" $\oplus$ " " $\otimes$ " 分别为模糊加、模糊乘；f 为阈值函数，一般为双曲正切曲线或 S 形曲线：

$$f(z) = \tanh(\sigma z) = e^{\sigma z} - e^{-\sigma z} / e^{\sigma z} + e^{-\sigma z} \tag{3-6}$$

$$f(z) = 1 / [1 + \exp(-\tau z)], \tau > 0 \tag{3-7}$$

如果信息粒表现为区间，有 $W_{ij} = [w_{ij}^-, w_{ij}^+]$，根据式（3-5）得

$$[w_{ij}^-, w_{ij}^+] \otimes x_j = [\min(w_{ij}^- x_j, w_{ij}^+ x_j), \max(w_{ij}^- x_j, w_{ij}^+ x_j)] \tag{3-8}$$

随后，$Z_i = [Z_i^-, Z_i^+] = [\sum_{\substack{j=1 \\ \oplus}}^{n} \min(w_{ij}^- x_j, w_{ij}^+ x_j), \sum_{\substack{j=1 \\ \oplus}}^{n} \max(w_{ij}^- x_j, w_{ij}^+ x_j)] \quad (3-9)$

粒认知图的学习方法主要有演化学习算法、梯度下降算法、Hebann 学习算法。Pedrycz 等（2014）采用梯度下降算法更新信息粒间连边的权重 W_{ij}。

$$W(t+1) = W(t) - a \nabla W(t) F \tag{3-10}$$

式中，a 为学习率；$\nabla W(t)$ 为 W_{ij} 从 t 时刻到 $t+1$ 时刻的变化值。W_{ij} 的优化调整以 F 最小为最优。

$$F = \sum_{k=1}^{N} (target_k - FCM(x_k))^{\mathrm{T}} (target_k - FCM(x_k)) = \sum_{k=1}^{N} \sum_{j=1}^{n} (target_{kj} - y_{kj})^2 \tag{3-11}$$

3.2.2　构建动态粒认知图的一般步骤

本书中的动态粒认知图（DGCM）是在 Pedrycz 教授研究的基础上提出的，它以认知图为基础，根据一定的规则将信息粒化并整合为粒认知图，然后引入学习算法进行仿真迭代，得到稳定状态下的动态粒认知图，再进行解粒化，以便对仿真结果进行分析。构建动态粒认知图的一般过程如图3-4所示。

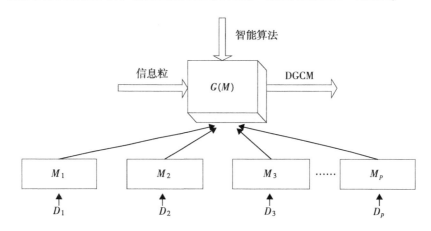

图 3-4　构建动态粒认知图的一般过程

构建动态粒认知图的一般过程如下。

1）收集数据并检验显著性和有效性。

2）将收集到的各专家数据归一化，得到概念节点的初始状态值，并计算概念节点间的相关性。

3）根据概念节点初始状态值和概念节点间的相关性值，构建各专家关于项目型组织成员知识转移动机和组织情境系统认知图。

在认知图的基础上，通过粒化专家数据构建粒认知图，其一般过程如下。

1）构建专家知识系统库，$D = \{M(k)\}$（$k = 1, 2, \cdots, N$）作为原始图。

2）信息粒化。将专家知识系统信息粒化，即将根据各专家知识所构建的认知图的概念节点和连边间的权重值由数值转化为信息粒，信息粒一般由区间、三角模糊数、抛物线模糊数等表示。设 $X_i \in \mathbf{R}$ 是三角模糊数 $T(x, a, m, b)$ 或抛物线模糊数 $P(x, a, m, b)$，其 a、m、b 分别是三角模糊数 T 或抛物线模糊数 P 的下界、中值、上界。三角模糊数 T 和抛物线模糊数 P 的隶属度函数为

$$X_i(x) = \begin{cases} \dfrac{x-a}{m-a} & ,如果\ x \in [a,m] \\[2mm] \dfrac{b-x}{b-m} & ,如果\ x \in [m,b] \\[2mm] 0, & 其他 \end{cases} \qquad (3-12)$$

$$X_i(x) = \begin{cases} \left(\dfrac{x-a}{m-a}\right)^2, & 如果\ x \in [a,m] \\[3mm] 1-\left(\dfrac{b-x}{b-m}\right)^2, & 如果\ x \in [m,b] \\[3mm] 0, & 其他 \end{cases} \qquad (3-13)$$

1. 动态粒认知图仿真

本书运用非线性赫布规则学习算法（Non-Linear Hebbian Learning Algoithm）对初始粒认知图进行修正。该方法的主要思想是，在所构建的粒认知图中，链两端的信息粒在每步迭代中都会被激活，且概念节点的状态值也随之改变。如果链两端的信息粒同时被激活，该链的权重将增加；如果链两端的信息粒异步激活，权重将减小（Stach et al.，2005）。

动态粒认知图的信息粒根据式（3-14）进行迭代更新，信息粒之间的连边权重根据式（3-15）进行迭代更新。

$$X_i(t+1) = f\Big(\sum_{\substack{\oplus \\ j=1}}^{n} x_i(t) \otimes W_{ij}(t) \Big) \qquad (3-14)$$

$$W_{ij}(t+1) = \varphi \otimes W_{ij}(t) \oplus \lambda(t)\left[\Delta x_i(t) \otimes \Delta x_j(t) \odot W_{ij}(t) \otimes \Delta x_i(t)\right]$$

$$(3-15)$$

式中，f 为非线性转换函数，其作用在于使迭代值始终保持在 [-1, 1] 或 [0, 1] 内，并减少迭代次数，以便快速达到稳定状态，一般为双曲正切曲线或 S 形曲线，见式（3-16）、式（3-17）。$\odot W_{ij}(t) \otimes \Delta x_i(t)$ 是为了使连边权重以较小的幅度变化，并防止其向期望以外的方向增长。$\Delta x_i(t) = x_i(t+1) - x_i(t)$，如果 $\Delta x_i(t) = 0$，W_{ij} 不变，$W_{ij}(t+1) = W_{ij}(t)$。φ 为衰减因子，取值 0.96。$\lambda(t)$ 为

学习率, $\lambda(t) = 0.1(1 - \dfrac{t}{1.1p})$, 通常参数 p 等于学习步数。

$$f(z) = \tanh(\sigma z) = e^{\sigma z} - e^{-\sigma z}/e^{\sigma z} + e^{-\sigma z} \qquad (3-16)$$

$$f(z) = 1/[1 + \exp(-\tau z)], \tau > 0 \qquad (3-17)$$

设模糊数 $M = [a, b]$, $N = [c, d]$, 则

$$M \oplus N = [a + c, b + d] \qquad (3-18)$$

$$M \odot N = [a - d, b - c] \qquad (3-19)$$

$$M \otimes N = [\min(ac, ad, bc, bd), \max(ac, ad, bc, bd)] \qquad (3-20)$$

设 $x_i(t) = [x_i^-(t), x_i^+(t)]$, $x_j(t) = [x_j^-(t), x_j^+(t)]$, 则

$$x_i(t) \oplus x_j(t) = [x_i^-(t) + x_j^-(t), x_i^+(t) + x_j^+(t)] \qquad (3-21)$$

$$x_i(t) \odot x_j(t) = [x_i^-(t) - x_j^+(t), x_i^+(t) - x_j^-(t)] \qquad (3-22)$$

$$x_i(t) \otimes x_j(t) = [\min(x_i^-(t) \cdot x_j^-(t), x_i^-(t) \cdot x_j^+(t), x_i^+(t) \cdot x_j^-(t), x_i^+(t) \cdot x_j^+(t)),$$
$$\max(x_i^-(t) \cdot x_j^-(t), x_i^-(t) \cdot x_j^+(t), x_i^+(t) \cdot x_j^-(t), x_i^+(t) \cdot x_j^+(t))] \qquad (3-23)$$

$$\lambda \otimes x_i(t) = [\lambda \cdot x_i^-(t), \lambda \cdot x_i^+(t)] \qquad (3-24)$$

根据上述分析, 式 (3-14)、式 (3-15) 可扩展为式 (3-25)、式 (3-26) 的形式, 此处 $w_{ij}(t) = [w_{ij}^-(t), w_{ij}^+(t)]$。

$$X_i(t+1) = f\left(\sum_{\substack{\oplus \\ j=1}}^{n} x_i(t) \otimes W_{ij}(t)\right)$$
$$= f\left(\sum_{\substack{\oplus \\ j=1}}^{n} \begin{matrix} [\min(x_i^-(t) \cdot w_{ij}^-(t), x_i^-(t) \cdot w_{ij}^+(t), x_i^+(t) \cdot w_{ij}^-(t), x_i^+(t) \cdot w_{ij}^+(t)), \\ \max(x_i^-(t) \cdot w_{ij}^-(t), x_i^-(t) \cdot w_{ij}^+(t), x_i^+(t) \cdot w_{ij}^-(t), x_i^+(t) \cdot w_{ij}^+(t))] \end{matrix}\right)$$
$$\qquad (3-25)$$

$$W_{ij}(t+1) = \varphi \otimes W_{ij}(t) \oplus \lambda(t) \ [\Delta x_i \otimes \Delta x_j \odot W_{ij}(t) \otimes \Delta x_i(t)\ ]$$

$$= [\varphi \cdot w_{ij}^-(t), \varphi \cdot w_{ij}^+(t)] + \lambda(t) \cdot [\ \min(\Delta x_i^-(t) \cdot \Delta x_j^-(t),$$

$$\Delta x_i^-(t) \cdot \Delta x_j^+(t), \Delta x_i^+(t) \cdot \Delta x_j^-(t), \Delta x_i^+(t) \cdot \Delta x_j^+(t)),$$

$$\max(\Delta x_i^-(t) \cdot \Delta x_j^-(t), \Delta x_i^-(t) \cdot \Delta x_j^+(t), \Delta x_i^+(t) \cdot \Delta x_j^-(t),$$

$$\Delta x_i^+(t) \cdot \Delta x_j^+(t)) - \min(w_{ij}^-(t) \cdot x_i^-(t), w_{ij}^-(t) \cdot x_i^+(t),$$

$$w_{ij}^+(t) \cdot x_i^-(t), w_{ij}^+(t) \cdot x_i^+(t)), \max(w_{ij}^-(t) \cdot x_i^-(t),$$

$$w_{ij}^-(t) \cdot x_i^+(t), w_{ij}^+(t) \cdot x_i^-(t), w_{ij}^+(t) \cdot x_i^+(t))\ ] \tag{3-26}$$

在式（3-25）、式（3-26）中，$\Delta x_i^-(t) = x_i^-(t+1) - x_i^-(t)$，依此类推。

2. 解粒化

根据式（3-27）对动态粒认知图进行解粒化，并对结果加以分析。

$$X_i(x) = (a + 2m + b)/4 \tag{3-27}$$

动态粒认知图的构建过程如图 3-5 所示。

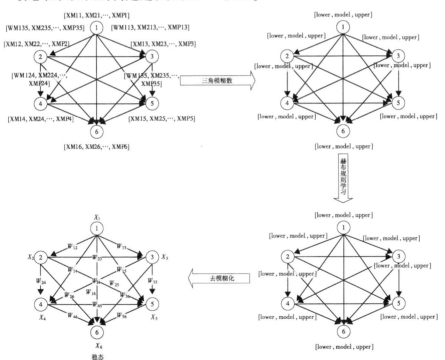

图 3-5　动态粒认知图的构建过程

3.2.3 动态粒认知图的适用性

动态粒认知图改进了模糊认知图，用信息粒代表概念节点，使概念节点量化并具有动态性，引入非线性动态函数用于推理过程，这样就形成了动态的因果联系。动态粒认知图改变了模糊因果网络，在运行时使用神经学习规则，目的是学习新的模式，从而对以前的模式进行强化（马楠等，2011；Papageorgiou et al.，2013）。动态粒认知图的优势在于包含更多的专家知识，减少了信息的流失；更加接近真实环境，可以构造随时间变化的虚拟世界，并且能够提供丰富的动态推理机制。

在项目型组织成员知识转移和组织情境对知识转移效果影响的研究方面，由于知识转移过程是由多要素参与的高度复杂的非线性过程，其间接性、转移效果可测性等都存在模糊边界，且成员知识转移动机受到内部及外部因素驱动。选择动态粒认识图建模仿真方法，能够针对成员知识转移动机的内部及外部影响因素之间的因果联系，运用专家知识和非线性赫布规则学习算法进行建模仿真，实现对项目型组织成员知识转移动机的动态分析，有利于项目型组织知识转移激励机制的构建。该方法以图论为基本表现形式，并且其学习算法和反馈机制能够使模型不断进化，更加贴近知识转移的实际情境。这也是动态粒认知图在项目型组织成员知识转移和组织情境研究领域的首次应用。

3.3 粒认知图的构建

3.3.1 数据收集与处理

1. 数据收集

根据表 3-1 设计项目型组织知识转移特征要素重要度评分量表，见附录 1。采用专家评分法获取数据，根据指标对项目型组织知识转移的影响程度打分，从非常不重要到重要的取值范围为 [1，5]。邀请 5 位专家填写问卷，这 5 位专家是来自同一项目型组织（建设项目总承包单位）的不同项目的项目经理。5 位专家均在建设项目领域有长期工作经验（10~20 年），对项目的全过程、全要素管理有着深刻的认识。另外，5 位专家来自不同的项目，可使评价结论更为客观和全面。

为了保证专家评分系统的鲁棒性，同时有效减小随机误差和系统误差，本书对所收集的原始数据进行信度与效度分析，选用常用的克隆巴赫系数 α 检验原始数据的内部一致性。此外，对原始数据进行 KMO 检验❶和巴特利特球形检验。一般认为 $\alpha > 0.7$ 且 $KMO > 0.7$ 表明信度和效度良好。这里的 α 值为 0.8378，KMO 值为 0.7932，巴特利特球形检验在 $p = 0.001$ 的显著性水平上通过检验，表明原始数据的内部一致性较好，结果可信、有效。

2. 数据处理

（1）数据归一化

本书采用的是李克特五点式量表。为了构建模糊认知图中概念节点间的关系矩阵，首先对专家打分的原始数据进行归一化处理，具体方法如下。

对任意一个数值向量 V，其中元素 v_i 的归一化值可由模糊量化模式计算

$$XV(v_i) = \frac{1}{2} + \frac{1}{2\sin\left\{\pi / \left[\max v_i(t) - \min v_i(t) \times \left(v_i(t) - \dfrac{\max v_i(t) - \min v_i(t)}{2}\right)\right]\right\}}$$

(3-28)

运用式（3-28）对所收集的原始数据进行归一化处理，结果见表 3-3。

---

❶ KMO 检验是 Kaiser、Meyer 和 Olkin 提出的抽样适应性检验。

表3-3　概念节点归一化处理结果

概念节点	$C_1(C_{11})$	$C_2(C_{12})$	$C_3(C_{13})$	$C_4(C_{14})$	$C_5(C_{15})$	$C_6(C_{16})$	$C_7(C_{17})$	$C_8(C_{18})$	$C_9(C_{19})$	$C_{10}(C_{20})$
专家1	0.4769 (0.3660)	0.2551 (0.3660)	0.4769 (0.3660)	0.4769 (0.3660)	0.4769 (0.2551)	0.2551 (0.1442)	0.3660 (0.3660)	0.4769 (0.4769)	0.4769 (0.4769)	0.4769 (0.4769)
专家2	0.2143 (0.1406)	0.1406 (0.1406)	0.2143 (0.1406)	0.2143 (0.2143)	0.2143 (0.2143)	0.1406 (0.1406)	0.1406 (0.1406)	0.2143 (0.2143)	0.2143 (0.2143)	0.1406 (0.1406)
专家3	0.2656 (0.2656)	0.1783 (0.1783)	0.2656 (0.2656)	0.3528 (0.2656)	0.2656 (0.1783)	0.2656 (0.0910)	0.1783 (0.1783)	0.2656 (0.3528)	0.2656 (0.2656)	0.2656 (0.2656)
专家4	0.3863 (0.2047)	0.2955 (0.2955)	0.2047 (0.2047)	0.2955 (0.2955)	0.3863 (0.2047)	0.2047 (0.1140)	0.2047 (0.2955)	0.2047 (0.2955)	0.2955 (0.2955)	0.2955 (0.2955)
专家5	0.1888 (0.1173)	0.1888 (0.1173)	0.1888 (0.1173)	0.1888 (0.1888)	0.1888 (0.1173)	0.1173 (0.1173)	0.1173 (0.1888)	0.1888 (0.1888)	0.1173 (0.1888)	0.1888 (0.2603)

（2）计算概念节点相关性

这里运用调整"余弦相似度"的方法来判断两个概念节点间的相关性。余弦相似度也称为余弦距离，是用向量空间中两个向量夹角的余弦值作为衡量两个个体间差异大小的度量。为了避免"余弦相似度"对绝对数值不敏感的问题，本书将所有维度上的数值都减去一个均值，然后根据式（3-29）计算概念节点间的余弦距离，并判断相关性。

$$similarity = \cos\theta = \frac{\sum\limits_{\substack{i=1 \\ j=1}}^{n} V_{ij}V_{(i+1)j}}{\sqrt{\sum\limits_{\substack{i=1 \\ j=1}}^{n}(V_{ij})^2}\sqrt{\sum\limits_{\substack{i=1 \\ j=1}}^{n}(V_{(i+1)j})^2}} \tag{3-29}$$

本书采用模糊化后的数据进行相关性分析，目的是消除余弦相似度算法的系统误差。在本书中，概念节点间初始相关系数均值的绝对值不小于 0.6 即为相关，否则为不相关。运用 SPSS19.0 软件进行余弦距离相关性分析，得到项目型组织知识转移动机关系矩阵。

本书采用两两专家分组进行排列组合的方式计算概念节点间的相关性，力求保持信息的完整性、全面性和准确性，共有 10 种相关性可能。以其中一种相似度矩阵为例，模糊认知图概念节点相关性矩阵见表 3-4。

3.3.2　信息粒化

1. 概念节点 X_i 信息粒化

本书运用三角模糊数方法对经过归一化处理的认知图概念节点进行信息粒化，其具体做法见第 3.2.2 小节。得到以三角模糊数表示的粒认知图模型概念节点信息粒化初始值，见表 3-5。

表 3-4　模糊认知图概念节点相关性矩阵

	C_2	C_3	C_4	C_5	C_6	C_7	C_8	C_9	C_{10}	C_{11}	C_{12}	C_{13}	C_{14}	C_{15}	C_{16}	C_{17}	C_{18}	C_{19}	C_{20}
C_1	-0.383	0.378	0.698	1.000	-0.663	-0.329	0.378	0.698	0.632	-0.382	0.026	-0.383	0.632	-0.589	-0.792	0.065	0.698	0.836	0.698
C_2		-0.437	-0.791	-0.383	0.344	0.344	-0.437	-0.437	-0.731	-0.103	0.448	-0.103	-0.026	0.669	0.718	0.671	-0.791	-0.493	0.836
C_3			0.689	0.378	-0.030	0.314	1.000	0.679	0.598	0.405	-0.016	0.405	0.598	-0.041	-0.209	0.007	0.689	0.824	0.698
C_4				0.698	-0.329	0.314	0.689	0.689	0.632	0.026	-0.383	0.026	0.632	-0.589	-0.792	-0.510	1.000	0.836	0.065
C_5					-0.663	-0.329	0.378	0.698	0.632	-0.383	0.026	-0.383	0.632	-0.589	-0.792	0.065	0.698	0.836	-0.792
C_6						0.631	-0.030	-0.030	-0.626	0.795	0.344	0.795	-0.050	0.851	0.745	-0.119	-0.329	-0.424	-0.589
C_7							0.314	0.314	-0.050	0.795	0.795	0.795	-0.050	0.851	0.745	0.516	-0.329	-0.015	0.632
C_8								0.679	0.598	0.405	0.405	0.405	0.598	-0.041	-0.209	0.007	0.689	0.824	-0.383
C_9									0.598	0.405	0.405	0.405	0.598	-0.041	-0.365	0.007	0.689	0.824	0.026
C_{10}										-0.026	-0.026	-0.026	0.101	-0.567	-0.610	0.012	0.632	0.741	0.632
C_{11}											0.448	1.000	-0.026	0.669	0.513	-0.107	0.026	0.006	-0.382
C_{12}												0.448	-0.026	0.669	0.513	0.671	-0.383	0.006	0.026
C_{13}													-0.026	0.669	0.513	-0.107	0.026	0.006	-0.383
C_{14}														-0.069	-0.349	0.012	0.632	0.741	0.632
C_{15}															0.928	0.420	-0.589	-0.385	-0.589
C_{16}																0.450	-0.792	-0.608	-0.792
C_{17}																	-0.510	-0.510	0.065
C_{18}																		-0.589	0.698
C_{19}																			0.836

表 3-5　粒认知图模型概念节点信息粒化初始值

概念节点	C_1	C_2	C_3	C_4
粒化信息	[0.189, 0.322, 0.477]	[0.141, 0.243, 0.296]	[0.189, 0.315, 0.477]	[0.189, 0.340, 0.477]
概念节点	C_5	C_6	C_7	C_8
粒化信息	[0.189, 0.404, 0.477]	[0.117, 0.218, 0.266]	[0.117, 0.239, 0.366]	[0.189, 0.353, 0.477]
概念节点	C_9	C_{10}	C_{11}	C_{12}
粒化信息	[0.117, 0.380, 0.477]	[0.141, 0.401, 0.477]	[0.117, 0.287, 0.366]	[0.117, 0.221, 0.366]
概念节点	C_{13}	C_{14}	C_{15}	C_{16}
粒化信息	[0.117, 0.221, 0.366]	[0.189, 0.313, 0.366]	[0.117, 0.258, 0.255]	[0.067, 0.208, 0.244]
概念节点	C_{17}	C_{18}	C_{19}	C_{20}
粒化信息	[0.141, 0.243, 0.366]	[0.750, 0.338, 0.477]	[0.189, 0.359, 0.477]	[0.214, 0.340, 0.477]

2. 有向连边 W_{ij} 信息粒化

根据由专家评分计算出的模糊认知图概念节点相关性矩阵,可以得到每位专家的项目型组织知识转移系统特征要素模糊认知图,同上文运用三角模糊数方法进行有向连边 W_{ij} 信息粒化(包括正相关关系和负相关关系),得到以三角模糊数表示的项目型组织知识转移特征要素关系矩阵,见表 3-6。

表 3-6 粒认知图模型概念节点间的关系矩阵

概念节点	c_1	c_2	c_3	c_4	c_5	c_6	c_7	c_8	c_9	c_{10}	c_{11}	c_{12}	c_{13}	c_{14}	c_{15}	c_{16}	c_{17}	c_{18}	c_{19}	c_{20}
c_1				[0.570, 0.699, 0.971]	[0.817, 0.907, 1.000]	([0.498, 0.672, 0.801])			[0.578, 0.690, 0.962]	[0.509, 0.619, 0.721]				[0.537, 0.623, 0.793]		([0.472, 0.762, 0.894]		[0.669, 0.722, 0.881]	[0.817, 0.885, 0.913]	[0.609, 0.708, 0.870]
c_2				([0.611, 0.759, 0.882])				[0.817, 0.907, 1.000]		([0.558, 0.719, 0.883])							[0.592, 0.680, 0.827]	([0.653, 0.780, 0.922])		
c_3				[0.578, 0.690, 0.962]				[0.817, 0.907, 1.000]	[0.601, 0.680, 0.873]						[0.556, 0.670, 0.817]	[0.611, 0.730, 0.829]		[0.588, 0.691, 0.922]	[0.710, 0.830, 0.913]	[0.588, 0.691, 0.922]
c_4					[0.570, 0.699, 0.971]				[0.582, 0.690, 0.880]	[0.509, 0.619, 0.721]						([0.678, 0.792, 0.907])		[0.817, 0.930, 1.000]	[0.717, 0.841, 0.921]	[0.589, 0.702, 0.862]
c_5						([0.583, 0.665, 0.726])		[0.582, 0.689, 0.880]	[0.582, 0.689, 0.880]	[0.509, 0.619, 0.721]				[0.543, 0.623, 0.810]		([0.678, 0.792, 0.907])		[0.609, 0.708, 0.870]	[0.717, 0.841, 0.921]	[0.588, 0.691, 0.922]
c_6							[0.500, 0.629, 0.832]				[0.608, 0.801, 0.928]		[0.608, 0.801, 0.928]		[0.650, 0.836, 0.965]	[0.662, 0.751, 0.890]				([0.598, 0.670, 0.721])
c_7										([0.510, 0.628, 0.829])	[0.608, 0.801, 0.928]	[0.608, 0.801, 0.928]	[0.608, 0.801, 0.928]		[0.650, 0.836, 0.965]	[0.662, 0.751, 0.890]	[0.750, 0.877, 1.000]	[0.567, 0.742, 1.000]	[0.567, 0.721, 0.817]	[0.567, 0.721, 1.000]
c_8									[0.567, 0.681, 0.798]									[0.577, 0.691, 0.920]	[0.671, 0.819, 0.931]	
c_9																		[0.577, 0.691, 0.920]	[0.671, 0.819, 0.931]	
c_{10}																([0.551, 0.618, 0.729])		[0.587, 0.631, 0.773]	[0.660, 0.749, 0.879]	[0.567, 0.632, 0.736]

续表

概念节点	C_1	C_2	C_3	C_4	C_5	C_6	C_7	C_8	C_9	C_{10}	C_{11}	C_{12}	C_{13}	C_{14}	C_{15}	C_{16}	C_{17}	C_{18}	C_{19}	C_{20}
C_{11}													[0.750, 0.907, 1.000]		[0.580, 0.671, 0.827]			[0.589, 0.641, 0.837]	[0.687, 0.738, 0.803]	[0.589, 0.641, 0.837]
C_{12}															[0.589, 0.671, 0.765]		[0.598, 0.669, 0.776]			
C_{13}															[0.589, 0.671, 0.765]					
C_{14}																		[0.589, 0.641, 0.837]		
C_{15}																[0.850, 0.911, 0.972]				
C_{16}																		([0.622, 0.782, 0.871])	([0.553, 0.610, 0.769])	([0.599, 0.652, 0.775])
C_{17}																				
C_{18}																			[0.739, 0.827, 0.912]	[0.626, 0.702, 0.883]
C_{19}																				[0.739, 0.827, 0.912]
C_{20}																				

注：加括号的三角模糊数为负相关关系。

3.3.3 粒认知结构图

根据粒认知图模型概念节点信息粒化初始值和概念节点间关系矩阵粒化值构建粒认知结构图，如图 3-6 所示。

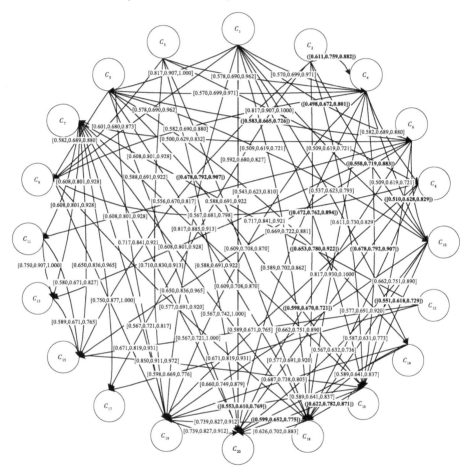

图 3-6 粒认知结构图

3.4 由粒认知图到动态粒认知图

3.4.1 DGCM 参数设计及仿真过程

在第 3.3 节中，通过对所收集和整理的数据进行信息粒化，构建了静态的以三角模糊数表示的项目型组织知识转移动机和组织情境要素系统粒认知结构图，虽然取得了阶段性成果，但并不是该要素模型的最优状态。为了更加贴近真实系统环境，丰富动态推理机制，本书构造了随时间变化的虚拟世界，引入非线性赫布规则学习算法对项目型组织知识转移要素系统粒认知图进行动态更新。

1. 参数设计

在本书中，设 C_i 表示项目型组织知识转移动机和组织情境要素系统中的影响因素概念节点，每个概念节点由一组数值向量 V 表示，V_{ij} 表示第 i 位专家对第 j 个概念节点的重要程度打分；W_{ij} 表示概念节点 C_i 与概念节点 C_j 的相关程度，$w_{ij}^-(t)$ 为信息粒化后以区间表示的相关程度边界最小值，$w_{ij}^+(t)$ 为信息粒化后以区间表示的相关程度边界最大值；$x_i(t)$ 表示 t 时刻概念节点 i 的状态值，$x_i^-(t)$ 为信息粒化后以区间表示的概念节点边界最小值，$x_i^+(t)$ 为信息粒化后以区间表示的概念节点边界最大值。

2. 仿真实现过程

本书运用非线性赫布规则学习算法对初始粒认知图进行动态仿真。赫布规则学习算法属于无监督学习规则，该算法的特性是使神经网络能够提取训练集的统计特性，从而将输入信息按照训练集提取的统计特性划分为若干类。其主要思想及仿真更新过程见第 3.2.2 小节。在此，仅就主要步骤进行简单的介绍。

采用赫布规则学习算法对动态模糊认知图进行 MATLAB 仿真，DGCM 的实现过程如下。

1）读入概念节点的初始状态值（表 3-5）和关系矩阵初始状态值（表 3-6）。

2）对初始节点进行迭代，迭代 K 次。

3）更新概念节点的状态值及关系矩阵的状态值。由式（3-25）更新概念节点的状态值 $x_i(t)$，由式（3-26）更新概念节点间关系矩阵的状态值 W_{ij}。

4）当计算得到的值满足 $|DOC_i^{t+1} - DOC_i^t| < 0.001$ 时，迭代终止。

3.4.2 DGCM 稳定结构图

通过非线性赫布规则学习算法对粒认知图进行动态仿真模拟，得到稳定状态下的动态粒认知图概念节点关系矩阵，见表3-7。该关系矩阵由三角模糊数表示，稳定状态下动态粒认知图概念节点相关性系数见附录2。由附录2可知，动态粒认知图在稳定状态下呈现出较初始关系矩阵紧凑和稳定的态势。首先，相关性系数与无关性系数呈两极分化的状态，相关性系数的绝对值在0.5~0.6范围内浮动，而无关性系数的绝对值趋向于0.001，说明动态粒认知图已达到稳定状态，能够明确表明概念节点间的相关关系；其次，相关性系数的绝对值较初始值变小，说明初始状态存在一定的主观人工误差，通过动态仿真模拟达到系统误差最小、结果最稳定的状态。由动态粒认知图概念节点关系矩阵可以得到以三角模糊数表示的稳定状态下的动态粒认知图，如图3-7所示。

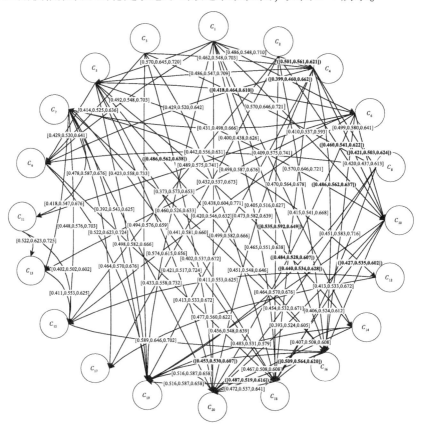

图3-7　稳定状态下的动态粒认知图

3.4.3　解粒化及结果讨论

1. 解粒化后的动态粒认知图

为了更加直观地展现研究结果，便于将研究结果与实践相融合，有利于研究结果在实践中的分析、探讨和应用，本书对上述以三角模糊数表示的动态粒认知图，根据式（3-30）进行解粒化处理并对解粒化结果进行讨论。解粒化后的动态粒认知图如图 3-8 所示。

$$X_i(x) = (a + 2 * m + b)/4 \tag{3-30}$$

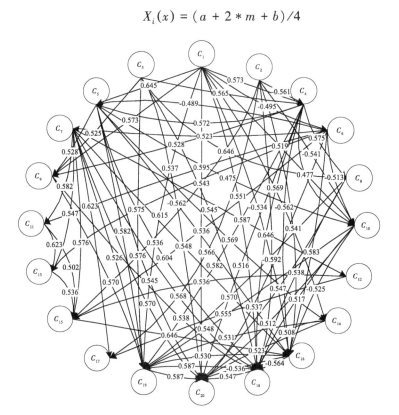

图 3-8　解粒化后的动态粒认知图

表 3-7　稳定状态下动态粒认知图模型概念节点间的关系矩阵

概念节点	C_1	C_2	C_3	C_4	C_5	C_6	C_7	C_8	C_9	C_{10}	C_{11}	C_{12}	C_{13}	C_{14}	C_{15}	C_{16}	C_{17}	C_{18}	C_{19}	C_{20}
C_1				[0.486, 0.548, 0.710]	[0.570, 0.645, 0.720]	([0.399, 0.460, 0.662])			[0.492, 0.548, 0.703]	[0.410, 0.537, 0.593]				[0.470, 0.564, 0.678]				[0.465, 0.551, 0.638]	[0.574, 0.615, 0.656]	[0.420, 0.546, 0.632]
C_2				([0.501, 0.561, 0.621])				[0.570, 0.646, 0.721]	[0.414, 0.525, 0.636]	([0.460, 0.541, 0.622])					[0.373, 0.573, 0.653]	([0.440, 0.534, 0.628])	([0.441, 0.581, 0.660])	([0.535, 0.592, 0.649])		
C_3				[0.462, 0.548, 0.703]												[0.415, 0.541, 0.668]		[0.432, 0.537, 0.673]	[0.494, 0.576, 0.659]	[0.402, 0.537, 0.672]
C_4					[0.486, 0.547, 0.709]			[0.499, 0.580, 0.641]	[0.429, 0.520, 0.642]	[0.420, 0.437, 0.613]						([0.486, 0.562, 0.637])		[0.570, 0.646, 0.721]	[0.499, 0.582, 0.666]	[0.405, 0.516, 0.627]
C_5						([0.418, 0.464, 0.610])			[0.429, 0.520, 0.641]	[0.400, 0.438, 0.626]				[0.473, 0.582, 0.639]		([0.486, 0.562, 0.638])		[0.460, 0.526, 0.633]	[0.498, 0.582, 0.666]	[0.421, 0.517, 0.724]
C_6							[0.431, 0.498, 0.666]			([0.421, 0.503, 0.624])	[0.489, 0.575, 0.741]		[0.409, 0.575, 0.741]		[0.438, 0.604, 0.771]	[0.451, 0.583, 0.716]				([0.484, 0.528, 0.607])
C_7											[0.478, 0.587, 0.676]	[0.498, 0.587, 0.676]	[0.418, 0.547, 0.676]		[0.448, 0.576, 0.703]	[0.451, 0.548, 0.646]	[0.522, 0.623, 0.724]	[0.423, 0.558, 0.733]	[0.392, 0.543, 0.625]	[0.433, 0.558, 0.732]
C_8																		[0.413, 0.533, 0.672]	[0.464, 0.570, 0.676]	[0.454, 0.532, 0.671]
C_9									[0.442, 0.556, 0.631]									[0.413, 0.533, 0.672]	[0.464, 0.570, 0.676]	
C_{10}																([0.427, 0.535, 0.602])		[0.406, 0.524, 0.612]	[0.456, 0.548, 0.639]	[0.393, 0.524, 0.605]

续表

概念节点	c_1	c_2	c_3	c_4	c_5	c_6	c_7	c_8	c_9	c_{10}	c_{11}	c_{12}	c_{13}	c_{14}	c_{15}	c_{16}	c_{17}	c_{18}	c_{19}	c_{20}
c_{11}													[0.522, 0.623, 0.725]		[0.402, 0.502, 0.602]					
c_{12}															[0.411, 0.553, 0.625]		[0.477, 0.560, 0.622]			
c_{13}															[0.411, 0.553, 0.625]					
c_{14}																		[0.407, 0.508, 0.608]	[0.483, 0.531, 0.579]	[0.467, 0.508, 0.608]
c_{15}																[0.589, 0.646, 0.702]				
c_{16}																		([0.509, 0.564, 0.620])	([0.453, 0.530, 0.607])	([0.487, 0.519, 0.616])
c_{17}																				
c_{18}																			[0.516, 0.587, 0.658]	[0.472, 0.537, 0.641]
c_{19}																				[0.516, 0.587, 0.658]
c_{20}																				

注：括号内为负相关关系。

由图 3-8 可知，各因素间既存在正向因果关系，也存在负向因果关系。首先，对 DGCM 进行整体观察可见，在项目型组织知识转移系统中，各变量的因果作用关系均归结于知识接收方的知识转移效果，包括知识转移参与度 C_{18}、知识转移满意度 C_{19}、知识心理所有权 C_{20}，表现为输入影响最多，故可将其看作全局被控制变量，作为判断最终知识转移效果的标志。

其次，在知识转移方因素中，平衡互惠 C_1、避免惩罚 C_3、员工情感承诺 C_4、成就动机 C_5、自我实现 C_7 对最终结果变量起到正向影响作用，而个人兴趣 C_2、模仿领导者行为 C_6 对结果变量无正向相关性影响，有趣的是个人兴趣 C_2 与知识转移参与度 C_{18}，模仿领导者行为 C_6 与知识心理所有权 C_{20} 呈显著负相关关系。从社会动机心理学角度来看，兴趣动机一方面能够促进个人创新，另一方面会使个人过于专注于某一事件而忽略与其他人的沟通、交流，从而使个人兴趣 C_2 与知识转移参与度 C_{18} 呈负相关关系。社会学习理论认为，成就是通过模仿和仿效来实现的。心理模仿是一种能够有效地推动目标定向行为的方法。项目型组织成员在模仿领导者行为进行知识转移的同时，多结合自身特点将模仿行为转化为自身行为，这将有助于提升知识心理所有权。

再次，从项目型组织知识转移环境的角度出发，组织情境因素中的组织目标一致性 C_8、组织凝聚力 C_9、组织支持感 C_{10} 与结果变量呈现显著的正向因果关系；组织领导力 C_{11}、组织学习 C_{12} 则对结果变量无显著影响，而与知识转移动机变量中的模仿领导者行为 C_6、自我实现 C_7 呈显著的正相关关系，说明组织领导力和组织学习等组织情境可以在一定程度上促使项目成员模仿领导者行为，并帮助成员实现自我。另外，知识转移渠道因素中的人际关系网络 C_{13} 和组织网络 C_{15} 对结果变量无显著影响，而知识中介因素 C_{14} 对结果变量有显著的正向影响，这说明在项目型组织中，由于项目的复杂性、多样性以及细化的分工导致项目成员间的知识背景差异巨大，从而使知识中介的作用凸显。

最后，对于知识属性因素，显性知识 C_{17} 对结果变量无显著影响，而隐性知识 C_{16} 与结果变量呈现显著的负相关关系，这说明在项目型组织中，也面临着隐性知识的转移和共享困难这一挑战。

2. 解粒后仿真结果分析

解粒后的动态粒认知图关于项目型组织知识转移动机系统迭代过程见表 3-8。

表 3-8　解粒后的知识转移动机系统迭代过程

概念节点	$C_1(C_{11})$	$C_1(C_{12})$	$C_1(C_{13})$	$C_4(C_{14})$	$C_5(C_{15})$	$C_6(C_{16})$	$C_7(C_{17})$	$C_8(C_{18})$	$C_9(C_{19})$	$C_{10}(C_{20})$
初始	0.3230 (0.2640)	0.2430 (0.2310)	0.3240 (0.2310)	0.3370 (0.2950)	0.3690 (0.2220)	0.2050 (0.1820)	0.2400 (0.2480)	0.3430 (0.3350)	0.3380 (0.3460)	0.3550 (0.3430)
第 1 次	0.4272 (0.2198)	−0.0843 (0.1542)	0.4026 (0.2253)	0.5105 (0.2866)	0.4170 (0.3459)	0.0767 (−0.1936)	0.2960 (0.0929)	0.3973 (0.5117)	0.4372 (0.6142)	0.2208 (0.4692)
第 2 次	0.7159 (0.2458)	−0.2661 (0.1744)	0.6310 (0.2442)	0.8049 (0.4902)	0.7175 (0.1597)	−0.0028 (−0.4493)	0.2215 (0.0152)	0.6320 (0.8047)	0.6520 (0.8198)	0.5963 (0.7264)
⋮	⋮	⋮	⋮	⋮	⋮	⋮	⋮	⋮	⋮	⋮
第 12 次	0.9818 (−0.7207)	−0.8514 (−0.4500)	0.8991 (−0.7206)	0.9923 (−0.7932)	0.9818 (−0.8898)	−0.9345 (0.9825)	−0.8328 (−0.2857)	0.8991 (0.9923)	0.9204 (0.9920)	0.9556 (0.9837)
稳态	0.9818 (−0.7212)	−0.8515 (−0.4506)	0.8992 (−0.7212)	0.9923 (−0.7932)	0.9818 (−0.8901)	−0.9346 (−0.9825)	−0.8332 (−0.2861)	0.8991 (0.9923)	0.9205 (0.9920)	0.9556 (0.9837)

经过 13 次迭代后，系统达到稳定状态，按照绝对值大小进行排序，概念节点的重要程度由高到低依次为员工情感承诺 C_4（0.9923）、知识转移参与度 C_{18}（0.9923）、知识转移满意度 C_{19}（0.9920）、知识心理所有权 C_{20}（0.9837）、隐性知识 C_{16}（0.9825）、平衡互惠 C_1（0.9818）、成就动机 C_5（0.9818）、组织支持感 C_{10}（0.9556）、模仿领导者行为 C_6（0.9346）、组织凝聚力 C_9（0.9205）、避免惩罚 C_3（0.8992）、组织目标一致性 C_8（0.8991）、组织网络 C_{15}（0.8901）、个人兴趣 C_2（0.8515）、自我实现 C_7（0.8332）、知识中介 C_{14}（0.7932）、组织领导力 C_{11}（0.7212）、人际关系网络 C_{13}（0.7212）、组织学习 C_{12}（0.4506）、显性知识 C_{17}（0.2861）。

将项目型组织知识转移动机网络概念节点重要程度排序与稳定状态下的 DGCM 相结合可知，在项目型组织知识转移动机系统中，知识转移参与度 C_{18}、知识转移满意度 C_{19}、知识心理所有权 C_{20} 等因素最为重要，主要是因为其作为全局控制变量评价整个知识转移系统的效率。隐性知识 C_{16} 与项目型组织知识转移动机系统效率呈负相关关系，说明知识的内隐性越强，知识转移效率越低，这一现象符合实际情况。在知识转移动机因素中，员工情感承诺 C_4、平衡互惠 C_1、成就动机 C_5、避免惩罚 C_3 较其他动机重要，项目型组织管理者可以从员工情感承诺、平衡互惠以及成就动机出发，从细节上注重员工的真实需求，在情感上赢得员工对组织的信赖，并制定相应的激励机制（精神激励、物质激励、职位升迁及适当的惩罚措施等）。在组织情境因素中，

组织支持感 C_{10}、组织凝聚力 C_9、组织目标一致性 C_8 较其他组织情境因素重要，项目管理者在日常事务中应重视员工的意见和建议，提升员工对组织的认同感和归属感，使个人目标与组织目标有机统一。在项目型组织沟通渠道中，组织网络 C_{15}、知识中介 C_{14} 较人际关系网络 C_{13} 重要，这说明合理的项目型组织架构与专业的知识中介能够促进项目型组织进行有效的知识转移。

3.5　本章小结

　　本章以项目型组织知识转移系统要素为研究内容，构建了以知识转移过程要素为基础的项目型组织成员知识转移动机和组织情境要素系统，以改进的动态粒认知图方法为建模工具，将项目型组织知识转移动机体系合理地转化为信息粒模糊反馈系统，并通过 MATLAB 平台仿真其动态演化过程，清晰地显示了项目型组织成员知识转移动机与组织情境的交互作用。

　　本章的创新点主要体现在：首先，在研究内容的选择上，以项目型组织成员知识转移动机为对象，而以往的研究大多将注意力放在组织内外部环境、组织文化、技术手段等方面，较少考虑组织成员的动机；其次，在研究方法的选择上，将粒计算与模糊认知图相结合，提出一种粒认知结构图，并运用非线性赫布规则学习算法对粒认知图进行动态仿真，得到动态粒认知图模型。该模型避免了以往模糊认知图对专家知识过分依赖及部分专家知识丢失的问题。动态粒认知图可以通过专家的评分情况来挖掘其中各因素之间的内在联系，经过仿真迭代最终形成稳态的 DGCM，为项目管理者合理地制定激励机制，从而营造团结、和谐的组织氛围奠定了基础。

第 4 章　项目型组织知识转移系统量表设计与检验

本章在第 2 章文献综述以及第 3 章基于动态粒认知图的项目型组织知识转移要素特征选择的基础上，完善研究设计，提出研究变量的操作性定义及测量条目，并制定最终研究问卷。

具体程序如下：①说明研究设计原则与过程，主要包括问卷设计原则、内容与过程；②初步制定变量测量量表；③通过小样本前测检验初始问卷的有效性和可靠性，主要以量表内部一致性为判定依据；④用修订好的量表进行大样本数据收集，并进行信度、效度和验证性因子分析，为后续研究提供可靠性数据。

4.1　问卷设计原则、内容与过程

问卷调查法是管理学定量研究中最为普及的方法之一，具有快捷、质量好、可行性强、经济等优点（陈晓萍等，2012）。

本书所采集的数据为项目型组织成员在知识转移动机、组织情境以及知识转移效果方面的主观态度和看法，无法从公开统计资料中获得。因此，本书采用封闭式结构化问卷作为研究工具来获取实证数据。通过运用"问卷星"，将问卷/量表制作为网页版/手机版，受访者只要通过网站链接填写问卷和量表即可，方便、快捷且节约成本。问卷是通过在项目型组织中工作的同学、朋友，针对在该领域工作且具有一定专业知识和素养的从业人员发放的，且不记名回收。因此，问卷的有效性和回收率较高。

4.1.1　问卷设计原则

李俊（2009）研究认为，问卷设计应遵循系统性原则、方便性原则、科学性原则、严谨性原则、趣味性原则。综合大量研究者的建议，为了确保问卷测量的信度和效度，本书在问卷设计方面遵循如下原则：①系统性原则，围绕研究问题开展指标体系设计，然后进行量表设计，自始至终遵循从整体到部分，再从部分到整体的思路；②精炼原则，应控制问卷的篇幅，完成时间一般控制在30分钟以内；③直观性原则，即问卷中的问题与研究目的直接相关；④严谨性原则，即量表内容简单易懂，条款用词保持中性，不产生歧义；⑤科学性原则，即问题易于回答，不涉及个人隐私问题，答案与问题协调一致。

4.1.2 问卷设计内容

本书主要探讨项目型组织成员知识转移动机和组织情境对知识转移效果的跨层次影响机制，其中涉及成员知识转移动机（KTM）维度的平衡互惠（BR）、成就动机（AM）、避免惩罚（AP）、员工情感承诺（OAC）变量；组织情境（OC）维度的组织目标一致性（PGC）、组织凝聚力（OG）、组织支持感（POS）变量；知识转移效果（KTE）维度的知识转移参与度（KTI）、知识转移满意度（KTS）、知识心理所有权（KPO）变量。由于以上各量表中的题项主要来自西方学者在西方文化背景下的研究，皆为英文量表，因此，本书的首要工作便是对这些量表进行中文翻译，并在我国文化背景下对其进行修订。

本书的调查问卷由四部分组成，包括前言、项目型组织及受访者相关信息、研究变量测量量表、结束语。

第一部分是前言，主要包括研究和团队简介、调查问卷主旨等。

第二部分是项目型组织及受访者相关信息，主要包括受访者个人信息和项目型组织的相关信息。

第三部分是研究变量测量量表，主要包括项目型组织成员知识转移动机测量量表、组织情境测量量表、知识转移效果量表。

第四部分是结束语，主要包括保密承诺、是否需要研究结果、联系方式，并再次对受访者表示感谢。

4.1.3 问卷设计过程

本书在参考了大量研究者建议的基础上，所采用的问卷设计和编制流程如图4-1所示。

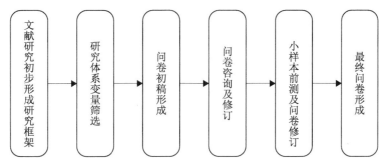

图 4-1　问卷的设计和编制流程

1. 文献研究初步形成研究框架

在问卷编制工作开始之前，笔者进行了大量的文献研读工作，通过理论研究和文献梳理，结合当前研究热点及前沿，提出本书的研究框架：基于知识转移过程要素的项目型组织知识转移动机和组织情境体系。

2. 研究体系变量筛选

为了提高研究的系统性、科学性、严谨性，首先利用专家（在项目型组织中从业 10 年以上且具有成熟的知识体系）知识，对基于知识转移过程要素的项目型组织知识转移动机和组织情境体系内的各要素进行特征选择，从而构建系统性强、精度高、鲁棒性强的项目型组织成员知识转移动机系统变量体系，为量表的设计和构建打下坚实的理论与实践基础。

3. 问卷初稿形成

在研究体系变量筛选的基础上，本书根据筛选出的变量，采用经过前人实证研究使用过的成熟量表，其中每项条款都源于既有的文献资料，且这些量表在使用过程中都表现出了良好的信度与效度。由于本书所采用的量表条款大部分来源于英文文献资料，为了使其更符合中文语境和项目型组织的特点，在不改变原文基本意思的基础上，对测量量表条款的表述方式做了适当的调整，并邀请交流期间的外导博士生进行修正，以确保翻译质量，从而形成问卷初稿。

4. 问卷咨询及修订

本书针对问卷本身，分别通过对学术界和实业界相关人员的咨询修订量表。问卷初稿中的量表选择、条款设计、问卷修订都是在课题组内部通过密切而深入的讨论完成的；为了使问卷更贴近项目型组织的实际情况，笔者与项目型组织中的项目负责人、中层干部以及普通员工进行了沟通和讨论，根据反馈意见，对条款、条目进行了删减，并对条款的表述方式进行了完善。

5. 小样本前测及问卷修订

经过上述过程后，形成小样本调查问卷。笔者通过现有的社会关系，针对项目型组织成员进行小样本前测。小样本前测共发放问卷 120 份，实际回收 109 份，除去 9 份无效问卷，有效回收率超过 83%。本书通过对小样本数据的修正项目总相关系数和内部一致性信度分析，对量表条款、条目进行净化和修订，形成用于大样本数据收集的最终问卷。

6. 最终问卷形成

最终问卷见附录 3。

4.1.4 测量工具选择

在社会科学研究中，李克特式量表被广泛使用。李克特五点式量表的可辨识度较强，且表现出较高的内部一致性。因此，本书调查问卷中的项目型组织成员知识转移动机、组织情境、知识转移效果的变量测量量表均采用李克特五点式量表。评分标准为：从 1 分到 5 分，分别代表"完全不同意""不同意""中立""同意""完全同意"，分数越高，表示对该题项的认同程度越高，反之亦然。

4.2 变量测量量表

本节在对第 2 章关于项目型组织成员知识转移动机、组织情境、知识转移效果的当前研究现状和变量测量进行归纳总结的基础上，研究并设计符合我国国情和项目型组织特点的知识转移动机测量量表、组织情境测量量表、知识转移效果测量量表。

4.2.1　知识转移动机测量

根据第 3 章的结论，并结合第 2 章中关于成员知识转移动机的变量研究、测量综述，从四个方面对项目型组织成员知识转移动机进行测度，分别为平衡互惠动机、成就动机、避免惩罚动机、员工情感承诺动机。其中，平衡互惠动机维度参考 Horowitz 和 Shindelman（1983）、Wu 等（2006）的研究成果，将 5 个问题纳入测量量表中；成就动机维度参考 Nygård 和 Gjesme（1973）、叶仁敏和 Hagtvet（1992）、Smith（1973）的研究成果，将 5 个问题纳入测量量表中；避免惩罚动机维度参考 Nygård 和 Gjesme（1973）、叶仁敏和 Hagtvet（1992）、Smith（1973）的研究成果，将 5 个问题纳入测量量表中；员工情感承诺动机维度参考 Allen 和 Meyer（1990）的研究成果，将 5 个问题纳入测量量表中。项目型组织成员知识转移动机测量量表见表 4-1。

表 4-1　项目型组织成员知识转移动机测量量表

维度	条款数	编号	条款内容	条款来源
BR	5	BR1	组织对我的个人利益和组织利益同样关心	Horowitz 和 Shindelman（1983）、Wu 等（2006）
		BR2	组织看重我的工作努力程度与所获得回报的相称性	
		BR3	只要我关心组织的利益，组织就会关心我的利益	
		BR4	如果我尽心尽力并且工作出色，组织就会给我提升的机会	
		BR5	若我的工作业绩超过组织要求，组织会给我额外的奖励	
AM	5	AM1	面对我没有把握克服的难题时，我会非常兴奋、快乐	Nygård 和 Gjesme（1973）、叶仁敏和 Hagtvet（1992）、Smith（1973）
		AM2	我会被那些能了解自己有多大才智的工作吸引	
		AM3	我会被有困难的任务吸引	
		AM4	面对能测量我能力的机会，我感到一种鞭策和挑战	
		AM5	能够测量我能力的机会对我来说是有吸引力的	
AP	5	AP1	我不喜欢做那些我不知道我能否胜任的事	
		AP2	对于那些看起来相当困难的事，我做时很担心	
		AP3	我不喜欢在不熟悉的环境下工作，即使无人知道也一样	
		AP4	我对那些没有把握自己能胜任的工作感到忧虑	
		AP5	如果有困难的工作要做，我希望不要分配给我	

续表

维度	条款数	编号	条款内容	条款来源
OAC	5	OAC1	即使单位效益差也不愿离开	Allen 和 Meyer（1990）
		OAC2	对单位感情深	
		OAC3	愿为单位做任何贡献	
		OAC4	愿为单位贡献全部心血	
		OAC5	愿为单位贡献业余努力	

4.2.2 组织情境测量

根据第 3 章的结论，并结合第 2 章中关于组织情境的变量研究、测量综述，从三个方面对组织情境进行测度，分别为组织目标一致性、组织凝聚力、组织支持感。其中，组织目标一致性参考 Denison 和 Mishra（1995）的研究成果，将 5 个问题纳入测量量表中；组织凝聚力参考 Cameron 和 Quinn（2011）、Egan 等（2004）的研究成果，将 4 个问题纳入测量量表中；组织支持感参考 Eisenberger 等（1990）、Eisenberger 等（2001）、Wayne 等（1997）的研究成果，将 7 个问题纳入测量量表中。组织情境测量量表见表 4-2。

表 4-2　组织情境测量量表

维度	条款数	编号	条款内容	条款来源
PGC	5	PGC1	建设项目参与单位目标与建设项目目标协调一致	Denison 和 Mishra（1995）
		PGC2	基于建设项目，各参与单位间的目标一致	
		PGC3	个人目标与其所在组织的目标高度一致	
		PGC4	对于组织的目标有广泛的共识	
		PGC5	组织领导已经公开表明所需达成的目标	

维度	条款数	编号	条款内容	条款来源
OG	4	OG1	组织成员靠忠诚、互信凝聚在一起，成员都具有承担义务的责任感	Cameron 和 Quinn（2011）、Egan 等（2004）
		OG2	组织成员靠创新和发展结合在一起，并努力走在创新和发展的前端	
		OG3	成功和完成项目目标把组织成员联系在一起，进取和取得胜利是组织成员共同的目标	
		OG4	组织成员靠正规的制度和政策在一起工作，组织具有良好、顺畅的运作环境	
POS	7	POS1	组织考虑员工的目标和价值观	Eisenberger 等（1990）、Eisenberger 等（2001）、Wayne 等（1997）
		POS2	遇到棘手的问题时可以得到组织的帮助	
		POS3	组织愿意提供资源激发员工的工作潜能	
		POS4	组织很重视员工的意见	
		POS5	组织能够让员工担当最合适的工作	
		POS6	组织管理者平时关心员工的工作满意度情况	
		POS7	组织对员工完成的工作感到满意	

4.2.3 知识转移效果测量

根据第3章的结论，并结合第2章中关于知识转移效果的变量研究、测量综述，从三个方面对项目型组织知识转移效果进行测度，分别为知识转移参与度、知识转移满意度和知识心理所有权。其中，知识转移参与度维度参考 Mittal（1995）、Traylor 和 Joseph（1984）、Santoro 和 Gopalakrishnan（2000）的研究，将4个方面的问题纳入测量量表中；知识转移满意度维度参考 Doll 和 Torkzadeh（1988）、Cammann 等（1983）的研究，将5个问题纳入测量量表中；知识心理所有权维度参考 Pendleton 等（1998）、Van Dyne 和 Pierce（2004）的研究成果，将4个问题纳入测量量表中。项目型组织知识转移效果测量量表见表4-3。

表 4-3　项目型组织知识转移效果测量量表

维度	条款数	编号	条款内容	条款来源
KTI	4	KTI1	工作业务规划很完善，并且大多数人都积极参与	Mittal（1995）、Traylor 和 Joseph（1984）、Santoro 和 Gopalakrishnan（2000）
		KTI2	组织由很多团队或部门构成，人们喜欢以团队的形式共事	
		KTI3	大部分员工都积极参与工作并努力完成组织分配的任务	
		KTI4	决定通常是在充分征求各部门意见的基础上做出的	
KTS	5	KTS1	不同组织成员间可以实现无障碍的知识共享	Doll 和 Torkzadeh（1988）、Cammann 等（1983）
		KTS2	知识共享过程中能够保证知识的准确性	
		KTS3	知识共享过程中能够保证知识的完整性	
		KTS4	能够及时地得到工作所需的信息（知识）	
		KTS5	在该项目中知识转移效率很高	
KPO	4	KPO1	组织考虑员工的目标和价值观	Pendleton 等（1998）、Van Dyne 和 Pierce（2004）
		KPO2	遇到棘手的问题时可以得到组织的帮助	
		KPO3	组织愿意提供资源激发员工的工作潜能	
		KPO4	组织很重视员工的意见	

4.3　小样本前测

由于本书所采用的量表均为在西方经济社会背景下开发使用的成熟量表，考虑到我国与西方的经济社会背景存在差异，在使用该量表前必须进行小范围内的测试，包括内部一致性及稳定性分析，以确保该量表适合我国国情，从而保证测量的有效性和研究质量。

4.3.1　小样本描述统计分析

描述统计（descriptive statistics）是用数学语言表述一组样本的特征或者样本各变量间关联的特征，用来概括和解释样本数据。众多观测数据的含义往往不能从单个观测数据中显现出来，描述统计则将众多数据融为一体，对这些数据集合形成新的认识（李怀祖，2000）。本书的样本数据内容包括填写问卷者的个人基本信息、项目型组织信息和项目信息等，采用频率分布（frequency distribution）、百分比（percentage）、均值（mean）、标准差（standard deviation）等对数据进行描述统计分析，并对该问卷数据进行正态性（normality）检验。正态性检验主要包括偏度（skewness）和峰度（kurtosis）的正态性检验，检验标准为：如果偏度绝对值<3，峰度绝对值<10，则样本数据服从正态分布。测量潜变量包括项目型组织成员知识转移动机、组织情境、知识转移效果。

为了保证问卷的有效性和可靠性，及时发现研究设计和测量工作中存在的缺陷，需要进行小样本前测来修改和完善问卷。笔者通过朋友、同事、同学等向项目型组织从业人员发放问卷，调研主要围绕这些从业人员（包括其所在项目型组织的高层管理人员、中层管理人员、基层员工和一般员工）展开，项目所在地集中在上海、江苏、浙江等，共发出问卷 120 份，实际回收 109 份，除去 9 份无效问卷，最终获得有效问卷 100 份，有效回收率超过 83%。小样本前测统计特征描述见表 4-4。

表 4-4 小样本前测统计特征描述

测量内容	测量选项	样本数	所占比例（%）
性别	男	76	76
	女	24	24
年龄	20~30 岁	33	33
	31~40 岁	49	49
	41~50 岁	18	18
	51 岁及以上	0	0
建筑行业工作年限	1 年以内	0	0
	1~5 年	28	28
	6~10 年	53	53
	11~15 年	19	19
	16~20 年	0	0
	大于 20 年	0	0

测量内容	测量选项	样本数	所占比例（%）
职位类别	一般员工	23	23
	基层员工	42	42
	中层管理人员	31	31
	高层管理人员	4	4

测量条目小样本数据描述性统计分析见表4-5。

表4-5　测量条目小样本数据描述性统计分析

测量条目	N	均值	标准差	偏度		峰度	
	统计量	统计量	统计量	统计量	标准差	统计量	标准差
BR1	100	3.000	0.748	0.716	0.400	0.031	0.597
BR2	100	2.704	0.823	(0.080)	0.400	(0.424)	0.597
BR3	100	3.000	0.800	(0.046)	0.400	(0.606)	0.597
BR4	100	3.143	0.803	(0.405)	0.400	(0.908)	0.597
BR5	100	2.615	0.637	(0.399)	0.400	(0.563)	0.597
AM1	100	2.852	0.662	0.997	0.400	0.616	0.597
AM2	100	2.607	0.629	1.037	0.400	1.650	0.597
AM3	100	2.714	0.600	0.940	0.400	0.071	0.597
AM4	100	2.655	0.670	0.067	0.400	(0.154)	0.597
AM5	100	2.654	0.629	0.000	0.400	(0.946)	0.597
AP1	100	2.821	0.723	(0.182)	0.400	(0.837)	0.597
AP2	100	2.704	0.724	0.266	0.400	0.191	0.597
AP3	100	2.852	0.602	0.207	0.400	(0.123)	0.597
AP4	100	2.875	0.850	(0.298)	0.400	(1.148)	0.597
AP5	100	3.083	0.654	0.007	0.400	(0.570)	0.597
OAC1	100	3.040	0.676	(0.086)	0.400	0.035	0.597
OAC2	100	3.240	0.723	0.324	0.400	(1.220)	0.597
OAC3	100	3.400	0.816	0.822	0.400	(1.447)	0.597
OAC4	100	2.909	0.921	1.286	0.400	0.669	0.597
OAC5	100	3.087	0.793	(0.008)	0.400	0.136	0.597
PGC1	100	2.870	0.968	(0.210)	0.400	0.015	0.597

续表

测量条目	N	均值	标准差	偏度		峰度	
	统计量	统计量	统计量	统计量	标准差	统计量	标准差
PGC2	100	3.304	0.765	(0.140)	0.400	(0.520)	0.597
PGC3	100	3.000	0.722	(0.120)	0.400	(0.190)	0.597
PGC4	100	3.292	0.859	(0.020)	0.400	(0.380)	0.597
PGC5	100	3.250	0.737	0.020	0.400	(0.150)	0.597
OG1	100	3.208	0.779	(0.180)	0.400	(0.330)	0.597
OG2	100	3.167	0.761	(0.140)	0.400	(0.090)	0.597
OG3	100	3.625	0.875	0.300	0.400	(0.420)	0.597
OG4	100	2.522	0.665	(0.010)	0.400	(0.590)	0.597
POS1	100	2.826	0.778	(0.040)	0.400	(0.440)	0.597
POS2	100	2.320	0.476	0.020	0.400	(0.340)	0.597
POS3	100	2.423	0.643	(0.040)	0.400	(0.330)	0.597
POS4	100	3.115	0.588	0.010	0.400	(0.440)	0.597
POS5	100	3.778	0.837	(0.190)	0.400	(0.410)	0.597
POS6	100	3.813	0.713	0.510	0.400	(0.190)	0.597
POS7	100	3.625	0.802	(0.090)	0.400	(0.450)	0.597
KTI1	100	3.575	0.671	0.000	0.400	(1.126)	0.597
KTI2	100	3.725	0.711	0.177	0.400	(0.711)	0.597
KTI3	100	3.638	0.716	0.508	0.400	0.081	0.597
KTI4	100	3.650	0.813	0.188	0.400	(0.427)	0.597
KTS1	100	3.688	0.704	0.535	0.400	(0.518)	0.597
KTS2	100	3.725	0.763	0.165	0.400	(0.568)	0.597
KTS3	100	3.663	0.762	0.526	0.400	(0.524)	0.597
KTS4	100	3.625	0.753	0.181	0.400	(0.443)	0.597
KTS5	100	3.600	0.805	0.533	0.400	(0.621)	0.597
KPO1	100	3.700	0.753	0.408	0.400	(0.545)	0.597
KPO2	100	3.525	0.729	0.921	0.400	1.804	0.597
KPO3	100	3.588	0.688	0.527	0.400	(0.854)	0.597
KPO4	100	3.550	0.794	0.051	0.400	(0.083)	0.597

注：括号中为负值。

由表4-5可知，各测量条目的偏度值均小于2，峰度值均小于2，说明测量数据呈正态分布，适合进行下一步的分析。

4.3.2 初始量表校正项目总分相关系数及内部一致性分析

校正项目总分相关系数（Corrected Item Total Correlation，CITC），即计算某一题项与其所属维度的其他题项总和的相关数。

内部一致性信度主要用于多条目测量，是评价量表信度的指标之一，也是最常用的指标之一。克隆巴赫系数（Cronbach）α 可测试各测量指标的共同变异程度，其值越大，说明共同变异程度越高。α 的计算公式为

$$\alpha = \left(\frac{k}{k-1}\right)\left(1 - \frac{\sum_{i=1}^{k} \sigma_i^2}{\sigma_s^2}\right) = \frac{k\bar{r}}{1 + \bar{r}(k-1)} \tag{4-1}$$

式中，k 为某维度下题项的数目；σ_i^2 为题项 i 的方差；σ_s^2 为该维度的方差；$\bar{r}$ 为内部题项相关系数的平均值。

对于 α 的测评，不同专家的看法不同。克隆巴赫系数 α 的测评方法见表4-6。

表 4-6 克隆巴赫系数 α 的测评方法

作者（年代）	使用情况	α 值
Kaplan 和 Saccuzzo（1982）	基础研究	0.7~0.8
	应用研究	0.95
Murphy 和 Davidshofer（1988）	不可接受水平	0.6 以下
	低水平	0.7
	中高水平	0.8~0.9
	高水平	0.9
Nunnally 等（1967）	初始研究	0.5~0.6
	基础研究	0.7~0.8
	应用研究	0.9~0.95
Nunnally（1978）	初始研究	0.7
	基础研究	0.8
	应用研究	0.9~0.95

1. 知识转移动机初始量表 CITC 及内部一致性分析

项目型组织成员知识转移动机初始量表 CITC 及内部一致性分析结果见表 4-7。

表 4-7 项目型组织成员知识转移动机初始量表 CITC 及内部一致性分析结果

测量量表	测量条目	CITC	项已删除的 α 系数	α 值
互惠动机	BR1	0.530	0.918	
	BR2	0.475	0.920	
	BR3	0.480	0.919	
	BR4	0.591	0.917	
	BR5	0.649	0.916	
成就动机	AM1	0.643	0.916	
	AM2	0.623	0.916	
	AM3	0.659	0.916	
	AM4	0.639	0.916	
	AM5	0.543	0.918	
避免惩罚	AP1	0.494	0.919	0.921
	AP2	0.555	0.918	
	AP3	0.528	0.918	
	AP4	0.466	0.920	
	AP5	0.446	0.923	
员工情感承诺	OAC1	0.702	0.914	
	OAC2	0.672	0.915	
	OAC3	0.685	0.915	
	OAC4	0.728	0.914	
	OAC5	0.672	0.915	

由表 4-7 可见，项目型组织成员知识转移动机初始量表 CITC 值均大于 0.4，而且删除任何一项条目都不会使 α 值增大，因此保留该量表内的所有条目。整体量表的 α 值为 0.921，远大于 0.7，表明量表的内部一致性信度较高，可做进一步研究。

2. 组织情境初始量表 CITC 及内部一致性分析

组织情境初始量表 CITC 及内部一致性分析结果见表 4-8。

表 4-8　组织情境初始量表 CITC 及内部一致性分析结果

测量量表	测量条目	CITC	项已删除的 α 系数	α 值
组织目标一致性	PGC1	0.439	0.860	
	PGC2	0.465	0.854	
	PGC3	0.452	0.854	
	PGC4	0.416	0.856	
	PGC5	0.404	0.856	
组织凝聚力	OG1	0.550	0.850	
	OG2	0.513	0.851	
	OG3	0.467	0.858	0.861
	OG4	0.476	0.853	
组织支持感	POS1	0.589	0.847	
	POS2	0.541	0.850	
	POS3	0.511	0.851	
	POS4	0.542	0.850	
	POS5	0.530	0.850	
	POS6	0.529	0.851	
	POS7	0.563	0.849	

由表 4-8 可见，组织情境初始量表 CITC 值均大于 0.4，而且删除任何一项条目都不会使 α 值增大，因此保留该量表内的所有条目。整体量表的 α 值为 0.861，远大于 0.7，表明量表的内部一致性信度较高，可做进一步研究。

3. 知识转移效果初始量表 CITC 及内部一致性分析

知识转移效果初始量表 CITC 及内部一致性分析结果见表 4-9。

表 4-9 知识转移效果初始量表 CITC 及内部一致性分析结果

测量量表	测量条目	CITC	项已删除的 α 系数	α 值
知识转移参与度	KTI1	0.671	0.929	0.934
	KTI2	0.730	0.927	
	KTI3	0.655	0.930	
	KTI4	0.627	0.931	
知识转移满意度	KTS1	0.634	0.931	
	KTS2	0.775	0.926	
	KTS3	0.755	0.926	
	KTS4	0.744	0.927	
	KTS5	0.724	0.927	
知识心理所有权	KPO1	0.700	0.928	
	KPO2	0.691	0.929	
	KPO3	0.737	0.927	
	KPO4	0.646	0.930	

由表 4-9 可见，知识转移效果初始量表 CITC 值均大于 0.4，而且删除任何一项条目都不会使 α 值增大，因此保留该量表内的所有条目。整体量表的 α 值为 0.934，远大于 0.7，表明量表的内部一致性信度较高，可做进一步研究。

4.3.3 初始量表修订

通过小样本检测初始量表的 CITC 及内部一致性信度可知，量表全部条目均符合 CITC 检测要求，能够较全面、准确地测量项目型组织成员知识转移动机、组织情境、知识转移效果，而且内部一致性信度良好，可用作大样本的数据收集以及项目型组织成员知识转移动机和组织情境的相互作用研究。只是在量表条目的翻译表述上需要重新斟酌，以使其更符合我国的表述习惯，更有利于被测理解。修订好的项目型组织成员知识转移动机和组织情境对知识转移效果的影响量表见附录 3。

4.4　大样本数据分析与检验

4.4.1　大样本数据收集与描述统计分析

采用修订好的问卷对中国建筑第×工程局有限公司（以下简称"中建×局"）进行问卷调查，其总部位于北京，是中国建筑股份有限公司的核心子公司。中建×局具有房屋建筑工程施工总承包企业特级资质和市政、石油化工、机电安装、装饰装修、钢结构等多项一级资质，其经营疆域覆盖全国，并涉足俄罗斯、德国、巴哈马、赤道几内亚等国家，通过设计施工一体化、投资建造一体化、国内国外一体化，为客户提供全产业链服务。中建×局完全具备项目型组织特质，是项目型组织中最具特点的一类，其组织结构图如图4-2 所示。

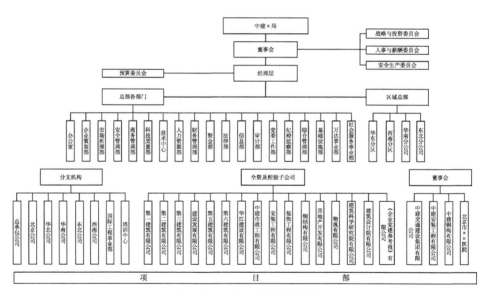

图 4-2　中建×局组织结构图

本次问卷调查自 2014 年 4 月开始，至 2014 年 10 月底结束，历时 7 个月，向 64 个项目型组织的员工共发放 600 份问卷，第一次发放问卷 400 份，主要针对项目型组织员工进行知识转移动机、组织情境和知识转移效果调研，收回并整理得到有效问卷 300 份；第二次发放问卷 200 份，主要针对组织的中层管理者进行组织情境调研，收回并整理得到有效问卷 180 份；最后得到 60 个组织的 480 份有效调查问卷。大样本统计特征描述见表 4-10。

表 4-10　大样本统计特征描述（$N_1=300$，$N_2=180$）

测量内容	测量选项	Level 2（第二次）		Level 1（第一次）	
		样本数	比例（%）	样本数	比例（%）
性别	男	142	78.89	229	76.33
	女	38	21.11	71	23.67
年龄	20~30 岁	20	11.11	124	41.33
	31~40 岁	123	68.33	148	49.33
	41~50 岁	37	20.56	28	9.33
	51 岁及以上	0	0	0	0
建筑行业工作年限	1 年以内	0	0	45	15.00
	1~5 年	21	11.67	145	48.33
	6~10 年	117	65	85	28.33
	11~15 年	48	26.67	13	4.33
	16~20 年	0	0	8	2.67
	大于 20 年	0	0	4	1.33
职位类别	一般员工	5	2.78	139	46.33
	基层员工	37	20.56	128	42.67
	中层管理人员	129	71.67	33	11
	高层管理人员	9	5	0	0

针对项目型组织员工的测量条目大样本数据描述统计分析见表 4-11。

表 4-11　测量条目大样本数据描述统计分析

测量条目	N_1	均值	标准差	偏度		峰度	
	统计量	统计量	统计量	统计量	标准差	统计量	标准差
BR1	300	2.962	0.745	0.154	0.188	(0.400)	0.305
BR2	300	2.831	0.779	0.305	0.188	(0.863)	0.305
BR3	300	3.006	0.780	0.317	0.188	(0.501)	0.305
BR4	300	3.143	0.732	(0.036)	0.188	(0.170)	0.305

续表

测量条目	N_1	均值	标准差	偏度		峰度	
	统计量	统计量	统计量	统计量	标准差	统计量	标准差
BR5	300	2.867	0.715	0.519	0.188	0.138	0.305
AM1	300	2.943	0.748	0.184	0.188	(0.417)	0.305
AM2	300	2.863	0.771	0.323	0.188	(0.552)	0.305
AM3	300	2.906	0.716	0.244	0.188	0.513	0.305
AM4	300	3.043	0.734	0.314	0.188	(0.153)	0.305
AM5	300	2.869	0.810	0.533	0.188	(0.148)	0.305
AP1	300	2.840	0.753	0.624	0.188	0.073	0.305
AP2	300	2.832	0.744	0.281	0.188	(0.124)	0.305
AP3	300	3.000	0.756	0.437	0.188	(0.056)	0.305
AP4	300	2.873	0.711	0.511	0.188	0.164	0.305
AP5	300	2.899	0.707	0.365	0.188	(0.210)	0.305
OAC1	300	2.824	0.689	0.363	0.188	(0.410)	0.305
OAC2	300	2.975	0.731	0.039	0.188	(1.114)	0.305
OAC3	300	3.089	0.708	0.090	0.188	(0.467)	0.305
OAC4	300	2.910	0.793	0.480	0.188	(0.007)	0.305
OAC5	300	2.879	0.737	0.390	0.188	0.086	0.305
PGC1	300	2.847	0.778	0.357	0.188	(0.572)	0.305
PGC2	300	2.936	0.713	0.201	0.188	(0.049)	0.305
PGC3	300	2.917	0.660	0.090	0.188	(0.686)	0.305
PGC4	300	3.114	0.740	(0.089)	0.188	(0.412)	0.305
PGC5	300	3.057	0.709	0.136	0.188	(0.434)	0.305
OG1	300	3.006	0.736	(0.010)	0.188	(0.597)	0.305
OG2	300	3.000	0.705	(0.000)	0.188	(0.967)	0.305
OG3	300	3.184	0.747	0.151	0.188	(0.343)	0.305
OG4	300	2.677	0.781	(0.193)	0.188	(0.303)	0.305
POS1	300	2.782	0.806	0.267	0.188	(0.740)	0.305
POS2	300	2.730	0.735	0.087	0.188	(0.524)	0.305
POS3	300	2.706	0.790	0.265	0.188	(0.834)	0.305
POS4	300	3.000	0.654	(0.137)	0.188	(0.201)	0.305

续表

测量条目	N_1 统计量	均值 统计量	标准差 统计量	偏度 统计量	偏度 标准差	峰度 统计量	峰度 标准差
POS5	300	3.281	0.876	0.126	0.188	(0.584)	0.305
POS6	300	3.318	0.791	0.025	0.188	(0.512)	0.305
POS7	300	3.250	0.786	0.106	0.188	(0.485)	0.305
KTI1	300	3.221	0.786	(0.011)	0.188	(0.689)	0.305
KTI2	300	3.304	0.783	0.130	0.188	(0.397)	0.305
KTI3	300	3.339	0.759	0.037	0.188	(0.383)	0.305
KTI4	300	3.289	0.802	0.059	0.188	(0.547)	0.305
KTS1	300	3.311	0.762	0.046	0.188	(0.407)	0.305
KTS2	300	3.300	0.827	0.043	0.188	(0.631)	0.305
KTS3	300	3.293	0.762	0.136	0.188	(0.327)	0.305
KTS4	300	3.243	0.789	0.071	0.188	(0.548)	0.305
KTS5	300	3.239	0.783	0.048	0.188	(0.563)	0.305
KPO1	300	3.314	0.777	0.082	0.188	(0.415)	0.305
KPO2	300	3.257	0.717	(0.014)	0.188	(0.411)	0.305
KPO3	300	3.264	0.729	0.104	0.188	(0.282)	0.305
KPO4	300	3.329	0.761	(0.044)	0.188	(0.472)	0.305

针对项目型组织中层管理者的组织情境测量条目大样本数据描述统计分析见表4-12。

表4-12　组织情境测量条目大样本数据描述统计分析

测量条目	N_2 统计量	均值 统计量	标准差 统计量	偏度 统计量	偏度 标准差	峰度 统计量	峰度 标准差
PGC1	180	3.739	0.703	0.195	0.133	(0.607)	0.161
PGC2	180	3.733	0.640	0.303	0.133	(0.675)	0.161
PGC3	180	3.663	0.690	0.094	0.133	(0.334)	0.161
PGC4	180	3.696	0.613	0.121	0.133	(0.408)	0.161
PGC5	180	3.683	0.646	0.413	0.133	(0.697)	0.161
OG1	180	3.611	0.662	0.234	0.133	(0.364)	0.161
OG2	180	3.652	0.625	0.104	0.133	(0.344)	0.161

续表

测量条目	N_2	均值	标准差	偏度		峰度	
	统计量	统计量	统计量	统计量	标准差	统计量	标准差
OG3	180	3.650	0.616	0.388	0.133	(0.650)	0.161
OG4	180	3.669	0.651	0.319	0.133	(0.553)	0.161
POS1	180	3.700	0.652	(0.019)	0.133	(0.196)	0.161
POS2	180	3.677	0.629	0.221	0.133	(0.484)	0.161
POS3	180	3.646	0.711	0.105	0.133	(0.357)	0.161
POS4	180	3.605	0.604	0.445	0.133	(0.648)	0.161
POS5	180	3.646	0.646	0.073	0.133	(0.281)	0.161
POS6	180	3.677	0.587	0.216	0.133	(0.625)	0.161
POS7	180	3.727	0.724	0.169	0.133	(0.594)	0.161

由表4-11、表4-12可见，各测量条目的偏度值和峰度值均小于1，说明大样本测量数据呈正态分布，适合进行下一步的分析。

除了上述所收集的大样本数据描述统计和正态性分析，为了避免调研过程中可能出现的各种系统偏差对数据质量的影响，需要对所收集数据的质量进行评估。本书采用通过互联网在线发放和回收电子问卷的方式收集大样本数据，主要针对某大型项目型组织在江苏、浙江、上海等地的项目组织，间接发放、匿名填写并回收电子问卷，因此本书中的数据不存在不同调研方式、不同调研地区的影响。但是，鉴于本书数据均来自同一大型项目型组织，需要对其进行同源偏差（Common Method Variance，CMV）分析，以确保数据质量可支持后续相关研究。本书将采用哈曼（Harman）单因素检验方法在下一小节中通过探索性因子分析进行分析判断。

4.4.2 探索性因子分析

本小节的探索性因子分析主要完成两方面的任务：其一，通过未旋转的因子分析判断大样本数据是否存在同源偏差；其二，通过旋转的因子分析并选取特征值大于1的共同因子，从而得到合理的因子结构。

探索性因子分析主要是为了找出影响观测变量的因子个数，以及各个因子和各个观测变量之间的相关程度，以试图揭示一套相对较大的变量的内部结构（Child，1990）。在进行探索性因子分析之前，一般需要对其相关性进行检验，只有因子相关，才适合进行探索性因子分析。在研究过程中，一般使用巴特利特（Bartlett）球体检验和 KMO 值来检测变量之间的相关性，从而判断是否适合进行探索性因子分析。一般来说，Bartlett 球体检验的显著性概率小于 0.05。KMO 值的判断准则见表 4-13。

表 4-13 KMO 值的判断准则

KMO 值	判断说明
>0.90	极适合进行探索性因子分析
0.80~0.90（不含 0.80）	适合进行探索性因子分析
0.70~0.80（不含 0.70）	尚可进行探索性因子分析
0.60~0.70（不含 0.60）	勉强可以进行探索性因子分析
0.50~0.60（不含 0.50）	不适合进行探索性因子分析
<0.50	非常不适合进行探索性因子分析

本书各量表的 KMO 值及 Bartlett 球体检验结果见表 4-14。

表 4-14 KMO 值及 Bartlett 球体检验结果

量表名称	KMO 值	Bartlett 球体检验
KTE	0.737	0.000
KTI	0.809	0.000
KTS	0.832	0.000
KPO	0.838	0.000
KTM	0.746	0.000
BR	0.871	0.000
AM	0.867	0.000
AP	0.799	0.000
OAC	0.880	0.000
OC	0.704	0.000
PGC	0.796	0.000
OG	0.693	0.000
POS	0.811	0.000

由表 4-14 可知，Bartlett 球体检验在 0.001 的显著性水平上通过检验，各量表的 KMO 值均大于 0.700，符合统计学要求，表明适合做探索性因子分析。

1. Harman 单因素检验

同源偏差是指同一主体完成调查问卷的全部填写可能会带来的同源性偏差问题，其可能会导致测量题项间相关性的膨胀。本书采用 Harman 单因素检验方法对同源偏差进行检测，如果首个主成分不能解释大部分变量方差，则说明不存在同源偏差。本书将项目型组织成员知识转移动机、组织情境、知识转移效果的所有测量题项放在一起进行不旋转因子分析，Harman 单因素检验结果见表 4-15。

表 4-15 Harman 单因素检验结果

成分	初始特征值			抽取平方和载荷		
	合计	方差的占比（%）	累积占比（%）	合计	方差的占比（%）	累积占比（%）
1	13.238	27.017	27.017	13.238	27.017	27.017
2	4.612	9.411	36.429	4.612	9.411	36.429
3	2.651	5.410	41.839	2.651	5.410	41.839
4	1.988	4.058	45.896	1.988	4.058	45.896
5	1.704	3.478	49.374	1.704	3.478	49.374
6	1.384	2.825	52.199	1.384	2.825	52.199
7	1.259	2.570	54.769	1.259	2.570	54.769
8	1.179	2.407	57.176	1.179	2.407	57.176
9	1.138	2.323	59.499	1.138	2.323	59.499
10	1.057	2.157	61.656	1.057	2.157	61.656

由表 4-15 可见，本书中存在 10 个特征值大于 1 的共同因子，共解释 61.656% 的总变异量，其中特征值最大为 13.238，共解释了 27.017% 的总变异量。因此，本书中大样本数据调查问卷调查数据的同源偏差影响不显著。

2. 因子结构分析

通过 Bartlett 球体检验和 KMO 检验后，运用 SPSS 软件进行因子分析，采用主成分分析法抽取所有特征值大于 1 的共同因子。由于初始因子综合性太强，难以找出实际意义，因此需要对因子进行旋转，以便对因子结构进行合理的解释，其中最大方差正交旋转法最为常用（DeVellis，2012）。本书以因子荷载量 0.4 为取舍标准。对前 250 个测量样本进行探索性因子分析，各因子对应测量项目的因子载荷矩阵见表 4-16。

表 4-16 各因子对应测量项目的因子载荷矩阵

题项	成分									
	因子 1	因子 2	因子 3	因子 4	因子 5	因子 6	因子 7	因子 8	因子 9	因子 10
KTI1	0.110	0.559	0.381	0.128	0.402	-0.058	0.126	0.067	0.011	-0.056
KTI2	0.121	0.565	0.344	0.396	0.185	-0.003	0.095	0.025	0.222	-0.024
KTI3	0.339	0.631	0.117	0.235	0.202	0.080	-0.057	0.036	0.157	0.041
KTI4	0.380	0.550	0.203	0.125	0.199	0.021	0.127	0.118	0.028	-0.085
KTS1	0.197	0.083	0.348	0.187	0.155	0.189	-0.062	0.061	0.160	0.541
KTS2	0.216	0.264	0.220	0.305	0.243	0.192	-0.015	0.123	0.072	0.550
KTS3	0.164	0.161	0.223	0.322	0.290	0.184	0.043	0.138	-0.021	0.558
KTS4	0.157	0.196	0.149	0.377	0.154	0.211	0.062	-0.117	0.127	0.587
KTS5	0.172	0.214	0.152	0.164	0.239	0.270	-0.016	-0.123	0.074	0.614
KPO1	0.342	0.306	0.056	0.582	0.304	0.088	-0.064	0.073	0.194	0.074
KPO2	0.230	0.224	0.061	0.740	0.294	0.074	0.027	0.120	0.174	-0.042
KPO3	0.306	0.236	0.020	0.681	0.333	0.089	0.028	0.082	0.108	0.015
KPO4	0.155	0.120	0.171	0.629	0.386	0.129	0.057	-0.043	0.056	0.076
BR1	0.306	0.210	0.646	0.074	0.201	0.206	-0.013	-0.044	0.092	0.112
BR2	0.213	0.247	0.661	0.262	0.156	0.139	0.032	-0.019	0.096	0.150
BR3	0.319	0.281	0.622	0.039	0.150	0.219	0.061	0.117	0.098	0.045
BR4	0.241	0.107	0.709	0.129	0.194	0.123	-0.017	0.045	0.091	0.103
BR5	0.330	0.085	0.610	-0.036	0.198	0.283	0.122	0.048	0.003	-0.159
AM1	0.297	0.119	0.278	0.201	0.650	0.039	-0.062	0.108	0.059	-0.042
AM2	0.219	0.164	0.242	0.426	0.544	-0.017	0.012	-0.007	0.163	0.041
AM3	0.216	0.157	0.303	0.283	0.602	0.042	-0.105	0.017	0.095	0.114
AM4	0.086	0.205	0.156	0.390	0.593	0.148	-0.078	0.110	0.147	0.161
AM5	0.099	0.267	0.052	0.302	0.655	0.129	-0.051	0.023	0.207	0.093
AP1	0.095	0.038	0.143	0.019	0.154	0.735	-0.005	0.147	0.029	-0.062

题项	成分									
	因子1	因子2	因子3	因子4	因子5	因子6	因子7	因子8	因子9	因子10
AP2	0.175	0.282	0.065	0.225	-0.102	0.666	0.015	0.053	0.151	0.067
AP3	0.080	-0.037	0.189	0.118	0.152	0.698	0.037	-0.001	-0.116	0.031
AP4	0.139	0.114	0.130	0.175	-0.139	0.766	0.021	0.008	0.084	0.093
AP5	0.009	0.015	-0.004	-0.205	0.100	0.742	0.009	0.093	0.156	-0.171
OAC1	0.628	0.224	0.385	0.105	0.100	0.209	-0.090	0.067	0.003	0.132
OAC2	0.682	0.157	0.276	0.369	0.162	0.096	0.011	0.035	0.139	0.126
OAC3	0.787	0.148	0.238	0.227	0.182	0.123	-0.010	-0.011	0.069	0.044
OAC4	0.717	0.122	0.304	0.270	0.227	0.140	0.045	-0.002	0.109	0.079
OAC5	0.668	0.212	0.241	0.153	0.203	0.238	0.009	0.090	0.004	-0.051
PGC1	0.105	0.081	0.003	0.079	0.148	-0.038	0.147	0.655	0.023	0.276
PGC2	0.065	-0.035	-0.087	-0.035	0.070	0.107	0.216	0.725	0.063	0.161
PGC3	-0.032	-0.130	0.058	0.114	-0.047	0.069	0.051	0.669	0.229	0.117
PGC4	0.020	0.044	0.117	0.020	0.023	0.047	-0.097	0.584	0.400	0.193
PGC5	0.024	0.081	0.012	-0.159	0.131	0.029	0.050	0.523	0.390	0.297
OG1	0.054	-0.051	0.013	-0.105	0.105	-0.093	0.264	0.283	0.622	0.041
OG2	-0.094	0.016	0.038	0.079	-0.145	-0.067	0.111	0.201	0.763	0.125
OG3	0.049	-0.062	0.041	0.115	0.047	-0.036	0.162	0.071	0.738	0.231
OG4	-0.085	0.022	-0.030	0.018	0.033	0.092	0.298	0.193	0.750	-0.075
POS1	0.003	-0.014	0.135	0.098	-0.158	0.076	0.659	0.154	0.227	0.032
POS2	-0.047	-0.154	0.172	0.075	-0.005	-0.036	0.679	0.121	0.026	0.239
POS3	-0.079	0.063	0.054	0.106	-0.144	-0.057	0.690	-0.001	0.179	0.141
POS4	0.112	0.062	-0.069	-0.156	0.025	-0.007	0.559	0.102	0.246	0.236
POS5	0.053	0.122	-0.260	-0.267	0.222	0.096	0.488	0.046	0.220	0.415
POS6	0.035	0.048	-0.123	-0.054	0.100	0.045	0.674	0.170	0.070	0.068
POS7	-0.095	0.155	0.036	0.062	-0.196	0.136	0.568	0.418	0.005	-0.016

由表4-16可见，所有测量题项的因子载荷都在0.45以上，而跨因子载荷基本都在0.40以下，只有两个跨因子题项超过0.40，因此可认为测量题项无交叉现象，表明该量表具有良好的区分效度，因子结构良好，能够实现对各研究变量的有效测量。

4.4.3　信度与效度分析

1. 信度检验

信度是指对统一对象进行重复测量时，所得结果的一致性程度。信度是对量表的一致性或稳定性进行衡量（刘军，2008）。测量信度的方法主要包括重测信度、折半信度、克隆巴赫信度等。Fornell 和 Larcker（1981）提出运用组合信度（Composite Reliability，CR）指标测量模型信度。组合信度用于评价一组指标之间的一致性程度，即该组指标分享潜在变量的程度。组合信度值越高，指标间的关联程度越强，则测量指标间具有较高的一致性（Hair et al.，2006）。组合信度的计算公式为

$$CR = \frac{\left(\sum \lambda_i \right)^2}{\left(\sum \lambda_i \right)^2 + \sum \zeta_{ii}} \tag{4-2}$$

式中，$\left(\sum \lambda_i \right)^2$ 为标准化因子负荷量和的平方；$\sum \zeta_{ii}$ 为测量误差的方差。

对于 CR 标准值的测定，Fornell 和 Larker（1981）认为 CR 值达到 0.6 即可接受。Bagozzi 和 Yi（1988）研究指出，CR 值应大于临界值 0.6。此外，我国学者于晓宇与陶向明（2015）认为，CR 值只要高于门槛值 0.6 即可。因此，本书将 CR 值大于 0.6 作为信度测量标准。

2. 效度检验

效度是指测量得到的结果反映其所测量的内容的程度（塔雷诺等，2015）。效度的检验包括内容效度（content validity）、校标关联效度（criterion-related validity）、建构效度（construct validity）。

内容效度也称为表面效度，是指测量指标在多大程度上反映了研究者所要测量的构念（Haynes et al.，1995）。在实证研究中，可通过定性或定量的方法来评价一项测量的内容效度。定性方法评价内容效度是通过一组专家就某个构念的测量是否符合他们对此构念的认识进行主观判断，即专家法。其主要关注以下三方面：一是每个测量指标是否具有代表性；二是测量指标是否涵盖所研究构念的理论边界；三是测量指标的分配比例是否反映了所研究构念

中各个成分的重要性。定量评价主要有两种方法：一是直接评价测量指标与构念定义的匹配程度；二是通过评价指标的区分度来判定其内容效度。

校标关联效度又称为准则效度或预测效度，是指结果能预测人们将来行为的程度。测定校标关联效度可用结构方程模型中的路径模型，在路径模型中，校标关联效度就是多个潜变量之间的关系。

构建效度是指特定的测量指标是否与其他测量指标存在相关性。构建效度主要由两种子效度组成：聚合效度（convergent validity）和区分效度（divergent validity）。聚合效度也称为收敛效度，是指通过不同的方式测量同一构念时，所观测到的数据应该高度相关，即检验测量变量与潜变量之间的假设关系是否与实证数据一致。聚合效度通过计算平均提取方差（Average Variance Extracted，AVE）来评价，当 $AVE>0.5$ 时，认为潜变量具有聚合效度。AVE 的计算公式为

$$AVE = \frac{\sum \lambda_i^2}{\sum \lambda_i^2 + \sum \zeta_{ii}} \tag{4-3}$$

式中，$\sum \lambda_i^2$ 为标准化因子负荷量和的平方；$\sum \zeta_{ii}$ 为测量误差的方差。

区分效度也称为判别效度或辨识效度，是指运用不同的方法测量不同的构念，所观测的值能够加以区分，其通过检测两两潜变量之间的相关系数是否小于0.85来判断（张玉利和李乾文，2009）。

本书通过测定各分量表的聚合效度来表征整体聚合效度，将 $AVE>0.5$ 作为测量标准。各分量表的信度与效度分析结果见表4-17。

表4-17　各分量表的信度与效度分析结果

潜变量	测量条目	标准化因子负荷	标准误差	组合信度（CR）	聚合效度（AVE）
KTI	KTI1	0.711	—	0.823	0.578
	KTI2	0.776	0.062		
	KTI3	0.742	0.052		
	KTI4	0.761	0.065		

续表

潜变量	测量条目	标准化因子负荷	标准误差	组合信度（CR）	聚合效度（AVE）
KTS	KTS1	0.724	—	0.917	0.517
	KTS2	0.789	0.062		
	KTS3	0.657	0.067		
	KTS4	0.739	0.056		
	KTS5	0.668	0.049		
KPO	KPO1	0.758	—	0.902	0.539
	KPO2	0.719	0.052		
	KPO3	0.789	0.049		
	KPO4	0.653	0.063		
BR	BR1	0.615	—	0.892	0.568
	BR2	0.677	0.042		
	BR3	0.603	0.065		
	BR4	0.782	0.060		
	BR5	0.726	0.051		
AM	AM1	0.629	—	0.882	0.523
	AM2	0.773	0.050		
	AM3	0.690	0.409		
	AM4	0.763	0.472		
	AM5	0.722	0.441		
AP	AP1	0.714	—	0.887	0.571
	AP2	0.780	0.051		
	AP3	0.669	0.048		
	AP4	0.783	0.042		
	AP5	0.764	0.055		
OAC	OAC1	0.719	—	0.920	0.506
	OAC2	0.768	0.589		
	OAC3	0.685	0.498		
	OAC4	0.754	0.419		
	OAC5	0.769	0.592		

潜变量	测量条目	标准化因子负荷	标准误差	组合信度（CR）	聚合效度（AVE）
PGC	PGC1	0.772	—	0.935	0.512
	PGC2	0.688	0.536		
	PGC3	0.729	0.573		
	PGC4	0.766	0.405		
	PGC5	0.693	0.551		
OG	OG1	0.673	—	0.926	0.561
	OG2	0.629	0.426		
	OG3	0.640	0.449		
	OG4	0.739	0.596		
POS	POS1	0.765	—	0.929	0.575
	POS2	0.781	0.529		
	POS3	0.739	0.443		
	POS4	0.788	0.490		
	POS5	0.685	0.507		
	POS6	0.669	0.553		
	POS7	0.706	0.408		

由表 4-17 可见，各潜变量的 CR 值均大于 0.6，AVE 值均大于 0.5，说明各潜变量的测量工具具有良好的组合信度和聚合效度。

4.4.4 验证性因子分析

验证性因子分析充分利用了先验信息，是在已知因子结构的情况下，检验所收集的数据是否按事先预期的方式产生作用。验证性因子分析的主要目的是检验事先定义因子的模型拟合实际数据的能力，因此其评价指标主要是模型的拟合指标。比较常见的拟合指标有卡方拟合优度（简称卡方值）(χ^2)、自由度（DF）、比较拟合指数（CFI）、拟合优度指数（GFI）、调整后拟合优度指数（AGFI）、近似误差均方根（RMSEA）、残差均方根（RMR）等。验证性因子分析指标评价标准见表 4-18。

表 4-18　验证性因子分析指标评价标准

指标名称	符号	判别标准
卡方值/自由度	χ^2/DF	一般 ≤ 5.0，若 ≤ 3.0 更佳
比较拟合指数	CFI	≥ 0.90，越接近于 1 越好
拟合优度指数	GFI	≥ 0.85，越接近于 1 越好
调整后拟合优度指数	$AGFI$	≥ 0.85，越接近于 1 越好
近似误差均方根	$RMSEA$	≤ 0.1，越接近于 0 越好
残差均方根	RMR	≤ 0.1，越接近于 0 越好

通过验证性因子分析，可以对模型进行拟合度分析。本书采用卡方值/自由度、拟合优度指数、调整后拟合优度指数、比较拟合指数、近似误差均方根、残差均方根等指标对模型拟合度进行分析。采用大样本数据的后 250 个样本进行验证性因子分析，各分量表验证性因子分析结果见表 4-19。

表 4-19　各分量表验证性因子分析结果

量表	χ^2	DF	χ^2/DF	p_1	p_2	GFI	$AGFI$	CFI	$RMSEA$	RMR
KTE	87.897	62	1.418	＊＊＊	0.057	0.943	0.917	0.956	0.044	0.035
KTI	1.528	2	0.764	＊＊＊	0.466	0.997	0.983	1.000	0.000	0.016
KTS	5.252	5	1.050	＊＊＊	0.386	0.991	0.972	0.999	0.015	0.017
KPO	7.019	2	3.510	＊＊＊	0.099	0.985	0.926	1.000	0.003	
KTM	319.327	164	1.947	＊＊＊	0.061	0.898	0.869	0.936	0.056	0.048
BR	0.563	3	0.188	＊＊＊	0.905	0.999	0.995	0.993	0.006	
AM	15.623	5	3.125	＊＊＊	0.124	0.984	0.951	0.991	0.058	0.020
AP	3.850	4	0.963	＊＊＊	0.427	0.993	0.974	1.000	0.014	
OAC	9.656	5	1.931	＊＊＊	0.086	0.984	0.951	0.994	0.065	0.020
OC	16.596	5	3.319	＊＊	0.056	0.963	0.916	0.973	0.059	0.017
PGC	3.899	5	0.780	＊＊	0.564	0.966	0.899	1.000	0.058	
OG	2.808	2	1.404	＊＊	0.264	0.969	0.846	0.961	0.097	0.038
POS	17.256	13	1.327	＊＊＊	0.188	0.914	0.815	0.969	0.087	0.040

注：＊表示 $p_1<0.05$，＊＊表示 $p_1<0.01$，＊＊＊表示 $p_1<0.001$。

由表 4-19 可见，各分量表均通过了 $p_1<0.01$ 的显著性检验，并且与完美

模型具有显著性差异，即 $p_2 > 0.05$。另外，各分量表的各项拟合指数较好。

4.5　本章小结

　　本章在第 3 章的基础上，根据筛选出的项目型组织知识转移特征要素，结合问卷的设计原则确定问卷的设计内容和设计过程。参照经典研究量表，构建适合我国实际情况的项目型组织成员知识转移动机、组织情境、知识转移效果测量量表。

　　针对上述量表，首先进行小样本前测，检验其初始量表 CITC 及内部一致性，并对初始量表进行必要的修订；然后，对所收集的大样本数据进行质量评估。评估结果表明，各分量表结构合理、具有理想的信度和效度，且拟合指数较好。

第 5 章　基于多层线性模型的项目型组织成员知识转移效果分析

美国社会科学家罗宾逊（Robinson）提出了"生态学谬误"问题，主要是指用组织层次的数据来汇总生成个体层次的信息会造成一定的错误。直到多层线性模型被提出，并借助计算机技术使参数估计理论在实践中成为可能，该问题才得到解决。这也使多层线性模型在许多科学领域得到广泛的应用。Erkan 等（2013）介绍了 HLM 的优缺点和适用范围，并提出了一整套规范地运用 HLM 分析国际商业、管理和市场营销问题的流程与标准。Li 和 Qing（2010）运用 HLM 研究了组织领导变革问题，其发现领导者的普遍的价值观与组织成员并无不同，故将领导者的个性特征引入工作组领导变革发展模型中。近年来，已有很多国内外学者将 HLM 运用到社会科学领域研究组织管理问题，并得到了可借鉴的优秀成果。因此，本书将 HLM 统计分析方法应用到项目知识管理领域，研究不同组织情境下项目型组织成员知识转移动机个体差异对知识转移效果的跨层次影响机理。

本章阐述了 HLM 的概念、原理和发展现状；在第 4 章所收集数据的基础上，开展项目型组织成员知识转移动机和组织情境的跨层次影响研究，首先，利用零模型分析项目型组织成员个体差异和个体内部差异，以确定该系统是否需要进行跨层次分析；然后，进行成员知识转移动机对知识转移效果的调节效应假设检验；最后，对组织情境的跨层次调节效应假设进行检验，从而分析成员知识转移动机、组织情境与知识转移效果之间的跨层次影响。

5.1　多层线性模型理论及研究现状

HLM 主要用于解决利用经典统计技术处理多层数据结构时的局限性问题，

以及避免产生曲解分析结果。系统多处于多层嵌套结构中，且各层结构之间相互影响，因此多层线性模型更加贴近系统实际，能够提高分析结果的准确性。

5.1.1 多层线性模型的概念及发展

在社会科学研究中，样本数据往往来自不同的层级和单位，这样的数据具有分层结构，并带来了跨层级研究问题。为此，一种新的层级数据分析方法——多层线性模型分析技术应运而生（张雷等，2003）。这一方法的两位主要开拓者分别是伦敦大学的哈维·戈尔茨坦（Harvey Goldstein）教授以及密歇根大学的斯蒂芬·W. 劳登布什（Stephen W. Raudenbush）教授。自1972年以来，多层线性模型方法经历了概念提出、方法确立、方法完善以及成熟模型和软件的问世四个阶段，如图5-1所示。

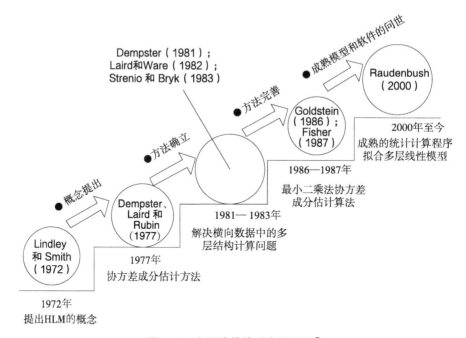

图5-1　多层线性模型发展历程❶

在社会科学研究中，组间效应问题困扰了研究者很长一段时间。个体行

---

❶ 根据劳登布什，布里克. 分层线性模型：应用与数据分析方法［M］. 2版. 郭志刚，等译. 北京：社会科学文献出版社，2007. 整理。

为既受到其自身特征的影响，也受到其所在环境的影响，故研究者一直致力于将个体效应与组间效应分割开来。例如，在组织研究中，组织成员的合作意愿不仅受到其工作满意度的影响，还受到组织凝聚力的影响。如果只关注个体效应而忽视组间效应，那么，在个体层面得到的相关系数可能有误，因为具有相似背景个体的相似程度比其与组外个体的相似程度更高；如果只关注两层组间效应，则会丢失重要的个体信息。因此，研究者开始专注于进行"组内组间分析"（Within Analysis Between Analysis，WABA），其做法是对相同的数据进行三次计算：第一次是在组内的个体上进行，称为组内效应（Within-Group Effect，WGE）；第二次是通过平均或者整合第一层中的个体数据，得到第二层组间数据，称为组间效应（Between-Group Effect，BGE）；第三次是忽视组的特征而针对所有数据进行分析，称为总效应（Total-Effect，TE）。"组内组间分析"较上述两种方法更多地考虑了第一层数据和第二层数据对变异产生的影响，但是无法对组内效应和组间效应做出具体的解释，更无法解释为何在不同的组变量间存在差异。HLM 使研究者能够捕捉到高层结构数据对低层结构数据的影响效应，并且能够解释多层结构间的复杂关系（Bryk et al.，1992）。

5.1.2　多层线性模型的原理

多层线性模型是在普通最小二乘回归（Ordinary Least Square，OLS）的基础上发展而来的。普通最小二乘回归方程为

$$Y_i = \beta_0 + \beta_1 X_i + r_i \tag{5-1}$$

式中，β_0 是截距；β_1 是线性回归系数；r_i 是残差，假设其为独立、正态、方差恒定的 $[\mathrm{Var}(r_i) = \sigma^2]$，与预测变量无关。关于残差的假设意味着 Y_i 是从某个总体中随机抽样的。但是，如果 Y_i 是存在于二层单元中的某个个体，那么二层单元会对 Y_i 产生影响，这样残差就不能满足上述假设，多层线性模型能够解释上述问题。

多层线性模型的基本形式如式（5-2）~式（5-4）所示。

$$Y_{ij} = \beta_{0j} + \beta_{1j} X_{ij} + r_{ij} \tag{5-2}$$

$$\beta_{0j} = \gamma_{00} + \mu_{0j} \tag{5-3}$$

$$\beta_{1j} = \gamma_{10} + \mu_{1j} \tag{5-4}$$

式中，Y_{ij} 为 j 个二层单元的第 i 个个体；γ_{00} 和 γ_{10} 分别为 β_{0j} 和 β_{1j} 的平均值，在二层单元间恒定，是 β_{0j} 和 β_{1j} 的固定成分；μ_{0j} 和 μ_{1j} 为二层单元之间的变异，是 β_{0j} 和 β_{1j} 的随机成分；Y_{ij} 为残差。

方差和协方差分别为

$$\mathrm{Var}(\mu_{0j}) = \tau_{00} \tag{5-5}$$

$$\mathrm{Var}(\mu_{1j}) = \tau_{11} \tag{5-6}$$

$$\mathrm{Cov}(\mu_{0j}, \mu_{1j}) = \tau_{01} \tag{5-7}$$

由式（5-2）~式（5-4）可得

$$Y_{ij} = \gamma_{00} + \gamma_{10}X_{ij} + \mu_{0j} + \mu_{1j}X_{ij} + r_{ij} \tag{5-8}$$

在式（5-8）中，$\mu_{0j} + \mu_{1j}X_{ij} + r_{ij}$ 为残差项。多层线性模型不仅正确地从第一层的残差（r_{ij}）中分解出了 μ_{0j} 和 μ_{1j}，并且满足了 OLS 关于残差的假设。多层线性模型对残差进行了分解，这更符合实际情况。因此，对于多层数据，使用多层线性模型更为合理。此外，多层线性模型可以就第二层变量以及第一层和第二层变量间的关系分析一系列研究问题。多层线性模型的基本类型为零模型和完整模型。

1. 零模型

零模型（Null Model，NM）是为了确定总体变量中哪些是由个体差异造成、哪些是由组间差异造成的部分，即方差成分分析（Variance Componet Analysis，VCA）。因此，使用第一层和第二层有无预测变量的零模型即可。

第一层 $$Y_{ij} = \beta_{0j} + r_{ij} \tag{5-9}$$

第二层 $$\beta_{0j} = \gamma_{00} + \mu_{0j} \tag{5-10}$$

方差分别为

$$\mathrm{Var}(r_i) = \sigma^2 \tag{5-11}$$

$$\mathrm{Var}(\mu_{0j}) = \tau_{00} \tag{5-12}$$

为了确定总体变量 Y 中有多大比例是由组间变量差异造成的，需要计算跨级相关：

$$\rho = \tau_{00} / (\tau_{00} + \sigma^2) \tag{5-13}$$

2. 完整模型

完整模型（Full Model，FM）既包含第一层预测变量，也包含第二层预测变量。这样就可以解释或说明总体变量 Y 的变异是怎样受第一层和第二层变量影响的。例如，组织成员的知识转移行为既受到其自身特征的影响（第一层变量），又受到组织情境（第二层变量）的影响。

最简单的完整模型只有一个第一层变量和一个第二层变量，当然也可根据实际情况扩展为多变量完整模型。单变量完整模型为

第一层 $\qquad Y_{ij} = \beta_{0j} + \beta_{1j} X_{1ij} + r_{ij} \tag{5-14}$

第二层 $\qquad \beta_{0j} = \gamma_{00} + \gamma_{01} G_{1j} + \mu_{0j} \tag{5-15}$

$$\beta_{1j} = \gamma_{10} + \gamma_{11} G_{1j} + \mu_{1j} \tag{5-16}$$

方差分别为

$$\mathrm{Var}(\mu_{0j}) = \tau_{00} \tag{5-17}$$

$$\mathrm{Var}(\mu_{1j}) = \tau_{11} \tag{5-18}$$

在第一层方程中，下标 "0" 代表截距，下标 "1" 代表与第一个第一层预测变量 X_1 有关的回归系数；在第二层方程中，下标 "0" 代表截距，下标 "1" 代表斜率；第一个下标代表第一层方程的参数类型，第二个下标代表第

二层方程的参数类型。例如，γ_{00} 表示其第一层的参数类型是截距，且是第二层方程的截距。依此类推，在第二层方程中，β_{0j} 表示与第二层单元 j 有关的第一层的截距；γ_{00} 表示截距，即所有第二层单元的总平均数；γ_{01} 表示回归斜率；G_{1j} 表示第二层的第一个预测变量；μ_{0j} 表示残差或随机项；β_{1j} 表示与第二层单元 j 有关的第一层的斜率；γ_{10} 表示截距，即所有第二层单元在第一层斜率上的总体平均数；γ_{11} 表示回归斜率。

5.2 理论基础与研究假设

5.2.1 理论基础

1. 知识转移效果理论基础

在现有的知识转移效果研究中，研究者主要从目标理论、激励理论、过程理论、复杂性理论、控制理论入手，以上理论构成了项目型组织知识转移效果理论基础。在上述理论中，目标理论强调项目目标在项目型组织管理和控制中的重要性，指出实现组织目标是项目型组织的价值所在。激励理论是知识转移效果评价的重要依据，根据项目型组织成员知识转移动机和需求进行激励，是提升知识转移效果的核心和关键。以过程理论视角研究知识转移效果的研究者强调，应在知识转移过程中对项目型组织成员行为进行合理的引导，对影响知识转移的各因素进行控制。

2. 知识转移动机理论基础

对于知识转移动机的诠释，研究者根据组织环境以及研究对象的不同，分别从动机心理学、社会心理学、认知心理学、社会学、经济学等学科视角进行了探索，主要包括动机理论、社会认知理论、归因理论、激励理论、马斯洛需求层次理论等基础理论。上述基础理论均与本书紧密相关，这些理论诠释了行为动机的本质及其产生机制。本书根据项目型组织的特点，研究促使项目型组织成员实施知识转移行为的根本原因，从而提升知识转移效果。

3. 组织情境理论基础

阐释组织情境影响机理的理论主要包括情境认知理论、情境学习理论、组织心理学、组织行为学等。情境认知理论认为，知行是交互的，知识是情境化的，通过活动不断向前发展。情境学习理论认为，学习不仅是一个个体性意义构建的心理过程，也是一个社会性的、实践性的、以差异资源为中介的参与过程。知识的意义连同学习者自身的意识与角色都是在学习者和学习情境的互动、学习者与学习者之间的互动过程中生成的，知识转移也是在一定的情境下，通过知识提供者与知识接收者之间的互动完成的。组织心理学是一门研究组织管理中人的心理现象及行为的学科。它强调以人为中心，通过协调人际关系来改善组织环境、调动人的积极性，从而实现组织目标。与组织心理学一同被作为组织情境基础理论的还有组织行为学，它是研究组织中人的行为与心理规律的一门学科。

5.2.2　研究假设

1. 知识转移动机与知识转移效果的关系

动机被定义为一种激励行为的力量（Pinder，2014），分为内部动机和外部动机两大类（Deci and Ryan，1987）。外部动机主要为目标驱动，如从事某项活动或表演后得到的奖励（Deci and Ryan，1985）；内部动机则表现为发自内心的喜欢或满足于从事某项特定的活动（Deci and Ryan，1985）。总之，外部动机或内部动机影响着个体的活动或行为（Davis et al.，1992）。动机是促进组织内部知识流动的关键因素之一（Barachini，2009）。动机管理是组织平衡内部与外部动机的一项难以模仿的竞争优势，对于知识转移这种任务目标、完成情况难以确定的任务来讲，动机管理尤为重要。Osterloh 和 Frey（2000）通过归纳总结内部动机及外部动机的优势和劣势，经过研究得出以下结论：①内部动机对于组织的隐性知识转移具有关键作用；②云效应使内部动机和外部动机转化为内生变量，内部动机绝不是以回报为动力的外部动机的简单加总。Stevenson 和 Jarillo（1990）指出，动机决定着组织成员的知识产生以及知识共享行为。Ardichvili 等（2003）研究指出，是道德责任和组织社区整体兴趣而不是个人兴趣促进了个人知识共享。Kalling（2003）认为，互惠动机对组织内部知识转移具有重要作用。Milne（2007）研究认为，有效的奖励和表彰能够积极地影响个人动机，但是其对知识转移效果的影响尚待探索。Lin（2007）研究指出，互惠动机、知识自我效能感以及享受帮助别人的乐趣能够促使组织成员进行知识共享。Lam 和 Lambermont-Ford（2010）研究指出，在专业性较强的组织内部，知识转移可通过外部动机激励实现，但是过度的外部激励可能会对其他类型的动机产生排挤效应。Turner 和 Pennington（2015）指出，在创业公司背景下，组织成员动机越强，其组织网络中的知识共享效率越高。

根据上述分析并结合第 3 章的初步结论，提出如下假设。

H1：项目型组织成员知识转移动机主要包括平衡互惠动机、成就动机、避免惩罚动机和员工情感承诺动机四个维度。

H1a：平衡互惠动机与知识转移效果呈正相关关系，其能够提升知识转移参与度、知识转移满意度和知识心理所有权。

H1b：成就动机与知识转移效果呈正相关关系，其能够提升知识转移参与度、知识转移满意度和知识心理所有权。

H1c：避免惩罚动机与知识转移效果呈正相关关系，其能够提升知识转移参与度、知识转移满意度和知识心理所有权。

H1d：员工情感承诺越强，知识转移效果越好。员工对组织的情感承诺能够提升知识转移参与度、知识转移满意度和知识心理所有权。

2. 组织情境与知识转移效果的关系

组织情境对组织内部和外部知识的产生与传递具有重要的影响（Jensen and Szulanski，2004）。从知识管理角度来讲，组织情境对于知识共享和知识转移至关重要（Cummings and Teng，2003），这主要是因为组织成员是知识载体，并且组织成员处于组织情境中，长期受组织文化的影响，因而组织情境将影响组织成员的知识转移动机、知识转移效果、知识转移态度等（王能民等，2006；Ipe，2003）。与传统组织形式相比，项目型组织在组织文化和组织结构上具有特殊性，这就会给项目型组织知识转移带来与传统组织不同的影响，从而成为人们关注的重点（周国华等，2014）。Syed-Ikhsan（2004）研究指出，组织文化、组织结构、技术条件、人力资源、决策将影响组织知识转移效果。组织文化中的知识共享文化积极地影响着知识转移效果，而个人主义文化并不一定导致知识转移效果低下。Zellmer-Bruhn 和 Gibson（2006）研究发现，控制微观组织情境，强调全球整合的宏观组织情境将降低组织学习效率，但如果增强组织反应灵敏度和组织知识管理将会提升组织学习效率，而组织学习效率积极地影响着知识转移效果。Adaileh 和 Atawi（2011）研究指出，组织文化情境中的信任、创新、信息流、监督、回报对知识转移效果具有积极的影响。周国华等（2014）研究证实，信任氛围、组织奖励、领导支持、组织正规化等组织情境对项目成员知识共享具有差异化影响。祁红梅和黄瑞华（2008）研究指出，领导支持、组织奖励、组织惩罚、群体行为、工作需求将影响组织知识转移绩效。Idris 等（2015）研究发现，组织领导力将影响建设项目中的知识转移。

根据上述分析并结合第 3 章的初步结论，提出如下假设。

H2：组织情境影响知识转移效果，组织情境包括组织目标一致性、组织凝聚力、组织支持感。

H2a：组织目标一致性对项目型组织成员知识转移动机与知识转移效果之间的关系具有正向促进作用。

H2b：组织凝聚力对项目型组织成员知识转移动机与知识转移效果之间的关系具有正向促进作用。

H2c：组织支持感对项目型组织成员知识转移动机与知识转移效果之间的关系具有正向促进作用。

5.2.3　理论模型

基于以上假设，构建基于跨层次 HLM 的研究框架，如图 5-2 所示。

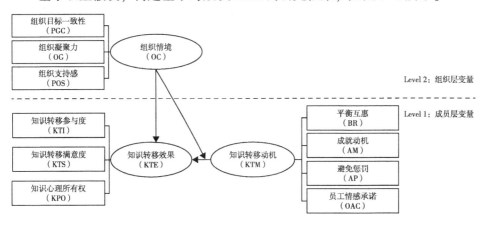

图 5-2　基于跨层次 HLM 的研究框架

5.3 假设验证

5.3.1 零模型随机结果分析

在对假设进行验证前，首先通过多层线性模型对项目型组织成员知识转移动机和知识转移效果进行零模型检验，将其分解为个体间差异和个体内部差异，观察二者各占的比重，确认因变量的总变异数中可以被组间解释的百分比，以便进行组间层次分析。HLM 的零模型如下：

第一层　　　　　　　　　　　$Y = \beta_0 + \gamma$

第二层　　　　　　　　　　　$\beta_0 = \gamma_{00} + \mu_0$

在模型中，Y 为知识转移效果指标，即知识转移参与度、知识转移满意度、知识心理所有权；知识转移动机指标，即平衡互惠、成就动机、避免惩罚、员工情感承诺。

零模型随机结果分析见表 5-1。

表 5-1　零模型随机结果分析

变量	截距 β_0	个体内部方差 τ_0	个体间方差 σ^2	跨层级相关 $ICC(1) = \tau_0 / (\tau_0 + \sigma^2)$
知识转移参与度	0.686	0.221	0.505	0.304
知识转移满意度	0.649	0.147	0.397	0.270
知识心理所有权	0.815	0.367	0.415	0.469
平衡互惠	0.335	0.047	0.462	0.092
成就动机	0.654	0.128	0.338	0.275
避免惩罚	0.483	0.068	0.362	0.158
员工情感承诺	0.484	0.106	0.568	0.157

分析结果显示，个体间的知识转移效果和知识转移动机有所差别，并且个体内部方差均远小于个体间方差。Cohen（1988）指出，若 $ICC(1) > 0.06$，则必须进行跨层次分析。因此，本书将进一步就不同组织成员的知识转移动机对知识转移效果的影响进行分析。

5.3.2 知识转移动机对知识转移效果的调节效应假设检验

建立不包括第二层自变量的随机回归模型，对组织成员层面的个体间差异进行分析。为了降低自变量的多重共线性，使截距具有明显的意义，提高估计的稳定性，根据 Enders 和 Tofighi（2007）的研究，本书选择运用组均值中心化的方法对自变量数据进行处理。

1. 因变量为知识转移参与度的模型

第一层：

$$KTI = \beta_0 + \beta_1 BR + \beta_2 AM + \beta_3 AP + \beta_4 OAC + \gamma$$

第二层：

$$\beta_0 = \gamma_{00} + \mu_0$$
$$\beta_1 = \gamma_{10} + \mu_1$$
$$\beta_2 = \gamma_{20} + \mu_2$$
$$\beta_3 = \gamma_{30} + \mu_3$$
$$\beta_4 = \gamma_{40} + \mu_4$$

2. 因变量为知识转移满意度的模型

第一层：

$$KTS = \beta_0 + \beta_1 BR + \beta_2 AM + \beta_3 AP + \beta_4 OAC + \gamma$$

第二层：

$$\beta_0 = \gamma_{00} + \mu_0$$
$$\beta_1 = \gamma_{10} + \mu_1$$
$$\beta_2 = \gamma_{20} + \mu_2$$
$$\beta_3 = \gamma_{30} + \mu_3$$
$$\beta_4 = \gamma_{40} + \mu_4$$

3. 因变量为知识心里所有权的模型

第一层：

$$KPO = \beta_0 + \beta_1 BR + \beta_2 AM + \beta_3 AP + \beta_4 OAC + \gamma$$

第二层：

$$\beta_0 = \gamma_{00} + \mu_0$$

$$\beta_1 = \gamma_{10} + \mu_1$$

$$\beta_2 = \gamma_{20} + \mu_2$$

$$\beta_3 = \gamma_{30} + \mu_3$$

$$\beta_4 = \gamma_{40} + \mu_4$$

不包括二层变量的随机回归结果见表 5-2。

表 5-2　不包括二层变量的随机回归结果

变量		回归系数和显著性检验				方差成分和显著性检验	
因变量	自变量	回归系数	标准误差	t 检验	p 值	方差成分	χ^2
知识转移参与度	截距项	3.3443	0.0618	54.144	<0.001	0.1284	168.553
	平衡互惠	0.2897	0.0850	3.408	<0.001	0.0463	48.516
	成就动机	0.5258	0.0777	6.771	<0.001	0.0663	51.150
	避免惩罚	0.0666	0.0625	1.065	0.293	0.0318	61.146
	员工情感承诺	0.0996	0.0755	1.274	0.210	0.0479	50.850
知识转移满意度	截距项	3.2172	0.0579	55.536	<0.001	0.1241	240.183
	平衡互惠	0.3001	0.0951	3.155	<0.001	0.1605	55.999
	成就动机	0.3902	0.0765	5.101	<0.001	0.0925	40.064
	避免惩罚	0.2424	0.0626	3.875	<0.001	0.0449	46.939
	员工情感承诺	0.0739	0.0683	1.082	0.285	0.0570	50.631
知识心理所有权	截距项	3.4091	0.0796	42.829	<0.001	0.2554	409.025
	平衡互惠	0.2005	0.1057	1.897	0.064	0.2272	31.109
	成就动机	0.5280	0.0790	6.682	<0.001	0.0830	67.928
	避免惩罚	0.0719	0.0750	0.959	0.343	0.1019	45.921
	员工情感承诺	0.1299	0.0883	1.470	0.149	0.1538	55.940

表 5-2 显示了以知识转移参与度、知识转移满意度、知识心理所有权为因变量，自变量分别为平衡互惠、成就动机、避免惩罚和员工情感承诺进行 HLM 分析所得的结果，除了允许各自变量的回归系数在组间（第二层）随机

变化，所建立的回归模型与通常研究中的普通多元回归模型一致。对于因变量知识转移参与度，平衡互惠、成就动机是显著的正向预期因子，回归系数分别为 $\beta_1 = 0.2897$，$p < 0.001$ 和 $\beta_2 = 0.5258$，$p < 0.001$；避免惩罚和员工情感承诺的正向预期作用不显著，回归系数分别为 $\beta_3 = 0.0666$，$p > 0.05$ 和 $\beta_4 = 0.0996$，$p > 0.05$。此外，表 5-2 还显示了每个变量的回归效应在不同组织之间的变异信息。对于因变量知识转移参与度，平衡互惠、成就动机、避免惩罚、员工情感承诺的回归系数随组织的不同而不同。χ^2 检验结果显示了这些回归系数的组织变异程度。例如，平衡互惠动机对于知识转移参与度的回归结果为 0.2897，即在保持其他变量恒定的情况下，平衡互惠动机每增加一个单位，知识转移参与度就会平均增加 0.2897 个单位，但具体到每个组织，其增加的数量略有差异。χ^2 检验结果显示，平衡互惠回归系数的方差成分达到显著水平（0.0436，$p < 0.001$），说明平衡互惠的回归系数在不同组织之间有明显的变异。但是，避免惩罚对知识转移参与度的影响在不同组织之间的变异不明显（$\chi^2 = 61.146$，$p > 0.05$），这一结果说明，避免惩罚动机在不同组织内对知识转移参与度的影响高度相似或相同，即其不随组织文化环境而变异。该结果同时提示，在进一步的分析中，可以不再考虑避免惩罚动机和成员情感承诺动机对知识转移参与度的影响在不同组织之间的变异而构建相应的模型方程。

5.3.3　组织情境的跨层次调节效应假设检验

以表 5-2 中 χ^2 检验显著的回归系数为因变量，以组织情境的相关变量为自变量，建立组织层面的回归方程来解释组织之间的变异，由上文中的分析可见，避免惩罚和员工情感承诺对知识转移参与度的影响没有显著的组间变异；员工情感承诺对知识转移满意度的影响没有显著的组织变异；平衡互惠、避免惩罚和员工情感承诺对知识心理所有权没有显著的组间变异，故此处分析没有用组织变量来预测这种关系。

1. 因变量为知识转移参与度的模型

第一层：

$$KTI = \beta_0 + \beta_1 BR + \beta_2 AM + \beta_3 AP + \beta_4 OAC + \gamma$$

第二层：

$$\beta_0 = \gamma_{00} + \mu_0$$
$$\beta_1 = \gamma_{10} + \gamma_{11} PGC + \gamma_{12} OG + \gamma_{13} POS + \mu_1$$
$$\beta_2 = \gamma_{20} + \gamma_{21} PGC + \gamma_{22} OG + \gamma_{23} POS + \mu_2$$
$$\beta_3 = \gamma_{30}$$
$$\beta_4 = \gamma_{40}$$

2. 因变量为知识转移满意度的模型

第一层：

$$KTS = \beta_0 + \beta_1 BR + \beta_2 AM + \beta_3 AP + \beta_4 OAC + \gamma$$

第二层：

$$\beta_0 = \gamma_{00} + \mu_0$$
$$\beta_1 = \gamma_{10} + \gamma_{11} PGC + \gamma_{12} OG + \gamma_{13} POS + \mu_1$$
$$\beta_2 = \gamma_{20} + \gamma_{21} PGC + \gamma_{22} OG + \gamma_{23} POS + \mu_2$$
$$\beta_3 = \gamma_{30} + \gamma_{31} PGC + \gamma_{32} OG + \gamma_{33} POS + \mu_3$$
$$\beta_4 = \gamma_{40}$$

3. 因变量为知识心理所有权的模型

第一层：

$$KPO = \beta_0 + \beta_1 BR + \beta_2 AM + \beta_3 AP + \beta_4 OAC + \gamma$$

第二层：

$$\beta_0 = \gamma_{00} + \mu_0$$
$$\beta_1 = \gamma_{10}$$
$$\beta_2 = \gamma_{20} + \gamma_{21} PGC + \gamma_{22} OG + \gamma_{23} POS + \mu_2$$
$$\beta_3 = \gamma_{30}$$
$$\beta_4 = \gamma_{40}$$

包括二层变量的随机结果分析，组织情境变量对知识转移动机回归系数的影响见表 5-3。

对于二层结构的多层模型运算结果，当第二层变量的斜率与相应的第一层变量的斜率符号相同时，说明该第二层变量能对第一层变量斜率所反映的关联强度有所加强。同理，若两层变量的符号相反，则说明该第二层变量削弱了第一层变量斜率所反映的关联强度（雷雳，2013）。

表 5-3　组织情境变量对知识转移动机回归系数的影响

变量	回归系数和显著性检验				方差成分和显著性检验		
	回归系数	标准差	t 检验	p 值	方差成分	χ^2	p 值
知识转移参与度（成员层因变量）					0.1667	135.092	<0.001
平衡互惠—知识转移参与度斜率	0.0596	0.0611	0.950	<0.001	0.0448	52.156	<0.05
组织目标一致性	0.0643	0.0137	4.339	<0.001			
组织凝聚力	0.0416	0.0223	1.868	>0.05			
组织支持感	0.0717	0.0250	0.268	<0.05			
成就动机—知识转移参与度斜率	0.0302	0.0606	0.499	<0.001	0.0051	45.929	<0.05
组织目标一致性	0.1228	0.0132	0.930	<0.05			
组织凝聚力	0.0904	0.0394	1.419	>0.05			
组织支持感	0.0418	0.0452	0.182	<0.05			
知识转移满意度（成员层因变量）					0.1018	128.083	<0.001
平衡互惠—知识转移满意度斜率	0.3744	0.0672	0.558	<0.001	0.0655	70.296	<0.05
组织目标一致性	0.1987	0.0139	1.425	0.0016			
组织凝聚力	0.0175	0.0013	0.740	>0.05			
组织支持感	0.0275	0.0371	1.056	<0.05			
成就动机—知识转移满意度斜率	0.2660	0.0573	0.464	<0.001	0.0367	58.303	<0.05

变量	回归系数和显著性检验				方差成分和显著性检验		
	回归系数	标准差	t 检验	p 值	方差成分	χ^2	p 值
组织目标一致性	0.1437	0.0438	0.965	<0.05			
组织凝聚力	0.0306	0.0823	0.589	>0.05			
组织支持感	0.0711	0.0330	0.509	<0.001			
避免惩罚—知识转移满意度斜率	0.3067	0.0824	1.451	<0.05	0.0233	64.710	<0.05
组织目标一致性	0.0826	0.0148	0.398	>0.05			
组织凝聚力	0.0782	0.0284	0.291	>0.05			
组织支持感	0.0348	0.0435	0.091	>0.05			
知识心理所有权（成员层因变量）					0.1920	226.200	<0.001
成就动机—知识心理所有权斜率	0.2204	0.0658	0.335	<0.05	0.0295	67.103	<0.05
组织目标一致性	0.0259	0.0143	0.180	>0.05			
组织凝聚力	0.1465	0.0185	0.580	>0.05			
组织支持感	0.0920	0.0483	0.791	<0.05			

由表5-3可知，在项目型组织成员层，组织目标一致性、组织凝聚力、组织支持感正向影响组织成员的互惠平衡动机与知识转移参与度之间的关联（$\beta = 0.0643$，$p < 0.001$；$\beta = 0.0717$，$p < 0.05$），即在项目型组织中，较高的组织目标一致性和组织支持感能够促使项目成员出于平衡互惠动机参与知识转移。也就是说，组织目标一致性每增加一个单位，组织成员平衡互惠动机对知识转移参与度的正向影响就增加0.0643个单位。而组织凝聚力（$\beta = 0.0416$，$p > 0.05$）对组织成员平衡互惠动机与知识转移参与度之间的关联影响不显著。除此之外，组织目标一致性、组织支持感在显著性$p<0.05$的水平上正向影响组织成员的成就动机与知识转移参与度之间的关联；组织目标一致性、组织支持感正向影响组织成员平衡互惠动机与知识转移满意度之间的关联；组织目标一致性、组织支持感正向影响组织成员成就动机与知识转

移满意度之间的关联；组织情境对组织成员的避免惩罚动机与知识转移满意度之间的关联影响不显著；组织支持感正向影响组织成员成就动机与知识心理所有权之间的关联；组织目标一致性、组织凝聚力对组织成员成就动机与知识心理所有权之间的关联影响不显著。

通过个体差异和组间差异，分析项目型组织成员知识转移动机和组织情境对知识转移效果的影响，得到以下对管理实践具有启示作用的结论。

1）知识转移动机是决定知识转移行为的关键所在，项目型组织成员知识转移动机由平衡互惠、成就动机、避免惩罚、员工情感承诺四个维度组成。其中，平衡互惠和成就动机对知识转移参与度有显著的正向影响；平衡互惠、成就动机、避免惩罚对知识转移满意度有显著的正向影响；成就动机对知识心理所有权有显著的正向影响。由此可见，为可使组织成员向项目型组织转移更多知识，需要对其成就感的培养和激励给予更多关注，同时也要考虑对组织成员转移隐性知识的行为给予适当的补偿（经济补偿、精神补偿、职位升迁等），这样才能促使组织成员出于平衡互惠动机加速知识转移进程。除此之外，研究发现组织成员的情感承诺动机普遍不强，故其没有对知识转移效果产生显著影响，这主要是由项目型组织的自身特点造成的——项目的临时性，一旦项目结束，组织成员会被派往其他项目或者离开该项目组织，其对组织的归属感较弱，导致其对组织的情感承诺普遍较弱，如何增强项目型组织成员对组织的情感承诺动机，有待进一步的研究。

2）除了知识转移动机，组织情境也间接地影响着知识转移效果。通过将组织情境因素作为二层变量引入 HLM 中分析发现：组织目标一致性、组织支持感能够促进平衡互惠、成就动机与知识转移参与度、知识转移满意度、知识心理所有权之间的正向关联；而组织凝聚力对于促进知识转移动机与知识转移效果之间的正向关联影响并不显著。这也符合项目型组织的实际情况：一方面，项目型组织成员构成复杂，他们可能具有不同的专业背景、来自不同的分公司，除了缺乏归属感，这也降低了组织的凝聚力；另一方面，由于项目部的组成就是为了实现某一项目目标，故组织目标一致性和组织支持感对项目型组织的知识转移效果起到了正向促进作用。项目型组织应该保持高度的组织目标一致性，将组织目标转化为项目成员的共同目标，并与组织成员的个人利益相挂钩，这样能够增强组织成员的平衡互惠动机，从而提升知识转移效果。另外，应保证沟通渠道畅通，通过沟通增进组织成员间的认识，使其了解彼此的工作风格和技术优势，建立起信任关系，从而增强组织凝聚力。组织支持感对项目型组织成员知识转移动机和知识转移效果具有非常重要的作用。组织支持感是组织顺利开展某项业务的基本保证，是一种无形的推动力，能够增强成员知识转移的积极性，最终对知识转移效果产生积极的影响。

5.4 本章小结

本章运用多层线性模型，通过区分组间差异和个体差异，分析项目型组织成员知识转移动机和组织情境对知识转移效果的影响。其主要创新点在于：在研究过程中，既关注了个体效应，保留了重要的个人信息，也关注组间效应，解决了因组内个体相似度比组外个体相似度高而导致的个体层面相关系数误差问题，从而使研究者能够捕捉到组织情境对知识转移动机的影响效应，并能够解释项目型组织成员知识转移动机、组织情境及知识转移效果之间的复杂影响关系。

第 6 章　基于机器学习的项目型组织成员知识转移效果分析

机器学习从本质上讲是一个多学科领域，它吸收了人工智能、概率统计、计算复杂性理论、控制论、信息论、哲学、生物学、神经生物学等学科的成果。反向传播神经网络（Back Propagation Neural Networks，BPNN）回归和支持向量机（Support Vector Machine，SVM）回归是机器学习方法之一，其主要作用是从数据出发挖掘潜在的内部联系。

在社会科学问题的研究方法上，通常是首先在前人理论研究的基础上提出假设，然后通过实验验证假设的正确性，因此可能存在人工误差：一是验证假设不存在，二是潜在的关系没有得到验证。

本章突破传统社会科学的研究范式，从"数据"出发，而不是从"假设"出发，研究项目型组织成员知识转移动机、组织情境以及知识转移效果间的内在联系。首先，阐述多元线性回归、BPNN 回归、SVM 回归的原理和应用；其次，分别运用多元线性回归、BPNN 回归、SVM 回归对项目型组织知识转移系统要素进行数据挖掘，分析成员知识转移动机、组织情境及知识转移效果之间的联系，并从精度、准确率等方面进行研究效果的对比分析；最后，对机器学习方法与多层线性模型方法进行对比分析，以期为社会科学研究提供一种新的思路。

6.1　机器学习方法的原理及研究现状

6.1.1　机器学习方法的原理

1. 多元线性回归

在线性相关条件下，研究两个或两个以上自变量与一个因变量的数量变化关系，称为多元线性回归分析。多元线性回归模型是一元线性回归模型的扩展，其基本原理与一元线性回归模型类似。

设随机变量 y 与一般变量 x_1，x_2，$\cdots$，x_k 的线性回归模型为

$$y = \beta_0 + \beta_1 x_1 + \beta_2 x_2 + \cdots + \beta_k x_k + \varepsilon \qquad (6-1)$$

式中，β_0，β_1，$\cdots$，β_k 是 $k + 1$ 个未知参数，β_0 为回归常数，β_1，$\cdots$，β_k 为回归系数；y 为因变量；x_1，x_2，$\cdots$，x_k 是 k 个可以精确测量并控制的一般变量，称为自变量；ε 为随机误差，通常假定

$$\begin{cases} E(\varepsilon) = 0 \\ Var(\varepsilon) = \sigma^2 \end{cases} \qquad (6-2)$$

在多元线性回归方程中，回归系数的估计采用最小二乘法。残差平方和为

$$SSE = \sum (y - \hat{y})^2 \qquad (6-3)$$

根据微积分中求极小值的原理，残差平方和 SSE 存在极小值。要使 SSE 达到最小值，其对 β_0，β_1，$\cdots$，β_k 的偏导数必须为零。将其对 β_0，β_1，$\cdots$，β_k 求偏导数，并令其等于零，加以整理后可得 $k + 1$ 个方程式（标准方程组）：

$$\frac{\partial SSE}{\partial \beta_0} = -2 \times \sum (y - \hat{y}) = 0 \qquad (6-4)$$

$$\frac{\partial SSE}{\partial \beta_i} = -2 \times \sum (y - \hat{y}) x_i = 0 \qquad (i = 1, 2, \cdots, n) \qquad (6-5)$$

（1）拟合优度检验

使用多重判定系数，其定义为

$$R^2 = \frac{SSR}{SST} = 1 - \frac{SSE}{SST} = 1 - \frac{\sum (y - \hat{y})^2}{\sum (y - \bar{y})^2} \qquad (6-6)$$

式中，SSR 为回归平方和；SSE 为残差平方和；SST 为总离差平方和。$0 \leqslant R^2 \leqslant 1$，$R^2$ 越接近 1，回归平面拟合程度越高；R^2 越接近 0，拟合程度越低。

（2）回归方程的显著性检验（F 检验）

一般采用 F 检验，利用方差分析的方法进行。F 统计量定义为：平均回归平方和与平均残差平方和（均方误差）之比。

$$F = \frac{SSR/k}{SSE/(n-k-1)} = \frac{\sum (\hat{y} - \bar{y})^2/k}{\sum (y - \hat{y})^2/(n-k-1)} \tag{6-7}$$

式中，n 为样本数；k 为自变量个数。F 统计量服从第一自由度为 k、第二自由度为 $n-k-1$ 的 F 分布。即

$$F \sim F(k, n-k-1) \tag{6-8}$$

F 统计量的值越大，回归方程越显著，回归方程的拟合优度越高。

（3）回归系数的显著性检验（t 检验）

回归系数的显著性检验是检验各自变量 x_1，x_2，$\cdots$，x_k 对因变量 y 的影响是否显著，从而找出哪些自变量对 y 的影响较为重要。要检验自变量 x_i 对因变量 y 的线性作用是否显著，应使用 t 检验：

$$t = \frac{\beta_i}{S_{\beta_i}} \sim t(n-k-1) \tag{6-9}$$

式中，n 为样本数；$n-k-1$ 为自由度；S_{β_i} 为回归系数 β_i 的标准误差。可见，如果某个自变量 x_i 的回归系数 β_i 的标准误差较大，必然会得到一个相对较小的 t 值，表明该自变量解释说明因变量变化的能力较差。因此，当某个自变量的 t 值小到一定程度时，该自变量就无须保留在回归方程中。

2. BPNN 回归

BPNN 由 Rumelhart 和 McClelland（1986）提出，它是一种多层前馈神经网络。该神经网络的主要思想是信号前向传递，误差反向传播。在信号前向传递过程中，信号由输入层经隐含层逐层处理直至输出层。上一层神经元状态只影响下一层神经元状态。如果输出层误差不满足要求，则转入反向传播，

根据预测误差调整网络权值和阈值，从而使 BPNN 的预测输出不断逼近最优输出，如图 6-1 所示。

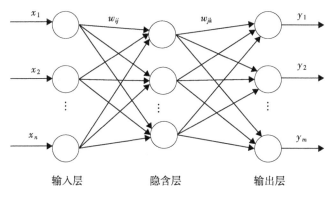

图 6-1　BPNN 的拓扑结构

在图 6-1 中，x_1，x_2，$\cdots$，x_n 是 BPNN 的输入值；y_1，y_2，$\cdots$，y_m 是 BPNN 的预测输出值；w_{ij}，w_{jk} 为 BPNN 的权值。可将 BPNN 看作一个非线性函数，网络输入值和输出值分别为该函数的自变量与因变量。当输入节点数为 n、输出节点数为 m 时，BPNN 表达了从 n 个自变量到 m 个因变量的函数映射关系。

BPNN 的实现，首先需要训练网络，使网络具有记忆和预测能力。BPNN 的预测实现过程如下。

（1）网络初始化

根据系统输入/输出序列 (X, Y) 确定网络输入节点数 n、隐含层节点数 l，输出层节点 m，初始化各层节点之间的连接权值 w_{ij} 和 w_{jk}，初始化隐含层阈值 a 和输出层阈值 b，给定学习速率和神经元激励函数。

（2）隐含层输出计算

根据输入变量 X、输入层和隐含层之间的连接权值 w_{ij}，以及隐含层阈值 a，计算隐含层输出 H_j：

$$H_j = f\Big(\sum_{i=1}^{n} w_{ij} x_j - a_j\Big) \quad (j = 1, 2, \cdots, l) \tag{6-10}$$

式中，l 为隐含层节点数；f 为隐含层激励函数，该函数有多种表达形式：

$$f(x) = \frac{1}{1 + e^{-x}} \qquad (6-11)$$

（3）输出层计算

根据隐含层输出 H_j、连接权值 w_{jk} 和阈值 b，计算 BPNN 预测输出 P_k：

$$P_k = \sum_{j=1}^{l} H_j w_{jk} - b_k \quad (k = 1, 2, \cdots, m) \qquad (6-12)$$

（4）误差计算

根据网络预测输出 P_k 和期望输出 Y_k，计算网络预测误差 e_k：

$$e_k = Y_k - P_k \quad (k = 1, 2, \cdots, m) \qquad (6-13)$$

（5）权值更新

根据网络预测误差 e_k，更新网络连接权值 w_{ij} 和 w_{jk}：

$$w_{ij}(t+1) = w_{ij}(t) + \theta H_j (1 - H_j) x(i) \sum_{k=1}^{m} w_{jk} e_k$$
$$(i = 1, 2, \cdots, n; j = 1, 2, \cdots, l) \qquad (6-14)$$

$$w_{jk}(t+1) = w_{jk}(t) + \theta H_j e_k \quad (j = 1, 2, \cdots, l; k = 1, 2, \cdots, m) \quad (6-15)$$

式中，θ 为学习速率。

（6）阈值更新

根据网络预测误差 e_k，更新网络节点阈值 a 和 b：

$$a_{j+1} = a_j + \theta H_j (1 - H_j) \sum_{k=1}^{m} w_{jk} e_k \quad (j = 1, 2, \cdots, l; k = 1, 2, \cdots, m)$$
$$b_{k+1} = b_k + e_k \quad (k = 1, 2, \cdots, m) \qquad (6-16)$$

（7）判断

判断模型迭代是否结束，若未结束，则返回步骤（2）。

3. 支持向量机回归

支持向量机是由万普尼克（Vapnik）的 AT & T 贝尔实验研究小组于 1963

年提出的一种机器学习分类技术。SVM 是基于寻找一种特别的线性模型——最大边际超平面的算法。最大边际超平面是一个能使两个类之间达到最大限度分离的超平面。最靠近最大边际超平面的实例，即距离超平面最近的实例成为支持向量，如图 6-2 所示。支持向量机多用于模式分类和非线性回归。

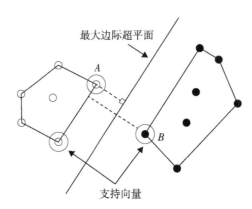

图 6-2　支持向量机的原理

图 6-2 中最大边际超平面的形式可以写成 $W^T X + b$，点 A 到最大边际超平面的距离为 $|W^T + b| / \|W\|$。我们的目的是找到最小间隔数据点，并使其与最大边际超平面之间的距离最大化，即可以转换为目标函数的优化问题。

$$\begin{cases} \text{Max}\left(\sum_{i=1}^{m} \alpha_i - \frac{1}{2} \sum_{i,j=1}^{m} label^{(i)} \cdot label^{(j)} \cdot \alpha_i \cdot \alpha_j < x^{(i)}, x^{(j)} > \right) \\ C \geq \alpha \geq 0, \sum_{i-1}^{m} \alpha_i \cdot label^{(i)} = 0 \end{cases} \quad (6\text{-}17)$$

最初，人们使用二次规划求解工具来求解上述优化问题。1996 年，约翰·普莱特（John Platt）发布了一种名为序列最小优化（Sequential Minimal Optimization，SMO）的算法。SVM 的主要工作就是求解这些 α，最终得到权向量 W^T。对于复杂数据，需要采用一种被称为核函数（kernel）的工具，将数据转换成易于分类器理解的形式，核函数的种类主要有：

线性核函数　　　　　　　　$K(x, x_i) = x^T x_i$　　　　　　　　　（6-18）

多项式核函数　　　　$K(x, x_i) = (\gamma x^T x_i + \tau)^p, \gamma > 0$　　　　（6-19）

径向基核函数　　$K(x, x_i) = \exp(-\gamma \|x - x_i\|^2), \gamma > 0$　　（6-20）

两层感知器核函数　$K(\boldsymbol{x}, x_i) = \tanh(\boldsymbol{\gamma}\boldsymbol{x}^{\mathrm{T}}x_i + \tau)$　　　　　　　　　(6-21)

支持向量机具有以下优点。

1）通用性：能够在各种函数集中构造函数。

2）鲁棒性：模型强健，不需要微调。

3）有效性：能够快速、有效地解决实际问题。

4）计算简单：模型的实现只需要简单参数寻优技术。

5）理论完善：主要是基于 VC 维（Vapnik-Chervonenkis dimension）的推广性理论框架。

6.1.2　机器学习方法的研究及应用现状

本章选用机器学习方法 BPNN、SVM 分析项目型组织成员知识转移动机、组织情境对知识转移效果的影响，并与 MLR 方法进行对比分析。其中，MLR 选用 WEKA 数据挖掘工具；BPNN 和 SVM 则运用 MATLAB 2012b 仿真软件与 LibSVM 工具包对所收集的数据进行分析。近年来，随着智能算法的发展，研究者使用智能算法改进 BPNN、SVM，并将其应用于各领域的预测分析中。

BPNN 在预测方面的应用主要有：Schmidhuber（2015）分析了深度学习算法在 BPNN 中的应用；Peng 和 Lai（2014）运用 BPNN 对中国旅游电子商务服务创新效用进行评价；Zhang 和 Zhao（2014）运用动量 BPNN 进行电力系统故障诊断；Nam 等（2014）运用 BPNN 进行大数据多标签聚类；Su 和 Wu（2014）运用 BPNN 并结合平均影响值（MIV）分析液压爆裂的影响因素。

SVM 在预测方面的应用主要有：Langone 等（2015）应用基于最小二乘聚类的 SVM 预测机械设备早期故障；Choudhury 等（2014）基于"价格蒸发"理论对实时数据进行 SVM 聚类分析，从而预测最优贸易策略；徐琪和刘峥（2014）利用 BASS 模型建立了基于小样本历史销售数据的短生命周期产品需求预测模型，用于研究服务和购买意愿两种因素下的 BASS 改进扩散模型，并在此基础上构建了多影响因素下短生命周期产品双渠道需求预测模型；Ahmad 等（2014）运用人工神经网络（ANN）和 SVM 分别预测建筑物电能消耗，并进行对比分析。

由上述分析可见，无论是 BPNN 还是 SVM，在各领域的数据分类、聚类、预测分析中都得到了广泛的应用。本书采用基于平均影响值的 BPNN 和 SVM 来分析项目型组织成员知识转移动机和组织情境对知识转移效果的影响。在理论上，该模型具有鲁棒性和容错性强、并行计算、分布式存储、能够以任意精度逼近未知非线性系统等特点。项目型组织成员知识转移动机和组织情境系统对于研究者而言属于未知系统，有待研究者进一步挖掘其内在联系及演化机制，故该模型在理论上适用。另外，已有研究者运用人工智能算法结合 BPNN 和 SVM 对社会问题进行聚类、分类、预测等研究并取得了良好的效果，故该模型在实践上可行。

6.2 基于机器学习的项目型组织知识转移系统分析

为了保证研究的一致性，并与前文进行对比分析，本章沿用第 5 章数据，在此不做赘述。

6.2.1 多元线性回归分析

本小节采用多元线性回归方法对项目型组织成员知识转移动机和组织情境对知识转移效果的影响进行分析，并结合实践进行探讨。

首先，运用 SPSS 统计学软件进行皮尔逊（Pearson）相关性分析，结果表明各自变量（知识转移动机、组织情境）分别与因变量（知识转移效果）线性相关。然后，运用 WEKA 数据挖掘工具的 Explorer 模块进行数据分析，在"功能"（Functions）下拉菜单中选择"线性回归"（Liner Regression），模型验证选择"10 折交叉验证"（Cross-Validation 10 Folds），得到以项目型组织成员知识转移参与度、知识转移满意度和知识心理所有权为输出变量的多元线性回归方程：

$$TI = 0.1378\,BR + 0.2782\,AM + 0.1239\,AP +$$
$$0.1495\,OAC + 0.2657\,OG + 0.0290 \qquad (6-22)$$

$$TS = 0.1142\,BR + 0.2640\,AM + 0.1542\,AP + 0.2238$$
$$OAC + 0.2210\,OG - 0.00471 \tag{6-23}$$

$$PO = 0.3580\,AM + 0.2407\,AP + 0.3456\,OAC + 0.2421$$
$$GC - 0.1647\,OS - 0.1221 \tag{6-24}$$

WEAK 根据 R^2 选择加入回归方程的自变量。其中，式（6-22）的相关系数为 0.6801，平均绝对误差为 0.2854；式（6-23）的相关系数为 0.7292，平均绝对误差为 0.2671；式（6-24）的相关系数为 0.7245，平均绝对误差为 0.3036。此外，查阅相关系数表，当 $N = 300$、置信度 $\alpha = 0.01$ 时，要求相关系数不小于 0.14476。由此可见，三个多元线性回归方程均在置信区间内。为了保证回归的准确性，笔者分别运用 SPSS 和 STATA 软件对数据进行回归，其结果一致。

由式（6-22）~式（6-24）可知，项目型组织成员的知识转移参与度与平衡互惠动机、成就动机、避免惩罚动机、员工情感承诺动机以及组织凝聚力线性相关，而与组织目标一致性、组织支持感等组织情境线性无关；项目型组织成员的知识转移满意度同样与平衡互惠动机、成就动机、避免惩罚动机、员工情感承诺动机以及组织凝聚力呈正相关关系，而与组织目标一致性、组织支持感等组织情境线性无关。只是相比较而言，知识转移参与度、员工情感承诺动机对知识转移满意度的影响较大；知识心理所有权与成就动机、避免惩罚动机、员工情感承诺动机以及组织目标一致性、组织支持感呈正相关关系，与组织支持感线性负相关，与平衡互惠动机、组织凝聚力线性无关。

6.2.2　径向基反馈神经网络仿真分析

本小节采用基于平均影响值的径向基反馈神经网络（RBFBPNN-MIV）对项目型组织成员知识转移动机和组织情境对知识转移效果的影响进行回归仿真分析，并引入平均影响值算法，运用径向基神经网络筛选变量，从而找出对知识转移效果影响较大的输入项，继而改善神经网络和"黑箱"运作过程，实现使用神经网络进行变量筛选的目的。

径向基函数（Radical Basis Function，RBF）是多维空间插值的传统技术，由鲍威尔（Powell）于 1985 年提出。1988 年，布鲁姆赫德（Broomhead）和洛维（Lowe）根据生物神经元局部响应这一特点，将 RBF 引入神经网络设计中，得到 RBF 神经网络。1989 年，杰克逊（Jackson）论证了 RBF 神经网络对非线性连续函数的一致逼近性能。RBF 神经网络的基本思想是，用 RBF 作为隐单元的"基"构成隐含层空间，隐含层对输入向量进行变换，将低维的模式输入高维空间内，使低维不可分问题在高维空间内线性可分。RBF 神经网络结构如图 6-3 所示。

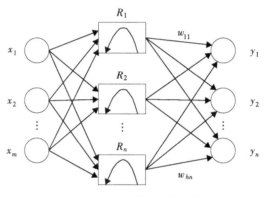

图 6-3　RBF 神经网络结构

图 6-3 中径向基神经网络中的径向基函数为高斯函数，因此其激活函数为

$$R(x_p - c_i) = \exp\left(-\frac{1}{2\sigma^2}\|x_p - c_i\|^2\right) \tag{6-25}$$

式中，$\|x_p - c_i\|$ 为欧氏范数；c_i 为高斯函数中心；σ 为高斯函数的方差。

$$y_j = \sum_{i=1}^{h} w_{ij}\exp\left(-\frac{1}{2\sigma^2}\|x_p - c_i\|^2\right) \quad (j = 1, 2, \cdots, n) \tag{6-26}$$

式中，y_j 为网络中第 j 个输出节点的实际输出值；w_{ij} 为隐含层与输出层的连接权值；$i = 1，2，3，\cdots，h$ 为隐含节点数；$x_p = (x_1^p，x_2^p，\cdots，x_m^p)^{\mathrm{T}}$ 为第 p 个输入样本，$p = 1，2，3，\cdots，P$，P 为样本总数；c_i 为网络隐含层节点的中心。

多姆比（Dombi）等提出用平均影响值（Mean Impact Value，MIV）来反

映神经网络中权重矩阵的变化情况，MIV 被认为是神经网络中评价变量相关性的最好的指标之一，也为解决相关问题开创了新思路。本书将 MIV 引入RBF 反馈神经网络中，作为评价各个自变量（知识转移动机、组织情境）对因变量（知识转移效果）重要性的指标。MIV 的符号代表相关的方向，其绝对值大小表征相对重要性。在 RBF 反馈神经网络训练结束后，将原训练样本中每一自变量在原值基础上 ±10%，构成两个新的训练样本 S_1 和 S_2，计算 S_1 和 S_2 的差值，将其作为变动后自变量对输出变量影响变化值（IV），最后按训练样本容量计算 IV 的平均值，得出该自变量对输出变量的 MIV，按上述方法计算各自变量的 MIV 值，根据 MIV 绝对值的大小对各自变量进行排序，得到各自变量对网络输出影响的相对重要性排序，从而判断各自变量对输出结果的影响程度。

本书运用 MATLAB 2012b 仿真模拟 RBFBPNN-MIV 对变量矩阵重要性排序，绝对值排序结果见表 6-1。

表 6-1　RBFBPNN-MIV 绝对值排序结果

MIV	知识转移参与度 Y_1（排序）	知识转移满意度 Y_2（排序）	知识心理所有权 Y_3（排序）
平衡互惠（MIV1）	2.4063（2）	5.7370（2）	3.7614（4）
成就动机（MIV2）	1.1162（6）	1.4738（7）	4.1507（3）
避免惩罚（MIV3）	1.0609（7）	6.8963（1）	3.1550（5）
员工情感承诺（MIV4）	5.6499（1）	1.6747（6）	1.0623（7）
组织目标一致性（MIV5）	1.3219（5）	2.3427（4）	1.7370（6）
组织凝聚力（MIV6）	1.4352（4）	1.9308（5）	7.2662（1）
组织支持感（MIV7）	1.9321（3）	2.3934（3）	5.7844（2）

由表 6-1 可见，根据 RBFBPNN-MIV 绝对值排序，对知识转移参与度 Y_1 影响较大的变量分别是员工情感承诺、平衡互惠、组织支持感、组织凝聚力、组织目标一致性等；对知识转移满意度 Y_2 影响较大的变量分别是避免惩罚、平衡互惠、组织支持感、组织目标一致性等；对知识心理所有权 Y_3 影响较大的变量分别是组织凝聚力、组织支持感、成就动机和避免惩罚。

6.2.3 径向基核函数支持向量机仿真分析

本小节运用径向基核函数支持向量机（RBFSVM-MIV）对项目型组织成员知识转移动机和组织情境对知识转移效果的影响进行回归仿真分析，其目的同样是筛选出对知识转移效果影响较大的变量。其中，径向基核函数为式（6-20），MIV 的分析思路和方法见第 6.2.2 小节，此处不再赘述。

首先，进行参数寻优。在数据中随机选取 290 个样本进行模型训练，30 个样本作为测试样本。经过 58 次迭代得到使 MSE（均方误差）最小的 c 和 g。令 MSE 最小的三组回归分析 c、g 值分别为：$MSE_1 = 0.0208$，$c_1 = 0.1088$，$g_1 = 0.5743$；$MSE_2 = 0.0202$，$c_2 = 0.1895$，$g_2 = 0.5743$；$MSE_3 = 0.0221$，$c_3 = 0.3299$，$g_3 = 0.5743$。参数寻优的三维视图和等高线视图如图 6-4 所示。

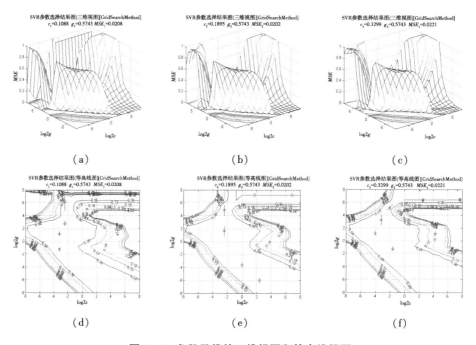

图 6-4　参数寻优的三维视图和等高线视图

本书将组织情境因素和知识转移动机因素分别与知识转移参与度 Y_1、知识转移满意度 Y_2、知识心理所有权 Y_3 进行回归分析，RBFSVM-MIV 绝对值排序结果见表 6-2。

表 6-2 RBFSVM-MIV 绝对值排序结果

MIV	知识转移参与度 Y_1（排序）	知识转移满意度 Y_2（排序）	知识心理所有权 Y_3（排序）
平衡互惠（MIV1）	0.0185（3）	0.0199（3）	0.0059（7）
成就动机（MIV2）	0.0237（1）	0.0287（1）	0.0334（1）
避免惩罚（MIV3）	0.0133（4）	0.0113（5）	0.0160（4）
员工情感承诺（MIV4）	0.0187（2）	0.0244（2）	0.0330（2）
组织目标一致性（MIV5）	0.0095（6）	0.0004（7）	0.0064（5）
组织凝聚力（MIV6）	0.0108（5）	0.0155（4）	0.0190（3）
组织支持感（MIV7）	0.0030（7）	0.0057（6）	0.0061（6）

由表 6-2 可见，对知识转移参与度 Y_1 影响较大的变量分别是成就动机、员工情感承诺、平衡互惠、避免惩罚等；对知识转移满意度 Y_2 影响较大的变量分别是成就动机、员工情感承诺、平衡互惠、组织凝聚力等；对知识心理所有权 Y_3 影响较大的变量分别是成就动机、员工情感承诺、组织凝聚力和避免惩罚。

6.2.4 算法对比及研究结果分析

1. 算法对比

上文分别运用 RBFBPNN-MIV、RBFSVM-MIV、MLR 方法针对项目型组织知识转移效果实证研究所收集的数据进行各变量重要程度分析，将统计评价指标 *MSE*、*MAD* 作为模型预测精度的依据，模型研究结果对比分析见表 6-3。

表 6-3 模型研究结果对比分析

统计指标	模型		
	MLR	RBFBPNN-MIV	RBFSVM-MIV
MSE	0.0782；0.0761；0.0758	0.0418；0.0434；0.0402	0.0208；0.0202；0.0221
MAD	0.2854；0.2671；0.3036	0.2201；0.1981；0.1899	0.0932；0.0971；0.0873

均方误差是指参数估计值与参数真值之差的二次方的期望，*MSE* 可以评价数据的变化程度，*MSE* 的值越小，说明预测模型描述实验数据的精度越高。由表 6-3 可知，RBFSVM-MIV 模型相较于其他模型更为精准。为了保证预测

模型结果的准确性，本书采用平均绝对误差辅以说明。平均绝对误差（Mean
Absolutely Difference，MAD）是指所有单个观测值与算术平均值的偏差的绝对
值的平均值。平均绝对误差由于离差被绝对值化，不会出现正负相抵消的情
况，因而，其能更好地反映预测值误差的实际情况。其值越小，预测模型的
精度越高。

此外，本书分别使用训练好的模型进行预测，并与实际值进行比较，
MLR、RBFBPNN-MIV、RBFSVM-MIV 模型回归精度比较如文前彩图 6-5 所
示。图中深色点代表实际值拟合曲线，浅色点代表预测值。在文前彩图 6-5
中，MLR 模型的预测值和实际值的整体趋势一致，但是预测值点较为分散；
RBFBPNN-MIV 模型的预测值和实际值的整体趋势一致，预测点较 MLR 模型
相对集中；RBFSVM-MIV 模型的预测值和实际值的整体趋势一致，预测点集
中且覆盖于实际预测曲线之上，可见 RBFSVM-MIV 模型的预测精度较高。

综上所述，机器学习方法 RBFSVM-MIV、RBFBPNN-MIV 比 MLR 方法的
回归拟合精度高，且 RBFSVM-MIV 较 RBFBPNN-MIV 具有泛化能力好、预测
能力强、预测结果精度高等特点。故本书将对 RBFSVM-MIV 所得的研究结果
进行分析。

2. 研究结果分析

1）根据 RBFSVM-MIV 绝对值排序，对知识转移参与度 Y_1 影响较大的变
量分别是成就动机、员工情感承诺、平衡互惠、避免惩罚等。由此可见，对
于成员参与知识转移行为而言，其内在动机发挥了较大的作用。这不仅为进
一步针对内部动机的研究指明了方向，也为项目管理者制定激励机制提供了
理论基础，并且对项目型组织管理实践具有一定的启示：成就动机是指人们
成功完成任务的内部动机（Nicholls，1984）。成就动机是促进组织成员不断
发展的动力，项目型组织要促进知识转移，项目管理者应该注重对组织成员
成就感的培养，只有成员自我效能得到充分发挥，其才能积极、主动地参与
知识转移过程，成为知识转移的内在驱动力。

与其说员工情感承诺是对组织自身的情感承诺，不如说是对项目型组织
的组织文化的情感承诺的外在体现，其主要表现为对项目型组织的信任。信
任是创造良好的组织学习氛围的重要因素，项目型组织成员只有在一种和谐、

信任的环境中才能真正融入组织中，才有利于实现项目型组织成员间的知识转移。在管理实践中，一个缺乏员工情感承诺的项目型组织，将导致成员间的认同度较低并缺乏组织凝聚力，更加凸显项目的临时性特点，使项目型组织成员不愿将自己的知识转移/分享给别人，最终将影响项目绩效。因此，项目型组织的领导者需要营造一种相对轻松、相互信任的组织文化环境，应构建一个开放的交流平台，加深项目型组织成员间的相互认识，使其彼此了解各自的优势，提高成员间的认同度，包括关系友好和能力认同两方面，使项目型组织成员自愿分享信息并相信自己能够得到正确的信息，从而促进项目型组织成员间的沟通协作，推动知识的转移或共享，为提升项目绩效而共同努力。

对于平衡互惠动机，互惠是一种存在于各种社会文化中的社会交往规范。Sparrowe 和 Liden（1997）在前人研究的基础上提出了三种互惠形式：广泛互惠、平衡互惠、负面互惠。其中，平衡互惠是指交换各方同时给予对方等价的资源，具有平等性和及时性的特点，只是交换双方并不会公开讨论汇报的内容和时间，而是都会遵守互惠规范，积极地维护对方的利益并及时地给予回报。在项目型组织中，平衡互惠动机与成就动机相辅相成，共同促进项目型组织成员的知识转移行为。组织成员在转移知识的同时会得到来自项目型组织的奖赏或者补偿，这在一定程度上满足并实现了平衡互惠动机和成就动机，而平衡互惠动机和成就动机反过来又会促进组织成员再一次进行知识转移，从而形成良性循环。在管理实践中，如果组织缺乏适当的激励机制或激励机制不健全，将会挫伤组织成员进行知识转移的积极性，还有可能破坏组织成员对项目型组织的情感承诺，这就要求项目型组织的领导者制定一系列关于组织成员转移隐性知识的奖励或者补偿机制，如精神奖励、物质或经济激励、职位升迁等。

2）根据 RBFSVM-MIV 绝对值排序，对知识转移满意度 Y_2 影响较大的变量分别是成就动机、员工情感承诺、平衡互惠、组织凝聚力等。除了内部动机会发挥作用外，强大的组织凝聚力也能够提高成员的知识转移满意度。凝聚力是一个动态的过程，表现为组织成员在完成其目标的过程中所展现出的保持总体一致性的趋势（Carron et al.，1985）。在理论研究方面，可进一步将组织凝聚力作为调节变量，研究其对项目型组织成员知识转移满意度的影响；

在管理实践方面，项目型组织由于具有临时性、成员异构性等特点而缺乏凝聚力，将影响其执行力、战斗力，使组织成员间缺乏信任与协作，从而不愿进行知识转移和共享，最终将影响项目绩效。一方面，项目型组织的领导者可借助"例会"增强组织成员间的沟通，将项目组织目标转化为项目成员的共同目标，并与组织成员的个人利益挂钩，这样不仅能够强化组织成员的平衡互惠动机，还有利于提升组织凝聚力；另一方面，项目型组织的领导者可在工作之余组织一些文体娱乐方面的集体活动，增加组织成员间的互动，增强成员之间以及成员对组织的信任感、归属感和依赖感，从而提升组织凝聚力，最终达到增强组织成员知识转移意愿、提高知识转移满意度的目的。

3）根据 RBFSVM-MIV 绝对值排序，对知识心理所有权 Y_3 影响较大的变量分别是成就动机、员工情感承诺、组织凝聚力和避免惩罚动机。与知识转移参与度和知识转移满意度不同，知识心理所有权受避免惩罚动机的影响大于平衡互惠动机。避免惩罚动机中的"惩罚"主要来自两方面：一是内心（个人），主要表现为未完成目标时内心的自责以及对自身能力的怀疑；二是物质（组织），主要表现为经济、物质上的惩罚。在管理实践中，惩罚机制是一把双刃剑，好的惩罚机制能够对组织成员起到激励、监督作用，不适当的惩罚机制则会打击组织成员的积极性，对组织成员及其工作态度产生负面影响。因此，项目型组织的领导者应根据组织文化环境以及组织成员的性格特征，制定相应的惩罚机制，努力做到既不打击成员的积极性，又能起到激励作用。

6.3　机器学习算法与多层线性模型方法对比分析

机器学习算法（RBFBPNN-MIV、RBFSVM-MIV）与多层线性模型（HLM）以及结构方程模型（SEM）方法的异同主要体现在以下几个方面。

1. 研究对象

多层线性模型和结构方程模型均可用于各种组织、教育、社会、心理学等社会科学问题的研究。其区别在于，多层线性模型利用阶层化分析技术处理组内相关问题，而结构方程模型则不具备这一特点，容易产生结果扭曲的现象。机器学习算法可用于各专业领域的数据分类、聚类、预测分析，应用范围较广。

2. 研究方法

在研究方法上，无论是多层线性模型还是结构方程模型，都依赖于专家的前期假设，并以该系统因素之间存在线性关系为前提，因此局限于专家的主观判断，对专家的先验知识要求较高。机器学习算法则以数据为驱动，通过学习算法不断逼近符合精度要求的最终结果。

3. 数据要求

多层线性模型和结构方程模型通过量表以问卷的形式获取数据，并有一套成熟的样本数据收集、整理、检验方法，对样本数量、质量要求较高。收集多层线性模型数据时，要注意区别个体层次和组层次的样本数据的数量要求。机器学习算法对样本数量、维度和收集方式并无过多要求，而且可以根据不同的数据类型采用不同的学习算法模式（无监督、半监督、有监督、深度学习等），尤其是对大数据的处理效率较高。

综上所述，以上两类方法各具特点。多层线性模型和结构方程模型都是从经典的统计学理论出发构建模型，属于社会科学领域常用的研究方法。机器学习算法则发展于计算机科学领域，跨学科应用于社会科学研究方向，并取得了良好的效果，为社会科学领域的相关研究提供了一条新的思路。

在本书中，分别采用多层线性模型和机器学习算法分析项目型组织成员知识转移动机和组织情境对知识转移效果的影响。从研究结果来看，这两种方法得出的结论相近；从研究过程来看，多层线性模型能够反映组间效应以及组间效应如何影响个体效应，而机器学习算法则能通过 MIV 值排序反映成员知识转移动机、组织情境对知识效果的影响程度。因此，应根据研究深度、数据量大小以及研究对象的特点选择适当的研究方法。

6.4　本章小结

本章以项目型组织为研究对象，以组织成员知识转移动机和组织情境为研究视角，运用机器学习算法中的 RBFBPNN-MIV、RBFSVM-MIV 并借助

MATLAB 2012b、WEAK 等仿真软件，对数据进行变量矩阵重要度排序分析，然后与 MLR 方法进行对比分析。

本章的创新点主要体现在方法的选择上，本着从数据出发的原则，将 RBFBPNN-MIV、RBFSVM-MIV 等机器学习算法应用于项目型组织知识转移效果影响因素评价中，借助 MATLAB 仿真技术对影响因素的重要程度进行排序，并对其预测精度进行对比分析，克服了传统结构方程等社会科学方法过分依赖假设的弊端，从而避免了其中的人工误差问题，以期为社会科学相关问题提供新的研究思路。本书的研究结果除了对项目型组织知识转移的研究具有理论贡献外，对项目型组织知识转移管理实践也有一定的启示。

第 7 章　知识中介模式下项目型组织知识转移

7.1　知识中介模式下知识转移系统动力学仿真

随着知识经济和大数据时代的到来，为了适应技术的高速变革，很多企业逐渐由"封闭式创新"转向均衡协调内部和外部资源的"开放式创新"，从而涌现出大量开放式创新实践模式，其中包括知识中介（Knowledge Brokering，KB）。知识中介就是从不同行业和专业背景的人那里集思广益，从新的项目中吸取经验，找到经验和问题间的内在联系，然后以全新的方式组织知识并解决问题的一种系统化方法，是连接组织间利润或创新节点的个人或者组织（Hargadon，1998）。

系统动力学是研究社会系统动态行为的计算机仿真方法。它以控制论为基础，将研究对象（生命系统和非生命系统）划分为若干子系统，利用信息反馈机制在各子系统之间建立起因果关系网络，通过构造仿真模型和方程式，实现计算机模拟仿真，并验证实验的有效性和灵敏度。系统动力学已被广泛应用于经济学、社会学、系统工程管理等领域，搭建起了自然科学和社会科学之间的桥梁。

因此，本节在充分地分析知识中介的内涵和模式的基础上，重点探讨知识转移动机如何影响基于知识中介的知识转移过程，并以系统动力学为理论基础，构建知识中介模式下知识转移的系统动力学模型，使用 Vensim-PLE 软件实现系统仿真，并验证模型的有效性和灵敏度，为知识中介模式下知识转移的动态演化研究提供仿真支持，并为知识转移策略的制定提供依据。

7.1.1 知识中介的内涵、研究现状及模式

1. 知识中介的内涵及研究现状

知识中介的内涵是由 Hargadon（1998）首先提出的，他基于微观社会学的视角，将组织学习和创新理论、组织产品和组织员工的研究拆分或重组，跨层次分析知识中介在组织创新中的作用（Hargadon，2002）。此后，关于知识中介的概念和体系不断得到完善。Meyer（2010）认为，知识中介不仅能够促进知识的转移，而且可以产生新的"中介知识"。Pemsel 和 Widén（2011）指出，组织边界是组织间知识转移的障碍，对组织知识溢出效应会产生负面影响。弱化组织边界、确定组织边界的连接策略可以促进组织间的知识交流与合作，提升项目型组织的生产力。Abbate 和 Coppolino（2011）指出，知识中介在组织内部知识创造和组织创新中扮演重要角色，因为知识中介可以促进组织内部各部门间的相互作用和知识互补。Billington 和 Davidson（2006）阐述了如何运用知识中介来改善商业效果。Sousa（2008）认为，知识中介者所拥有的"关系方面的知识"使其知道别人拥有什么样的知识、可以解决什么样的问题，在此基础上，知识中介者还可以提供获取这些知识的方法和工具。Ward 等（2009）指出，知识中介有助于在知识需求者与知识源之间建立联系，加速知识转移并推动知识创新。Hsu 和 Lim（2011）指出，知识中介是一种复合现象，即把"知识"从一个（或更多）域应用到另一个域，从而产生"创新"。Kim 等（2011）为了改善组织知识转移效果，基于使用者的社会网络关系开发了一种名为"K-broker"的知识中介系统。Villarroel 和 Taylor（2013）开发了一种新的关于知识中介与学习表现能力的模型，阐明不同级别知识中介者自由结合的影响，揭示知识中介竞争社区的学习性能。Holzmann（2013）分析了知识中介在项目管理中的作用，以及其在全球项目管理中的特征。Cvitanovic 等（2017）运用社会网络的方法证明了知识中介促进知识生产者和知识使用者之间关系与网络发展的有效性。Kislov 等（2017）通过对知识中介"阴暗面"的研究，提出应由单个知识经纪人向集体知识经纪人转变。Cummings 等（2019）认为，未来知识中介所涉及的知识类型会高度多样化和多元化，不同领域之间的信息孤岛将崩溃，在国际发展领域中起到至关重要的作用。

李晨松和和金生（2005）通过分析知识中介与知识购买者的知识交易行

为，构建了知识中介和知识购买者之间的知识交易模型。董鑫和曹吉鸣
（2011）指出，知识中介的关键作用在于，其将知自然类型知识的显性化问题
转换为知人类型知识的显性化问题，将搜索隐性知识本身转换为搜索拥有相
关隐性知识的专家或组织成员。董鑫等（2011）研究了知识中介的机理，认
为知识中介是一种在不同情境下的知识转化与传递过程，并从系统思想的角
度出发，构建了基于知识中介者的知识传递模型。张莉等（2013）运用声誉
水平反映知识中介可能的串谋行为，用"知识中介"和"关系能力"表征知
识中介能力特征，通过数学方法诠释了基于能力与声誉权衡的知识中介选择
方法。赵云辉（2015）认为，知识中介具有知识获取、知识调整、知识整合、
知识扩散及创建联系五种角色，对跨国公司子公司间知识转移绩效起重要作
用。赵云辉等（2017）认为，随着企业网络开放度的提升，网络中知识中介
的协调角色不断弱化，联络人角色凸显。郑健壮和靳雨涵（2018）指出，知
识中介功能对知识转移效果存在正向影响，知识中介的网络位置对知识转移
无直接影响，但其通过影响知识中介的功能来影响知识转移效果。

综上所述，关于知识中介的研究多集中在其定义、特征、作用、基本活
动以及模式、模式选择等静态层面。近年来，研究者从不同的研究层次、研
究视角，针对不同的研究对象，对知识转移进行静态和动态研究，得到了大
量可用于指导实践的研究成果。Zhang 和 Ng（2013）通过对建筑行业的专家
进行调研，运用结构方程模型对数据进行分析，构建了综合研究模型。研究
发现，专家的知识共享动机取决于他们的态度和行为习惯，而较少受到客观
标准的影响。Alexander 和 Childe（2013）认为，选择合适的知识转移渠道，
可以通过组织之间的知识转移推动创新，并提出了一种应用模型。杨钢和薛
惠锋（2009）运用系统动力学的方法构建了高校团队内知识转移的因果关系
和系统动力学模型，使用 Vensim PLE 软件实现了系统仿真，并验证了模型的
有效性和灵敏度。但是，对于考虑知识转移动机因素的知识中介模式下知识
转移的动态演化研究鲜见。因此，本章在分析知识中介的内涵和模式的基础
上，重点讨论知识转移方动机影响下的基于知识中介的知识转移过程，并以
系统动力学为理论基础，构建知识中介模式下知识转移的系统动力学模型，
使用 Vensim PLE 软件实现系统仿真，并验证模型的有效性和灵敏度，为知识
中介模式下知识转移的动态演化研究提供仿真支持。

2. 知识中介的模式

知识中介者在不同的知识中介模式下扮演着不同的角色，从另一个方面来说，正是因为知识中介者扮演着不同的角色，才产生了不同的知识中介模式。Oldham 和 Mclean（1997）指出，知识中介者通常扮演三种角色：知识经理、知识交易经纪人以及培养知识学习能力的导师。此外，Jackson 和 Klobas（2008）认为，知识中介者同样具备其他领域内中介者的一些角色，如代理人、交易员、协调者、技术守门员、教师和教练等。董鑫等（2011）将知识中介模式归纳为三种类型：指导专家模式、知识经理模式、知识中介者网络模式。Gould 和 Fernandez（1989）根据知识中介者、知识转移、知识接收方的组织界限和行为导向不同，将知识中介模式分为合作者型、代理人型、守门员型、顾问型和联络者型五种，如图 7-1 所示。合作者型知识中介负责组织内部成员、资源间的协调。代理人型知识中介负责将组织内部的知识向外转移，起到连接组织内部与外部的作用。与代理人型类似的守门员型知识中介负责吸收组织外部知识，并帮助组织内部成员吸收知识。顾问型知识中介的知识中介者处于组织外部，其帮助协调组织内部的人员和资源。联络者型知识中介负责两个单独的组织之间的知识共享与转移，知识中介者既不属于组织 B，也不属于组织 C。

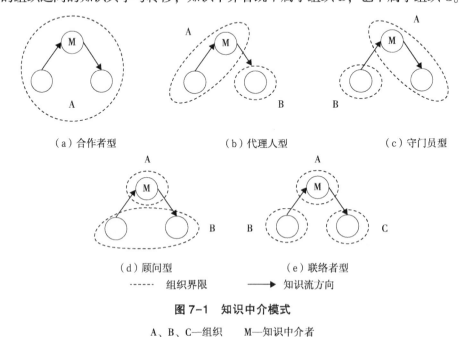

（a）合作者型　　　　　　（b）代理人型　　　　　　（c）守门员型

（d）顾问型　　　　　　　（e）联络者型

----- 组织界限　　　——→ 知识流方向

图 7-1　知识中介模式

A、B、C—组织　　　M—知识中介者

7.1.2　基于知识中介的知识转移系统动力学模型构建

系统动力学属于 20 世纪经济数学的一个分支，在 20 世纪 50 年代中期由美国麻省理工学院弗雷斯特（Forrester）首创。系统动力学以反馈控制理论为基础，以计算机仿真技术为手段，通过对复杂社会系统进行仿真，实现社会系统的战略和策略的有机结合（王其藩，1995）。

1.　基于知识中介的知识转移过程

知识中介活动就是将转移方的知识通过知识中介者的编译，使隐性知识显性化并传递到需求方，与需求方的原有知识相融合，实现知识创新以求解问题。知识中介者依靠其出色的组织学习能力和知识编译能力，能够将转移方的知识以新的形式、新的组合运用到新的场所，实现知识创新并应用到实践中，从而满足知识中介客体的知识需求，实现知识的再分配和价值的增值（司云波和和金生，2009）。知识中介活动将知识的理解、编译、传递蕴含于知识转化过程中，知识转移过程受到知识转移方的转移动机和转移能力、知识中介的编译能力，以及知识需求方的知识吸收能力的影响。知识转移方通过知识中介对其知识的理解和编译将知识重新组合，以新的形式和更加有效的方法将知识传递给知识需求方，知识需求方接收知识并加以理解，运用其解决实际问题。最后，评价此次知识转移效果，为后续知识中介的选择和知识中介水平的提高提供经验借鉴。基于知识中介的知识转移模型如图 7-2 所示。

无论在哪种知识中介模式下，其知识转移的过程和知识中介的作用均相同，而知识转移的驱动力（动机）、影响知识转移的因素有所不同。知识转移是知识方创新的前提和基础，知识中介是知识转移过程中的纽带和桥梁，同时知识创新随知识转移同步发生。知识转移的影响因素包括内部因素和外部因素。内部因素包括知识转移方的知识学习能力、创新能力、知识转移能力和知识转移动机，Javernick-Will（2011）通过调研发现，知识转移的社会动机包括：互惠、模仿成功者、自我实现、组织文化、赞美和荣誉、兑现承诺；知识中介的知识转移能力、知识吸收能力、知识编译能力以及自身的信任基础；知识接收方的知识学习能力、创新能力和知识吸收能力。外部因素包括知识需求、知识转移效果（知识转移过程的参与度、满意度和所有权）（王伟和黄瑞华，2006）、社会和经济影响。

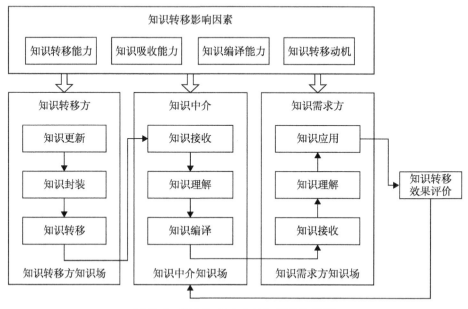

图 7-2　基于知识中介的知识转移模型

2. 基于知识中介的知识转移因果分析

知识转移系统可分为知识转移方、知识接收方、知识中介三个子系统。在以知识转移方为主体的子系统中，知识转移方的知识量受知识更新的正影响和知识遗忘的负影响的共同作用，其中，知识更新受到知识创新、知识学习的正影响。在知识接收方子系统中，知识接收方的知识量同样受到知识更新的正影响和知识遗忘的负影响，同样，接收方知识更新也受到知识创新、知识学习的正影响。知识中介的知识转移能力、知识吸收能力和知识编译能力正向影响知识转移量与知识转移效果。知识转移量受到这三个子系统的共同作用。一方面，知识转移方和知识接收方之间的知识差距与知识转移阈值影响知识转移量；另一方面，知识需求系数、知识中介以及知识转移效果也共同影响知识转移量的变化。基于知识中介的知识转移因果关系如图 7-3 所示。

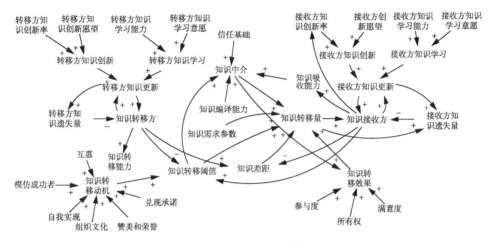

图 7-3　基于知识中介的知识转移因果关系

3. 基于知识中介的知识转移模型构建

依据上述因果关系并结合知识转移过程的实际情况，运用 Vensim PLE 软件构建基于知识中介的知识转移系统流图，设定状态变量、速率变量和辅助变量，定义系统结构方程。基于知识中介的知识转移系统流如图 7-4 所示。

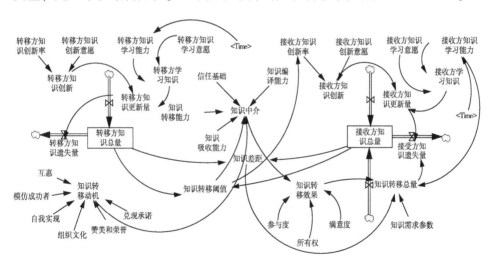

图 7-4　基于知识中介的知识转移系统流

在这个系统中，有 2 个状态变量（L）、5 个速率变量（R）、9 个辅助变量（A）和 22 个常量（C），共 38 个。

4. 模型假设与主要方程设计及说明

（1）接收方知识总量＝INTEG（接收方知识更新量+知识转移总量−接收方知识遗失量，20）

由于知识接收方的主要任务是不断地学习和积累知识，故其创新意愿低于知识转移方，设为0.15。

（2）接收方学习能力＝WITH LOOKUP（Time，（[（0，0）−（50，0）]，（0，0.4），（50，0.9）））

用表函数来模拟接收方知识学习能力，其学习能力随着知识转移过程的进行而不断提升。假设仿真时间步长为50，初始值和终值分别为0.4和0.9。

（3）接收方学习知识＝接收方知识学习能力×接收方知识学习意愿

（4）接收方知识创新＝接收方知识创新意愿×接收方知识创新率

（5）接收方知识创新意愿＝0.15

（6）接收方知识创新率＝0.2×知识转移阈值

（7）接收方知识更新量＝接收方学习知识×接收方知识创新

（8）接收方知识学习意愿＝0.75

（9）接受方知识遗失量＝STEP（0.1×接收方知识更新量+0.15×知识转移总量+0.1，10）

由于转移来的知识还需不断学习，对于自身创新的知识记忆比较深刻，因此创新知识的遗失程度低于转移知识的遗失程度。该方程也采用阶跃函数来模拟，假设从仿真的第10步起，知识接收方开始知识的遗失，则知识遗失量的初始值为0.1。

（10）知识差距＝转移方知识总量−接收方总量

（11）知识需求参数＝0.8

（12）知识转移动机＝兑现承诺+互惠+模仿成功者+组织文化+自我实现+赞美和荣誉

（13）组织文化＝0.25

（14）自我实现＝0.15

（15）赞美和荣誉＝0.1

（16）兑现承诺＝0.15

（17）互惠 = 0.2

（18）模仿成功者 = 0.15

（19）知识转移阈值 = 接收方知识总量/转移方知识总量

（20）知识转移效果 = （参与度 + 满意度 + 所有权）×知识中介

（21）知识转移总量 = 接收方知识学习能力×知识差距×知识需求参数×知识转移效果

（22）知识中介 = DELAY1I（IF THEN ELSE（知识转移阈值 ≤ 0.8AND：知识转移动机 ≥ 0.6，知识编译能力×知识中介吸收能力×知识中介转移能力×信任基础，0），3，0）

知识中介转移知识量采用一阶延迟函数来模拟。当转移阈值 ≤ 0.8 且知识转移动机 ≥ 0.6 时，知识转移方通过知识中介将知识转移给知识接收方。在现实中，知识转移方需要根据自身的判断来决定是否转移知识，包括对自身能力的判断和知识转移动机两个方面，因此设定延迟 3 个单位开始知识转移。

（23）知识中介吸收能力 = 0.8

（24）知识中介转移能力 = 0.8

（25）知识编译能力 = 0.8

（26）信任基础 = 0.8

（27）满意度 = 0.8

（28）所有权 = 0.8

（29）参与度 = 0.8

（30）转移方知识创新意愿 = 0.6

（31）转移方知识学习能力 = WITH LOOKUP（Time，（[（0，0）-（50，0）]，（0，0.4），（50，0.9）））

用表函数来模拟转移方知识学习能力，其学习能力随着转移过程的进行而不断提升。假设仿真步长为 50，初始值和终值分别为 0.4 和 0.9。

（32）转移方学习知识 = 转移方知识学习能力×转移方知识学习意愿

（33）转移方知识创新 = 转移方知识创新意愿×转移方知识创新率

（34）转移方知识创新率 = 0.3

（35）转移方知识更新量 = 转移方学习知识 + 转移方知识创新

（36）转移方知识学习意愿 = 0.75

（37）转移方知识遗失量＝STEP（0.2×转移方知识更新量+0.3，10）

该方程采用阶跃函数来模拟知识的遗忘和失效过程，假设知识遗失从仿真的第10步起开始，转移方知识遗失量的初始值为0.3，而转移方创新的知识量存在20%的遗失率。

（38）转移方知识总量＝INTEG（转移方知识更新量-转移方知识遗失量，100）

7.1.3 基于知识中介的知识转移演化仿真

1. 初始值的选取和参数设定

本模型的仿真在 Vensim PLE 环境下完成。设置转移方知识总量初始值为100，接收方知识总量初始值为20。互惠、模仿成功者、自我实现、组织文化、赞美和荣誉、兑现承诺在知识转移动机中所占的比重分别为 0.2、0.15、0.15、0.25、0.1、0.15，参考 Javernick-Will（2011）的设定。其他常量在[0，1]内取值。

2. 模型有效性检验

使用模型前需要进行有效性检验，目的是验证模型是否符合实际系统的特征和变化规律，以及通过模型分析是否能够正确认识与理解所要解决的现实问题（孙晓华，2008）。本书采用理论检验方式，主要考察模型的有效性、适应性和一致性，系统仿真结果如图7-5所示。

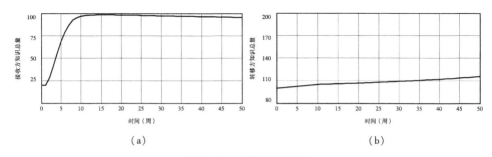

（a）　　　　　　　　　　　　（b）

图 7-5　系统仿真结果

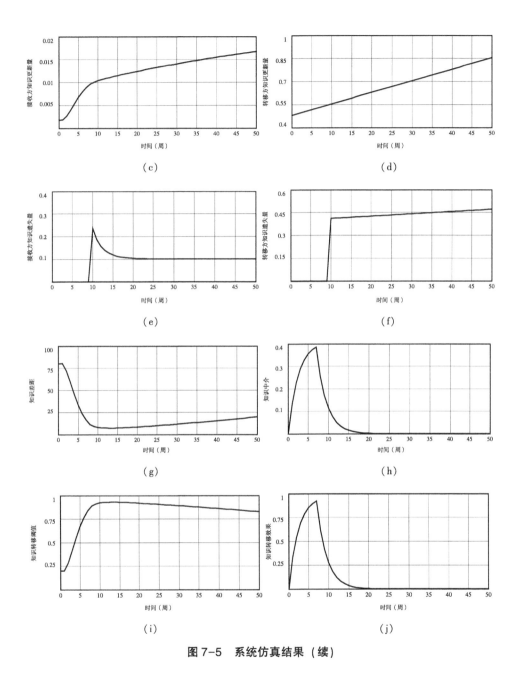

图 7-5　系统仿真结果（续）

从图 7-5 中可以看出：①接收方知识总量在前 10 周内快速上升，持续一段时间后有下降趋势，而转移方知识总量呈稳步上升趋势，这主要是因为接收方主要依靠学习来获取知识，其在最初阶段对所需知识具有强烈的学习欲望，知识差距迅速缩小。知识转移方主要依靠自身系统的知识创新增加知识量，所以呈稳步上升态势。②转移方知识遗失速度高于接收方知识遗失速度。知识遗失具有一定的延迟，并且接收方在经过一段时间的快速遗失期后，知识遗失速度保持在同一水平，而转移方知识遗失速度呈上升态势。这是因为知识接收方在最初学习知识的过程中由于自身知识吸收水平的影响，掌握了部分知识，随着时间的推移，知识遗失速度维持在同一水平；知识转移方在成功地进行了知识转移后，把更多的时间投入知识的创新中，所以对原有知识的遗失速度较快。③知识差距在最初快速缩小，经过一段时间的调整后逐步加大。这是因为在最初阶段，转移方和接收方的知识差距较大，但是在转移方决定进行知识转移，并且接收方积极学习的情况下，知识差距得到迅速弥补。随着接收方知识量达到一个平台后，进入一个较长的调整期，此时知识差距的缩小和知识阈值及知识转移动机增速的减缓都将影响新增的知识转移量，转移方的知识创新能力优势再次得到体现，知识差距开始不断加大，经过一段时间后再次缩小，而后再次扩大，是一个螺旋的过程。④知识中介在知识转移的最初阶段体现出重要作用，知识转移效果也是在最初阶段较为明显。

3. 模型灵敏度分析

灵敏度分析就是改变模型的参数、结构，运行模型，比较模型的输出，从而确定其影响程度，为实际工作提供政策和决策支持。灵敏度分析主要有两种：结构灵敏度分析和参数灵敏度分析（董鑫等，2011）。本模型主要针对常数参数值进行灵敏度分析。

（1）灵敏度分析 1

知识中介的各项能力（知识转移能力、知识吸收能力、信誉、知识编译能力）从初始值 0.80 依次降低为 0.78、0.75、0.73、0.70 进行仿真，得到原方案、方案 1、方案 2、方案 3、方案 4。知识转移系统对知识中介的灵敏度分析如图 7-6 所示。

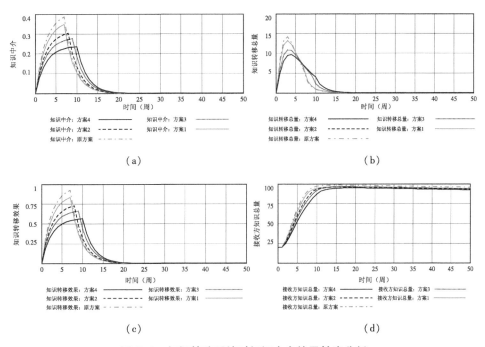

图 7-6　知识转移系统对知识中介的灵敏度分析

从图 7-6 中可以看出，随着知识中介各项能力的逐步提升，无论是知识中介、知识转移效果还是知识转移总量、接收方知识总量，其知识转移速度和知识转移量均有所提高，并呈现相同的趋势。由此可以得出结论，知识转移系统对知识中介各项能力的灵敏度较高，提高知识中介的知识接收、转移、编译能力和信任水平，能够提高知识转移效率。

（2）灵敏度分析 2

将知识转移阈值从初始值 0.8 依次降低为 0.7、0.6 进行仿真，得到相应的原方案、方案 1、方案 2。知识转移系统对知识转移阈值的灵敏度分析如图 7-7 所示。

从图 7-7 中可以看出，随着接收方知识量的增加，知识转移阈值达到边界，知识转移方为了保持自身的知识水平优势，其知识转移动机低于边界水平，知识转移过程暂时停止。随着知识差距的加大，知识转移阈值低于边界和知识转移动机超过边界水平，知识转移过程再次启动。知识转移阈值的边界降低会使知识中介和接收方知识总量下降。

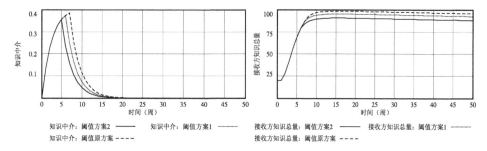

图7-7 知识转移系统对知识转移阈值的灵敏度分析

7.1.4 研究结果

本节基于系统科学和知识中介理论描述了知识转移过程，就影响知识转移过程的知识中介模式、知识转移动机、知识转移效果进行了分析；在此基础上，运用系统动力学方法，构建了知识中介模式下的知识转移系统动力学模型，进而使用 Vensim PLE 软件进行系统仿真，验证了模型的稳定性和灵敏度，并给出了部分政策建议。

从研究结果来看，模型较好地拟合了知识中介模式下的知识转移过程，并且为研究知识转移动机和知识转移效果提供了一定的借鉴。知识转移是一个非常复杂的抽象过程，模型中对部分变量进行了简化处理，在后续研究中考虑将艾宾浩斯（Ebbinghaus）的知识遗忘曲线加入系统动力学模型中进行模拟，使其更加贴近实际情况，为知识中介模式下知识转移的动态演化研究提供仿真支持。

7.2 基于知识中介的项目型组织知识转移多群体演化博弈分析

项目管理学会（Project Management Institute，PMI）（2008）指出，项目型组织需要知识中介去克服项目临时性所带来的困难，整合异构的专业人员，从而创造独特的项目产品。在目前的研究中，研究者较多关注项目环境下的知识共享和知识转移行为，较少关注项目与项目型组织之间、项目与项目之间的知识转移行为，忽略了项目型组织知识共享与转移的长期演化发展对其自身的影响。

因此，本节从项目型组织知识转移研究入手，探讨项目管理办公室（Project Management Office，PMO）在项目型组织中的知识中介角色及作用，并分析影响 PMO 知识转移行为的因素，构建有限理性项目型组织的多主体知识转移博弈模型，计算得到基于项目型组织的三群体演化稳定策略，分析知识转移过程中知识中介效应、知识协同创新效应、知识转移成本之间的关系，为项目型组织知识转移激励体系的构建提供决策依据。

7.2.1　项目型组织知识中介：项目管理办公室

项目管理办公室是介于项目高层管理和项目管理操作层之间的日常控制层，是项目型组织的知识中介（Liu and Yetton，2007）。PMO 的组织结构和组织角色根据不同的组织环境而不同（Aubry et al.，2010）。尽管很多项目型组织没有设置明确的 PMO，但是 PMO 的管理职能一直在项目型组织中发挥作用（Dietrich et al.，2010）。PMO 在项目型组织中具有隐性桥梁的作用，其将最高管理者和项目团队相连接（Julian，2008）。国内外众多学者从不同的角度、多层次地探讨了知识中介在项目知识管理中的作用，主要包括知识中介的研究方法（Lindner and Wald，2011）、知识中介在知识转移中的作用（Meyer，2010；Goffin et al.，2010）、知识中介在国际项目中的应用（Duan and Nie，2010；Reed and Knight，2010）、知识中介在社会学方面（Park et al.，2011）的研究等。

Holzmann（2013）运用元分析的方法研究了近年来关于项目管理领域知识中介的文献，结果发现该领域的研究发展迅速，研究重点为个人而不是组织之间的知识转移，研究热点包括知识转移工具的发展、全球项目知识转移特点、项目型组织知识中介的社会属性等。Dai 和 Wells（2004）在两年的时间内走访了经验丰富的项目管理者（具有 12 年以上项目经验、20 年以上工作经验），采用实证研究的方法探索 PMO 与项目绩效之间的关系。研究表明，设置 PMO 的项目型组织的绩效略优，但并不具有统计学意义。但是，设置 PMO 的项目型组织在历史档案管理、培训、咨询、信息互通等方面有明显的优势，使项目具有较高的管理标准。Liu 和 Yetton（2007）指出，PMO 的设立能够提高组织服务质量，并促进跨项目学习。Aubry 等（2007）指出，PMO 在项目型组织中不应该被作为"孤岛"，而是应与项目中的其他组织建立战略关系，成为项目组织结构网络的一部分；对该问题的研究应该从传统的实证研究中脱离出来，结合社会系统理论、网络理论、组织效用理论构建一种全新的概念模型。Aubry 等（2009）也指出，PMO 不应该被认为是独立的组织孤岛，而是项目型组织群岛中的一部分，PMO 的演变过程是随着项目型组织内外关系的不断变化而完成的。Hobbs 等（2008）认为，PMO 是组织创新的关键所在，深深地嵌入其父组织中，且与其父组织共同演化，其父组织的演化是推动 PMO 重组的主要因素。Aubry 和 Hobbs 等（2010）认为，PMO 是项目型组织动态变化的实体，往往从一种形式转化为另一种形式。其通过实证研究探讨了 PMO 形式转变的内外驱动力。Aubry 和 Müller 等（2010）运用问卷和访谈的方法，收集了 17 个组织的数据，采用定性文本分析法探讨了 PMO 的演化过程，并归纳总结了 6 大类，共 35 个影响 PMO 演化的内部和外部因素。Artto 等（2011）基于组织控制理论、组织设计理论以及组织创新理论分析了 PMO 在项目型组织中的作用，认为 PMO 在项目型组织中主要起到整合、连接的作用。Unger 和 Gemünden（2012）分析了 PMO 的三类角色：在项目管理层面的合作、控制、支持角色。其中，合作和控制对项目综合管理质量有显著影响，其协调机制显示出双重影响作用，对合作和资源分配具有积极的影响。Pellegrinelli 和 Garagna（2009）指出，项目型组织需要一种合作机制对跨项目或者跨公司的知识进行整合，使知识管理更加流畅。PMO 能够成功跨越项目型组织的组织边界，是高层管理者、项目团队和 PMO 成员的潜在知识桥（Julian，2008）。Pemsel 和 Widén（2011）研究发现，高效的知识中介需要具备合作意识、解释和统一不同观点的能力。

综上所述，当前研究者主要从 PMO 成员的微观层面研究知识中介者的功能及其在项目中的角色等问题，尚缺乏对于 PMO 成员知识转移动机、知识转移行为的影响因素、知识转移演化机理方面的研究；研究方法主要集中于实证研究和定性研究，尚缺乏定量研究。因此，本书在参阅大量研究文献的基础上，结合项目型组织的特点，构建了以 PMO 为知识中介的有限理性知识转移多群体演化博弈模型，通过计算得到基于项目型组织的三群体演化稳定策略，在此基础上分析了知识转移过程中知识中介效应、知识协同创新效应、知识转移成本之间的关系，为项目型组织知识转移激励机制的建立提供策略。

7.2.2　项目型组织知识转移演化博弈模型

1．演化博弈论在项目型组织知识转移中的适用性

对于项目型组织来说，每个项目单元都是其子组织，且每个子组织都有独立的项目预期：尽量使自身的利益最大化。但是，如果每个子项目组织仅从自身的主观愿望出发或只考虑自身利益，而忽略项目型组织的整体利益或其他子项目组织的利益，这种利益最大化的目标也很难实现，最终将影响项目型组织的整体发展。项目型组织发展的理念是共赢，即在单个项目成功的同时，使项目型组织的整体利益最大化，而不是追求局部最优。这种共赢的理念符合博弈论中多重合作博弈的解释。从合作行为来看，某一子项目组织的知识转移行为或多或少地会影响其他子项目组织的知识转移行为，同时其知识转移行为往往又受到自身利益目标的制约，因此，子项目组织之间或子项目组织与其父组织之间的知识转移是相互博弈的过程。由于子项目组织成员的有限理性、知识转移的非对称性以及子项目组织数量的不确定性，本书采用非对称多群体演化复制动态博弈进行分析，将各子项目组织的项目管理办公室视为知识中介，与各子项目组织同时作为决策主体；知识中介和子项目组织可选择知识转移或知识不转移，形成决策主体策略集。为了简便起见，本书将项目型组织抽象为知识转移方 A、知识转移方 B、知识中介 C。

近年来，国内外学者运用博弈论对组织知识转移进行了大量的研究。Yan 和 Ding（2015）运用演化博弈论模型分析了影响供应链组织知识转移的因素。孙锐和赵大丽（2009）运用演化博弈论对动态联盟知识共享机制进行分析，发现联盟企业在选择知识共享策略时，会受到自身或者其他合作伙伴的知识水平、知识转化能力、知识共享度和知识共享潜在风险的影响。魏静等（2010）基于复杂网络构建了知识元进化博弈模型，研究发现，初始博弈策略的选择对知识转移网络的产生具有重要的影响。张宝生和王晓红（2011）运用博弈论的方法研究虚拟科技创新团队知识转移，将知识转移效应、制度因素、成本损失等影响知识转移的因素作为研究重点，以知识转移效用函数为切入点，系统地分析了团队内部知识转移的稳定性、持续性及演化趋势。

2．知识转移基本假设和支付矩阵

项目经验、技术知识和管理创新理念等为新项目的开展奠定了基础。同

时，知识转移、信息交流互动、知识共享所产生的效用是决定各子项目组织是否进行知识转移的关键所在。

1）为了便于分析，将项目型组织抽象为三个群体：知识转移方 A、知识转移方 B、知识中介 C，它们均为有限理性博弈方。参与方 A、B、C 分别来自不同的组织，其组织特性、自有知识量及知识深度不同，故项目型组织的知识转移是非对称演化博弈。

2）知识的沉淀和转移能够使项目顺利完成，减少不必要的知识获得成本（时间成本、资金成本等）并提升综合实力，有利于项目型组织的长远发展。但是，项目管理者往往将精力集中于项目自身的质量、成本、进度等方面，而忽视了项目在技术、管理理念等方面创新成果的总结和转移。出于保护知识独有权和自身利益的目的，同时也为了规避知识转移产生的成本，PMO 成员面临两种选择：转移或不转移知识。

3）K_A、K_B、K_C 分别表示知识转移方 A、知识转移方 B、知识中介 C 的自有知识量。

4）TK_A、TK_B、TK_C 分别表示知识转移方 A、知识转移方 B、知识中介 C 的知识转移量。具体将知识转移向哪一方，视其系数脚注而定。

5）$a_{AC}TK_C$ 表示知识转移方 A 从知识中介 C 处所获得的知识量。其中，TK_C 为知识中介 C 向知识转移方 A 转移的知识量；a_{AC} 为知识转移系数，与知识中介 C 的知识转移能力 γ_C、知识编译能力 θ_C 以及知识转移方 A 的知识吸收能力 ϑ_A 有关，即 $a_{AC} = \gamma_C\theta_C\vartheta_A$。知识转移能力是指能够将知识完整、准确、及时地转移给知识接收方的能力。

6）$\beta_{AC}K_ATK_C$ 表示知识溢出效应。知识转移方 A 将从知识中介 C 处得到的知识与其自有知识融合，通过对原有知识体系进行完善和改进，从而产生少量知识创新。β_{AC} 为知识溢出系数，包含知识转移方 A 对知识的理解、领悟和应用能力。当各方选择"不转移"策略时，知识溢出效应为零。

7）$\mu_{AC}TK_ATK_C$ 表示知识协同效应。知识转移方 A 和知识中介 C 之间通过知识转移进行信息交互、沟通、合作、反馈、学习，进行自身知识体系的协同创新，是项目成员不断发展的动力。μ_{AC} 为知识协同效应系数，体现了 PMO 成员的合作、协同创新能力。同理，当各方选择"不转移"策略时，知识协同效应也为零。

8）$C_{AC}TK_A$ 表示知识转移方 A 将知识转移到知识中介 C 所产生的成本费用。这一成本费用由两部分组成：一部分是知识转移所耗费的时间、精力；另一部分是放弃知识独有权的预期收益。当然，如果选择"不转移"策略，则不构成该项费用。

9）$\delta_A TK_A$ 表示激励机制，包括对知识转移行为的物质奖励、职位晋升等外在激励，荣誉、组织认可、表彰等精神激励，以及隐性合作机会、声誉、加工（整理）知识能力的提升等隐性激励。与激励机制相对应的惩罚机制 σ_A 包括外在惩罚、隐性惩罚、精神惩罚等。ρ 为项目部采取某种知识转移行为的概率。

10）由于知识转移的演化过程处在一个长期的时间段内，故知识转移行为给项目型组织带来的收益（除经济收益外）均需要很长一段时间才能够显现出来，而进行知识转移行为的成本却是显而易见的，所以假设 $C_{AC}TK_A \gg \delta_A TK_A$，$\delta_A TK_A > \sigma_A$。另外，知识的协同创新效应是项目型组织成员不断发展的动力，因此 $\mu_{AC}TK_A TK_C \gg c_{AC}TK_A$。

11）知识中介与项目型组织之间的知识转移规则。当知识中介选择"转移"策略时，项目间通过知识中介进行交流和沟通，能够起到事半功倍的作用，如图 7-8a 所示；当知识中介选择"不转移"策略时，项目间只能彼此建立联系进行沟通和交流，由于彼此间在组织职能、知识结构、认同度等方面存在差异，导致项目间知识转移的成本大大提高为 $2C_{AC}TK_A$，知识溢出效应为 $\beta_{AC}K_A TK_C/2$，如图 7-8b 所示。

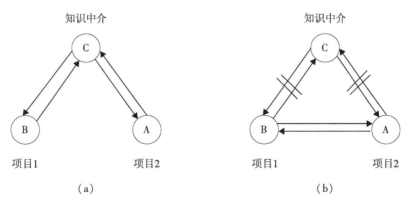

（a）　　　　　　　　　　　　　　（b）

图 7-8　三群体博弈知识转移策略

12）知识转移方 B 与知识中介 C 的基本假设和知识转移方 A 与知识中介 C 的基本假设相同，此处不再赘述。

建立 $2 \times 2 \times 2$ 三群体非对称演化博弈模型，博弈方为知识转移方 A、知识转移方 B、知识中介 C。A 的策略集为 $S_1 = \{A_1, A_2\}$；B 的策略集为 $S_2 = \{B_1, B_2\}$；C 的策略集为 $S_3 = \{C_1, C_2\}$。$2 \times 2 \times 2$ 三群体非对称演化博弈模型的收益矩阵见表 7-1 和表 7-2。

表 7-1 C 选择策略 C_1 时 $2 \times 2 \times 2$ 三群体非对称演化博弈模型的收益矩阵

群体及策略		知识转移方 B	
		B_1（转移）	B_2（不转移）
知识转移方 A	A_1（转移）	(a_1, b_1, c_1)	(a_2, b_2, c_2)
	A_2（不转移）	(a_3, b_3, c_3)	(a_4, b_4, c_4)

表 7-2 C 选择策略 C_2 时 $2 \times 2 \times 2$ 三群体非对称演化博弈模型的收益矩阵

群体及策略		知识转移方 B	
		B_1（转移）	B_2（不转移）
知识转移方 A	A_1（转移）	(a_5, b_5, c_5)	(a_6, b_6, c_6)
	A_2（不转移）	(a_7, b_7, c_7)	(a_8, b_8, c_8)

$$a_1 = K_A + a_{AC} TK_C + \beta_{AC} K_A TK_C + \mu_{AC} TK_A TK_C - C_{AC} TK_A + \rho \delta_A TK_A \quad (7-1)$$

$$b_1 = K_B + a_{BC} TK_C + \beta_{BC} K_B TK_C + \mu_{BC} TK_B TK_C - C_{BC} TK_B + \rho \delta_B TK_B \quad (7-2)$$

$$c_1 = K_C + (a_{CA} TK_A + \beta_{CA} K_C TK_A + \mu_{CA} TK_C TK_A - C_{CA} TK_C + \rho \delta_C TK_C) + $$
$$(a_{CB} TK_B + \beta_{CB} K_C TK_B + \mu_{CB} TK_C TK_B - C_{CB} TK_C + \rho \delta_C TK_C) \quad (7-3)$$

$$a_2 = a_1 \quad (7-4)$$

$$b_2 = K_B + a_{BC} TK_C + \beta_{BC} K_B TK_C - \rho \sigma_B \quad (7-5)$$

$$c_2 = K_C + a_{CA} TK_A + \beta_{CA} K_C TK_A + \mu_{CA} TK_C TK_A - C_{CA} TK_C - C_{CB} TK_C + 2\rho \delta_C TK_C$$
$$\quad (7-6)$$

$$a_3 = K_A + a_{AC}TK_C + \beta_{AC}K_A TK_C - \rho\sigma_A \tag{7-7}$$

$$b_3 = b_1 \tag{7-8}$$

$$c_3 = K_C + a_{CB}TK_B + \beta_{CB}K_C TK_B + \mu_{CB}TK_C TK_B - C_{CB}TK_C - C_{CA}TK_C + 2\rho\delta_C TK_C \tag{7-9}$$

$$a_4 = a_3 \tag{7-10}$$

$$b_4 = b_2 \tag{7-11}$$

$$c_4 = K_C - C_{CA}TK_C - C_{CB}TK_B + 2\rho\delta_C TK_C \tag{7-12}$$

$$a_5 = K_A + a_{AB}TK_B + \frac{\beta_{AB}K_A TK_B}{2} + \mu_{AB}TK_A TK_B - 2C_{AB}TK_A + \rho\delta_A TK_A \tag{7-13}$$

$$b_5 = K_B + a_{BA}TK_A + \frac{\beta_{BA}K_B TK_A}{2} + \mu_{BA}TK_B TK_A - 2c_{BA}TK_B + \rho\delta_B TK_B \tag{7-14}$$

$$c_5 = K_C - 2\rho\sigma_C \tag{7-15}$$

$$a_6 = K_A - 2C_{AB}TK_A + \rho\delta_A TK_A \tag{7-16}$$

$$b_6 = K_B + a_{BA}TK_A + \frac{\beta_{BA}K_B TK_A}{2} - \rho\sigma_B \tag{7-17}$$

$$c_6 = K_C - 2\rho\sigma_C \tag{7-18}$$

$$a_7 = K_A + a_{AB}TK_B + \frac{\beta_{AB}K_A TK_B}{2} - \rho\sigma_A \tag{7-19}$$

$$b_7 = K_B - 2C_{BA}TK_B + \rho\delta_B TK_B \tag{7-20}$$

$$c_7 = K_C + a_{CB}TK_B + \beta_{CB}K_C TK_B - 2\rho\sigma_C \tag{7-21}$$

$$a_8 = K_A - 2\rho\sigma_A \qquad (7-22)$$

$$b_8 = K_B - 2\rho\sigma_B \qquad (7-23)$$

$$c_8 = K_C - 2\rho\sigma_C \qquad (7-24)$$

7.2.3 项目型组织知识转移演化博弈分析

1. 复制动态方程和演化稳定策略

现有研究中大多运用单群体模拟动态模型模拟统一群体成员之间的对称性和随机匹配性。但是，在经济学和社会科学中，很多策略互动是不对称的，并且这些互动有可能来自不同的群体。本书引入演化博弈论中的多群体模拟动态模型来分析项目型组织知识转移的稳定性。在演化博弈论中，核心的概念是演化稳定策略（Evolutionary Stable Strategy，ESS）和复制动态（Replicator Dynamics）。ESS 表示种群中抵抗变异策略入侵的一种稳定状态；复制动态实际上是描述某一特定策略在种群中被采用的频数或频度的动态微分方程。由于多群体模拟动态公式的推导比较复杂，故直接给出标准的复制子动态方程（Weibull，1997）：

$$\frac{\mathrm{d}x_i^j}{\mathrm{d}t} = [f(s_i^j, x) - f(x^j, x^{-j})] \, x_i^j \qquad (7-25)$$

式中，j（$j=1, 2, \cdots, n$）表示第 j 个群体，其中 n 表示有 n 个群体；x_i^j 表示第 j 个群体中选择第 i（$i=1, 2, \cdots, m$）个纯策略的个数占该群体总数的百分比；x^j 表示群体 j 在 t 时刻所处的状态；x^{-j} 表示第 j 个群体以外的其他群体在 t 时刻所处的状态；s_i^j 表示群体 j 中个体行为集中的第 i 个纯策略；x 表示混合策略组合；$f(s_i^j, x)$ 表示混合群体状态为 x 时，群体 j 中个体选择纯策略 s_i^j 时所能得到的期望支付；$f(x^j, x^{-j})$ 表示混合群体的平均支付。在有限理性条件下，假设知识转移方 A 选择知识转移策略 A_1 的概率为 x，知识转移方 B 选择知识转移策略 B_1 的概率为 y，知识中介 C 选择知识转移策略 C_1 的概率为 z，其中概率可理解为三群体博弈方选择该纯策略者的比例。由式（7-25）可知，并为了简化运算过程，令 $\delta_A = \delta_B = \delta_C$，$\sigma_A = \sigma_B = \sigma_C$，知识转移方 A、知识转移

方 B、知识中介 C 选择"知识转移"策略时的复制动态方程为

$$F(x) = \frac{\mathrm{d}(x)}{\mathrm{d}(t)} = x(1-x)\{[(a_1-a_3)-(a_5-a_7)]zy+(a_5-a_7)y+$$

$$[(a_2-a_4)-(a_6-a_8)]z(1-y)+(a_6-a_8)(1-y)\} \qquad (7-26)$$

$$T(y) = \frac{\mathrm{d}(y)}{\mathrm{d}(t)} = y(1-y)\{[(b_1-b_2)-(b_5-b_6)]zx+(b_5-b_6)x+$$

$$[(b_3-b_4)-(b_7-b_8)]z(1-x)+(b_7-b_8)(1-x)\} \qquad (7-27)$$

$$H(z) = \frac{\mathrm{d}(z)}{\mathrm{d}(t)} = z(1-z)\{[(c_1-c_5)-(c_3-c_7)]xy+(c_3-c_7)y+$$

$$[(c_2-c_6)-(c_4-c_8)]x(1-y)+(c_4-c_8)(1-y)\} \qquad (7-28)$$

由式（7-26）可知，当 $x=0$ 或 1 时，知识转移方 A 采取知识转移策略的比例是平衡的；同理，由式（7-27）可知，当 $y=0$ 或 1 时，知识转移方 B 采取知识转移策略的比例是平衡的；由式（7-28）可知，当 $z=0$ 或 1 时，知识中介 C 采取知识转移策略的比例是平衡的。因此，局部平衡点共有 8 个，分别为 $E_1(0,0,0)$、$E_2(1,0,0)$、$E_3(0,1,0)$、$E_4(0,0,1)$、$E_5(1,1,0)$、$E_6(1,0,1)$、$E_7(0,1,1)$、$E_8(1,1,1)$。

若演化博弈均衡 E 是渐进稳定状态，则 E 一定是严格纳什均衡，而严格纳什均衡又是纯策略（Selten，1980），因此，对于上述复制动态系统，只需讨论其在平衡点时的稳定性即可。项目型组织三群体博弈动态复制系统平衡点 $E_1(0,0,0)$ 处的雅可比（Jacobian）矩阵为

$$\boldsymbol{J} = \begin{bmatrix} \dfrac{\partial F(x)}{\partial x}, & \dfrac{\partial F(x)}{\partial y}, & \dfrac{\partial F(x)}{\partial z} \\[3mm] \dfrac{\partial F(y)}{\partial x}, & \dfrac{\partial F(y)}{\partial y}, & \dfrac{\partial F(y)}{\partial z} \\[3mm] \dfrac{\partial F(z)}{\partial x}, & \dfrac{\partial F(z)}{\partial y}, & \dfrac{\partial F(z)}{\partial z} \end{bmatrix} = \begin{bmatrix} (a_6-a_8) & 0 & 0 \\[2mm] 0 & (b_7-b_8) & 0 \\[2mm] 0 & 0 & (c_4-c_8) \end{bmatrix}$$

$$(7-29)$$

根据演化博弈论以及李雅普诺夫第一法（间接法），当雅可比矩阵的所有特征值 $\lambda < 0$ 时，该平衡点是渐进稳定的，即为汇；当雅可比矩阵中有一个特征值 $\lambda > 0$ 时，该平衡点是不稳定的，此时为源；当雅可比矩阵的特征值存在一正一负时，该平衡点是不稳定的，此时为鞍点。将式（7-12）、式（7-13）、式（7-14）、式（7-17）、式（7-19）、式（7-24）代入式（7-29）得

$$\lambda_1 = a_6 - a_8 = 2\rho\sigma_A - 2C_{AB}TK_A + \rho\delta_B K_B < 0 \qquad (7-30)$$

$$\lambda_2 = b_7 - b_8 = 2\rho\sigma_B - 2C_{BA}TK_B + \rho\delta_B K_B < 0 \qquad (7-31)$$

$$\lambda_3 = c_4 - c_8 = 2\rho\sigma_C - C_{AC}K_A - C_{CB}K_B + 2\rho\delta_C K_C < 0 \qquad (7-32)$$

由此，可判断平衡点 $E_1(0,0,0)$ 为稳定点。平衡点稳定性分析见表 7-3。

表 7-3 平衡点稳定性分析

平衡点	λ_1	λ_2	λ_3	稳定性判断
$E_1(0,0,0)$	$2\rho\sigma_A - 2C_{AB}TK_A + \rho\delta_B K_B < 0$	$2\rho\sigma_B - 2C_{BA}TK_B + \rho\delta_B K_B < 0$	$2\rho\sigma_C - C_{AC}TK_A - C_{CB}TK_B + 2\rho\delta_C TK_C < 0$	稳定点（汇）
$E_2(1,0,0)$	$C_{AB}TK_A - 2\rho\sigma_A - \rho\delta_B TK_B > 0$	$\mu_{BA}TK_B TK_A + \rho\sigma_B - 2C_{BA}TK_B + \rho\delta_B TK_B > 0$	$a_{CA}TK_A + \beta_{CA}K_C TK_A + \mu_{CA}TK_C TK_A - C_{CA}TK_C - C_{CB}TK_C + 2\rho\delta_C TK_C + 2\rho\sigma_C > 0$	非稳定点（源）
$E_3(0,1,0)$	$\mu_{AB}TK_A TK_B - 2C_{AB}TK_A + \rho\delta_A TK_A + \rho\sigma_A > 0$	$2C_{BA}TK_B - \rho\delta_B TK_B - 2\rho\sigma_B > 0$	$\mu_{CB}TK_C TK_B - C_{CB}TK_C - C_{CA}TK_C + 2\rho\delta_C TK_C + 2\rho\sigma_C > 0$	非稳定点（源）
$E_4(0,0,1)$	$\mu_{AC}TK_A TK_C - C_{AC}TK_A + \rho\delta_A TK_A + \rho\sigma_A > 0$	$\mu_{BC}TK_B TK_C - C_{BC}TK_{B+} \rho\delta_B TK_B + \rho\sigma_B > 0$	$-2\rho\sigma_C + C_{AC}TK_A + C_{BC}TK_B - 2\rho\delta_C TK_C > 0$	非稳定点（源）
$E_5(1,1,0)$	$-\mu_{AB}TK_A TK_B + 2C_{AB}TK_A - \rho\delta_A TK_A - \rho\sigma_A < 0$	$-\mu_{BA}TK_A TK_B - \rho\sigma_B + 2C_{BA}TK_B - \rho\delta_B TK_B < 0$	$(a_{CA}TK_A + \beta_{CA}K_C TK_A + \mu_{CA}TK_A TK_C - C_{CA}TK_C + \rho\delta_C TK_C) + (a_{CB}TK_B + \beta_{CB}K_C TK_B + \mu_{CB}TK_C TK_B - C_{CB}TK_C + \rho\delta_C TK_C) + 2\rho\sigma_C > 0$	非稳定点（鞍点）

续表

平衡点	λ_1	λ_2	λ_3	稳定性判断
$E_6(1, 0, 1)$	$-\mu_{AC}TK_ATK_C + C_{AC}TK_A - \rho\delta_ATK_A - \rho\sigma_A < 0$	$\mu_{BC}TK_BTK_C - C_{BC}TK_B + \rho\delta_BTK_B + \rho\sigma_B > 0$	$-a_{CA}TK_A - \beta_{CA}K_CTK_A - \mu_{CA}TK_CTK_A + C_{CA}TK_C + C_{CB}TK_C - 2\rho\delta_CTK_C - 2\rho\sigma_C < 0$	非稳定点（鞍点）
$E_7(0, 1, 1)$	$\mu_{AC}TK_ATK_C - C_{AC}TK_A + \rho\delta_ATK_A + \rho\sigma_A > 0$	$-\mu_{BC}TK_BTK_C + C_{BC}TK_B + \rho\delta_BTK_B - \rho\sigma_B < 0$	$-\mu_{CB}TK_CTK_B + C_{CB}TK_C + C_{CA}TK_C - 2\rho\delta_CTK_C - 2\rho\sigma_C < 0$	非稳定点（鞍点）
$E_8(1, 1, 1)$	$-\mu_{AC}TK_ATK_C + C_{AC}TK_A - \rho\delta_ATK_A - \rho\sigma_A < 0$	$-\mu_{BC}TK_BTK_C + C_{BC}TK_B - \rho\delta_BTK_B - \rho\sigma_B < 0$	$-(a_{CA}TK_A + \beta_{CA}K_CTK_A + \mu_{CA}TK_CTK_A - C_{CA}TK_C + \rho\delta_CTK_C) - (a_{CB}TK_B + \beta_{CB}K_CTK_B + \mu_{CB}TK_CTK_B - C_{CB}TK_C + \rho\delta_CTK_C) - 2\rho\sigma_C < 0$	稳定点（汇）

为了更加直观地理解知识转移方 A、知识转移方 B 和知识中介 C 三群体演化博弈系统的演化规律，结合表 7-3 绘制了三群体演化博弈系统相图，如图 7-9 所示。鞍点 E_5（1，1，0）、E_6（1，0，1）、E_7（0，1，1）连接成的平面构成系统不同收敛状态的分界面 $E_5E_6E_7$。当系统初始状态位于分界面 $E_5E_6E_7$ 以上时，系统将收敛于稳定点 E_8（1，1，1），即项目成员（知识转移方 A、知识转移方 B、知识中介 C）均采取知识转移策略共享知识；当系统初始状态位于分界面 $E_5E_6E_7$ 以下时，系统收敛于稳定点 E_1（0，0，0），即知识转移方 A、知识转移方 B、知识中介 C 均采取不转移知识策略拒绝知识共享。系统的演化是一个长期的过程，项目型组织的知识转移系统将呈现进行知识转移与不进行知识转移共存的局面：一方面，考虑对自有知识产权的保护和知识转移行为带来的经济损失，使各项目部趋于不进行知识转移；另一方面，由于长期的信息沟通障碍造成各项目部间信任缺失和技术壁垒，并最终影响项目的完成。从长远来看，这同样不利于各项目部的知识积累和技术进步，最终将导致各项目部丧失成长动力。本书通过分析三群体演化博弈系统的演化过程，求得演化稳定策略 ESS，讨论在何种组织环境下各项目部将趋于选择

知识转移策略。

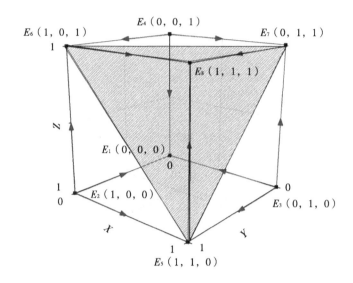

图 7-9 三群体演化博弈系统相图

2. 基于 PMO 的项目型组织知识转移演化分析

通过上述三群体演化博弈模型分析可知，项目型组织知识转移系统演化稳定策略（转移，转移）、（不转移，不转移）将长期共存。演化博弈系统的演化稳定收敛趋势受支付矩阵参数的影响而趋向于在不同的平衡点收敛。因此，需要对影响演化博弈稳定策略的参数进行分析。本书中三群体演化博弈模型的建立是基于以下假设进行的：$C_{AC}TK_A \gg \delta_A TK_A$，$C_{BC}TK_B \gg \delta_B TK_B$，$C_{AB}TK_A \gg \delta_A TK_A$，$C_{BA}TK_B \gg \delta_B TK_B$；$K_A \delta_A TK_A > \sigma_A$，$\delta_B TK_B > \sigma_B$，$\delta_C TK_C > \sigma_C$；$\mu_{AC}TK_A TK_C \gg C_{AC}TK_A$，$\mu_{BC}TK_B TK_C \gg C_{BC}TK_B$，$\mu_{AB}TK_A TK_B \gg C_{AB}TK_A$，$\mu_{BA}TK_B TK_A \gg C_{BA}TK_B$。当以上假设条件发生变化时，三群体演化稳定策略也将随之发生变化。由于篇幅所限，本书只对项目型组织知识转移各方的知识转移成本 $C_{ij}K_i$、知识协同效应 $\mu_{ij}K_i K_j$、知识转移激励机制 $\delta_i K_i$、拒绝知识转移的惩罚机制 σ_i 进行分析。

（1）知识中介效应

通过表 7-3 比较平衡点 $E_5(1, 1, 0)$ 和平衡点 $E_8(1, 1, 1)$ 可以直观地看出，当项目部需要进行知识转移或者吸收外界知识时，其演化稳定策略是选择知识中介进行知识转移。这主要是因为随着科技的发展和组织分工的专业化，知识转移方 A 与知识转移方 B 由于专业领域或技术特点的不同，对信息的有效流动造成了障碍。因此，需要知识中介 C 作为二者联系和沟通的桥梁。

（2）当知识协同效应小于知识转移成本时，$\mu_{ij}K_iK_j < C_{ij}K_i$

由表 7-3 可知，当项目型组织对于知识转移行为的激励机制不足以补偿知识转移的损失时，是知识转移提高了项目部间的相互协作和协同创新价值，使项目部始终保持较高的协同创新能力。当这种协同创新能力低于知识转移成本时，出于最大收益和利己的目的，项目部就会趋于选择（不转移，不转移）策略，导致项目群体演化稳定策略为 $E_1(0, 0, 0)$，使整个项目型组织系统失去发展活力。知识协同效应降低时项目型组织知识转移系统平衡点稳定性见表 7-4。

表 7-4　知识协同效应降低时项目型组织知识转移系统平衡点稳定性

平衡点	λ_1	λ_2	λ_3	稳定性判断
$E_1(0, 0, 0)$	< 0	< 0	< 0	稳定点（汇）
$E_2(1, 0, 0)$	> 0	< 0	< 0	鞍点
$E_3(0, 1, 0)$	< 0	> 0	< 0	鞍点
$E_4(0, 0, 1)$	<0	< 0	> 0	鞍点
$E_5(1, 1, 0)$	> 0	> 0	不确定	鞍点
$E_6(1, 0, 1)$	> 0	> 0	不确定	鞍点
$E_7(0, 1, 1)$	<0	> 0	> 0	鞍点
$E_8(1, 1, 1)$	> 0	> 0	> 0	非稳定点（源）

由表 7-4 可知，当知识转移效应低于知识转移成本时，系统原有的 8 个平衡点的稳定性发生了变化。$E_8(1, 1, 1)$ 变为非稳定点，$E_2(1, 0, 0)$、$E_3(0, 1, 0)$、$E_4(0, 0, 1)$、$E_5(1, 1, 0)$、$E_6(1, 0, 1)$、$E_7(0, 1, 1)$ 为鞍点，只有 $E_1(0, 0, 0)$ 为稳定点。知识协同效应降低时的系统演化相图如图 7-10 所示。

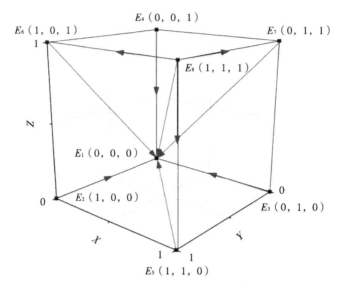

图 7-10　知识协同效应降低时的系统演化相图

（3）降低知识转移成本 $C_{ij}K_i$、加强知识转移激励机制 $\delta_i K_i$

首先，通过采取技术手段来降低知识转移的物理成本；其次，加强合作关系，增强彼此信任，减少因放弃知识独有的预期收益而带来的损失，进而产生知识协同效应、知识溢出效应来弥补知识转移风险成本。此外，加强知识转移激励机制，保证知识转移成本、知识转移激励机制与不转移知识的惩罚呈合理的正比例关系，使 $C_{ij}K_i \ll \delta_i K_i$（其余假设不变）时，能够充分调动项目型组织成员的知识转移积极性。降低知识转移成本、加强知识转移激励机制时项目知识转移系统平衡点稳定性见表 7-5。

表 7-5　降低知识转移成本、加强知识转移激励机制时项目知识转移系统平衡点稳定性

平衡点	λ_1	λ_2	λ_3	稳定性判断
$E_1(0, 0, 0)$	> 0	> 0	> 0	非稳定点（源）
$E_2(1, 0, 0)$	> 0	< 0	< 0	鞍点
$E_3(0, 1, 0)$	< 0	> 0	< 0	鞍点
$E_4(0, 0, 1)$	<0	< 0	> 0	鞍点
$E_5(1, 1, 0)$	> 0	> 0	不确定	鞍点

续表

平衡点	λ_1	λ_2	λ_3	稳定性判断
$E_6(1,\ 0,\ 1)$	>0	>0	不确定	鞍点
$E_7(0,\ 1,\ 1)$	<0	>0	>0	鞍点
$E_8(1,\ 1,\ 1)$	<0	<0	<0	稳定点（汇）

由表7-5可知，当降低知识转移成本、加强知识转移激励机制时，系统原有的8个平衡点的稳定性发生了变化。$E_1(0,\ 0,\ 0)$变为非稳定点，$E_2(1,$ $0,\ 0)$、$E_3(0,\ 1,\ 0)$、$E_4(0,\ 0,\ 1)$、$E_5(1,\ 1,\ 0)$、$E_6(1,\ 0,\ 1)$、$E_7(0,$ $1,\ 1)$为鞍点，只有$E_8(1,\ 1,\ 1)$为稳定点。降低知识转移成本、加强知识转移激励机制时的系统演化相图如图7-11所示。

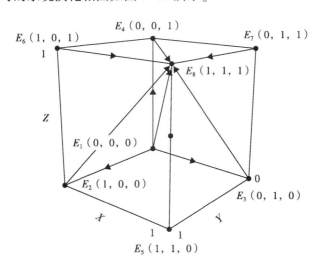

图7-11　降低知识转移成本、加强知识转移激励机制时的系统演化相图

通过上述分析，从图7-10中不难发现，当$\mu_{ij}K_iK_j<C_{ij}K_i$时，无论系统从何种初始状态出发，最终都将收敛于$E_1(0,\ 0,\ 0)$。从而证明了本书提出的假设：知识协同创新性效应是项目型组织长远发展的根本保证，是项目部不断提升自身技术和管理水平的动力。从图7-11中可以直观地看出，当$C_{ij}K_iK_i\ll\delta_iK_i$时，无论系统从何种初始状态出发，最终都将收敛于$E_8(1,\ 1,\ 1)$。可见，如果提高项目部间的信息沟通透明度，客观地评价知识转移成本，正确地衡量知识溢出效应和知识转移协同效应，并构建与之相适应的知识转移奖惩措施，

则能够最大限度地加强项目部间的相互合作，提升协同发展的主动性和积极性，有利于各项目目标的最终实现。

7.2.4　研究结果

第 7.2 节在相关研究的基础上展开，具有以下创新意义：首先，肯定了项目管理办公室在项目型组织中的知识中介作用；其次，结合项目型组织知识转移的特点，运用多群体演化博弈分析方法，构建了基于知识中介的三群体演化博弈模型，将知识溢出效应、知识转移协同效应、知识转移成本和知识转移的奖惩措施设定为知识转移策略参数；最后，得出项目型组织知识转移三群体演化博弈平衡点，通过分析平衡点稳定性，最终得到其演化稳定策略。在分析方法的选择上，大量学者研究了完全理性条件下的静态博弈和重复博弈，本书充分考虑项目实际情境，将决策人有限理性的多群体演化模型引入该领域进行进一步研究，从而得出更为准确的结论，提出具有建设性、针对性的对策建议。

通过运用多群体演化博弈模型对项目型组织知识转移进行分析，得出影响知识转移稳定性策略的主要因素有制度因素、知识转移能力、知识溢出效应、知识协同效应、知识转移成本以及知识转移奖惩措施，其中，知识协同效应、知识转移成本、知识转移奖惩措施决定了项目型组织知识转移行为的演化趋势。项目型组织可以从以下方面保障知识转移行为的持续性和稳定性：加强项目型组织的制度建设，完善监督管理体系，建立规范的绩效评价系统，综合运用奖惩措施；开展项目型组织知识转移文化建设，并定期对组织成员进行培训，增强成员归属感，培养组织成员的知识转移意识，并提高知识的转移和吸收能力；进一步明确 PMO 的职能，将 PMO 作为项目型组织的知识中介，使其成为子项目组织之间或子项目组织与其父组织之间进行知识转移和信息沟通的桥梁；完善项目型组织内部信息沟通的技术手段，使项目型组织成员间的沟通更加有效和便捷，从而提高知识转移效率，降低知识转移成本；鼓励项目型组织成员间的互动和学习，最大限度地发挥知识转移协同创新效用。

7.3　本章小结

　　本章基于知识中介模式，运用系统动力学仿真分析知识转移方的动机以及知识接收方的知识转移效果之间的动态影响过程；将项目型组织的 PMO 视为知识中介，运用多群体演化博弈模型对项目型组织知识转移进行分析，得出知识转移稳定性策略。

　　本章的创新点在于研究视角和研究方法的选择。在研究视角上，本章从知识中介视角研究知识转移及项目型组织知识转移，肯定了 PMO 在项目型组织中的中介作用；在研究方法的选择上，大量学者研究了完全理性条件下的静态博弈和重复博弈，本章充分考虑项目实际情境，将决策人有限理性的多群体演化模型引入该领域进行进一步研究，从而得出更为准确的结论，提出具有建设性、针对性的对策建议。

第 8 章 结论与展望

本书首先运用粒认知图模型对项目型组织知识转移系统变量进行特征选择，从而找出项目型组织知识转移系统的特征变量及各变量间的初始关系；其次，应用多层线性模型，针对我国项目型组织，从成员和组织两个层面，研究成员知识转移动机和组织情境与知识转移效果之间的作用机制；再次，在前文的基础上，通过运用机器学习方法，对所收集的数据进行挖掘，探索项目型组织成员知识转移动机、组织情境及知识转移效果之间的关系，有效地解决社会科学分析方法的主观偏差问题；最后，基于系统动力仿真分析知识中介模式下的知识转移效果，并深入研究知识中介模式下项目型组织知识转移多群体演化博弈策略。

8.1 研究的主要结论

作为实证研究型课题，本书借助粒计算、多层线性模型、机器学习方法、系统动力学和演化博弈方法，对项目型组织知识转移系统，项目型组织成员知识转移动机、组织情境、知识转移效果之间的关系，以及基于知识中介的项目型组织知识转移进行深入的探索及研究，主要结论及研究成果如下。

1. 避免了现有文献中对项目型组织成员知识转移动机与组织情境研究割裂的情况

将研究内容锁定在项目型组织成员知识转移动机、组织情境及知识转移效果上，避免了现有文献中对项目型组织成员知识转移动机与组织情境割裂的情况。在充分分析项目型组织知识转移过程要素的基础上，构建项目型组织成员知识转移动机和组织情境要素体系的动态粒认知图模型并进行特征选择，然后分别利用多层线性模型及机器学习方法对项目型组织成员知识转动机和组织情境与知识转移效果的影响机制进行分析，有助于系统地辨识项目型组织成员知识转移动机和行为规律并揭示组织情境的影响机制，为项目型组织管理者制定管理策略奠定了理论基础。

2. 提出了一种基于动态粒认知图的项目型组织知识转移要素特征选择模型

本书首次将动态粒认知图模型应用于系统要素的特征选择中。与此同时，也是首次将该特征选择模型应用于项目型组织知识转移系统研究，并表现出优越的适用性：动态粒认知图模型既能够筛选出项目型组织知识转移系统重要的特征要素，又能够反映出各特征要素之间的因果关系，增加了研究结果的直观性。

研究结果显示，项目型组织成员知识转移效果（知识转移参与度、知识转移满意度、知识心理所有权）为全局控制变量；在知识转移动机中，平衡互惠、避免惩罚、员工情感承诺、成就动机较其他动机更为重要；在组织情境因素中，组织支持感、组织凝聚力、组织目标一致性较其他因素重要。既为后续研究中制定测量量表奠定了基础，也为项目型组织管理者制定管理策略提供了指导方针。

3. 区别组间差异和个体差异，运用多层线性模型分析了项目型组织成员知识转移动机、组织情境对知识转移效果的跨层次影响

项目型组织是由"项目"组成的组织系统，不同的项目组织完成不同的项目任务，且各个项目的组织文化、组织情境、管理理念等不尽相同，对组织成员的影响也各有不同。因此，对于项目型组织有必要区别不同的项目组织进行调研分析，从组织和成员两个层面研究项目型组织成员知识转移动机、组织情境对知识转移效果的影响及作用机理。

研究结果表明：在项目型组织成员知识转移动机维度，平衡互惠和成就动机对知识转移参与度有显著的正向影响；平衡互惠、成就动机、避免惩罚动机对知识转移满意度有显著的正向影响；成就动机对知识心理所有权有显著的正向影响。可见，项目型组织管理者应注重对组织成员成就感的培养和激励，制定适当的奖励和惩罚机制。员工情感承诺对组织成员知识转移参与度、知识转移满意度及知识心理所有权的影响无显著的组织变异，这主要是由项目型组织的自身特点造成的——项目的临时性，一旦项目结束，项目成

员会被派往其他项目或者离开该项目组织，项目成员对于组织的归属感较弱，导致其对组织的情感承诺普遍偏低，如何加强项目型组织成员对组织的情感承诺动机，有待进一步的研究。

在组织情境维度，组织目标一致性、组织支持感能够促进平衡互惠、成就动机与知识转移参与度、知识转移满意度、知识心理所有权之间的正向关联。因此，项目型组织应该保持高度的组织目标一致性，将项目的目标转化为项目成员的共同目标，并与成员利益相挂钩，进而触发组织成员平衡互惠动机，增强知识转移效果。另外，组织支持感是组织顺利开展某项业务的基本保证，是一种无形的推动力，能够增强项目型组织成员知识转移的积极性，最终对知识转移效果产生积极的影响；组织凝聚力对于促进知识转移动机与知识转移效果之间正向关联的作用并不显著。由于项目型组织成员构成复杂，其可能具有不同的专业背景、来自不同的分公司，除了缺乏归属感，也降低了组织的凝聚力。

4. 将机器学习算法应用于社会科学问题的分析研究

本书将机器学习算法中的径向基反馈神经网络算法、径向基核函数支持向量机算法应用于项目型组织成员知识转移动机和组织情境对知识转移效果影响的探索中，并对各种方法进行对比分析。机器学习算法从数据出发，结合平均影响值方法，借助 MATLAB 仿真技术对影响因素的重要程度进行排序，并对比三种方法的预测精度，克服了传统社会科学方法过分依赖假设的弊端，从而减小了人工误差，以期为社会科学相关问题提供新的研究思路。

研究结果表明，RBFSVM-MIV、RBFBPNN-MIV 机器学习算法比 MLR 方法的回归拟合精度高，且 RBFSVM-MIV 较 RBFBPNN-MIV 具有泛化能力好、预测能力强、预测结果精度高等特点。通过与 MLR 方法对比分析发现，从研究结果来看，两种方法得出的研究结论相近；从研究过程来看，多层线性模型能够反映出组间效应以及组间效应如何影响个体效应，而机器学习算法则不具备区分组间效应的能力，其仅通过 MIV 值的排序反映知识转移动机、组织情境对知识转移效果的影响程度。因此，应根据研究深度、数据量大小，以及研究对象的特点选择适当的研究方法。

5. 考虑知识中介的项目型组织知识转移

首先，在探讨知识中介的内涵、模式和研究现状的基础上，充分考虑知识转移动机和知识中介对知识转移效果的影响，分析知识中介模式下的知识转移过程，以系统动力学为理论基础，构建知识中介模式下知识转移的系统动力学模型，使用 Vensim PLE 软件实现系统仿真，并验证了模型的有效性和灵敏度，为知识中介模式下知识转移的动态演化研究奠定了基础。从研究结果来看，模型较好地拟合了知识中介模式下的知识转移过程，并且为研究知识转移动机和知识转移效果提供了一定的借鉴。

其次，根据组织情境特点，构建了以 PMO 为知识中介的有限理性知识转移多群体动态演化博弈模型，通过计算和分析得到演化稳定策略和演化稳定相图。研究表明，知识溢出效应、知识协同效应、知识转移成本以及知识转移奖惩措施是知识转移行为的主要影响因素，并决定了项目型组织知识转移的整体演化趋势。

8.2　研究存在的不足与展望

研究项目型组织成员知识转移动机和组织情境对知识转移效果的影响机制，有助于明晰项目型组织成员知识转移的根本原因，发掘成员知识转移动机、组织情境与知识转移效果的内在联系，完善项目型组织知识转移理论体系。在理论体系构建和实践应用方面，需要开展以下工作。

1）关于实证样本的选择与收集。本书的实证样本数据均来自建设工程项目型组织，而未考虑其他业态形式（软件、航空等）的组织，由于主营业务的不同，其组织情境和成员背景不同，因此，本书的数据样本具有一定的局限性，只适用于建设工程项目型组织。在今后的研究工作中，将进一步扩大样本数据的来源，从不同组织结构、不同性质的项目型组织（科技型、研发型项目型组织）中收集数据。

2）关于"时间"维度的研究设计。实际上，项目型组织成员知识转移动机和组织情境是随着组织的发展而不断变化的，而本书仅以某一时间截面为基准进行调查研究，仅反映某一时刻该项目型组织的知识转移效果，尽管本书的实证研究结果与理论假设的一致性较高，但其结果具有一定的局限性。因此，在后续的研究中，可以设置时间观测点，每隔一段时间进行一次数据采集，运用发展模型对项目型组织进行动态观测研究。

3）知识转移是一个非常复杂的抽象过程，本书在运用系统动力学模型仿真分析知识中介和知识转移动机对知识转移效果的影响时，对部分变量进行了简化处理。在后续研究中，考虑将知识遗忘曲线加入系统动力学模型中进行模拟，使其更加贴近实际情况，为知识中介模式下知识转移的动态演化研究提供仿真支持。

参 考 文 献

[1] 曹兴，宋娟. 网络组织知识转移仿真分析 ［J］. 中国软科学，2014
（3）：142-152.

[2] 陈怀超，范建红，牛冲槐. 制度距离对中国跨国公司知识转移效果的影
响研究：国际经验和社会资本的调节效应 ［J］. 科学学研究，2014，32
（4）：593-603.

[3] 陈晓萍，徐淑英，樊景立. 组织与管理研究的实证方法 ［M］. 北京大学
出版社，2012.

[4] 邓程，杨建君，穆天，等. 知识隐藏对新产品开发优势的影响：知识转
移绩效的中介作用 ［J］. 软科学，2020，34（12）：104-110.

[5] 董鑫，曹吉鸣，王红丽. 知识中介模式及实现方法研究 ［J］. 情报理论
与实践，2011（12）：69-73.

[6] 董鑫，曹吉鸣，彭正龙. 基于系统思想的知识中介机理及工具研究 ［J］.
情报杂志，2011，30（7）：89-93.

[7] 高山行，肖振鑫，高宇. 竞争联系、合作联系对知识转移效果的影响研
究 ［J］. 科研管理，2018，39（6）：67-74.

[8] 关涛. 跨国公司知识转移：知识特性与组织情境研究 ［J］. 科学学研究，
2010，28（6）：902-911.

[9] 侯娜. 组织支持感，组织信任与知识转移效果研究 ［D］. 西安：陕西师
范大学，2012.

[10] 居佳，郝生跃，ANUMBA C J，等. 从"心动"到"行动"：机会与能
力在项目团队知识转移中的作用 ［J］. 北京理工大学学报（社会科学
版），2020，22（3）：111-123.

[11] 张雷, 雷雳, 郭伯良. 多层线性模型应用 [M]. 北京: 教育科学出版社, 2003: 53.

[12] 李晨松, 和金生. 知识中介和知识中介参与的知识交易模型构建 [J]. 大连理工大学学报 (社会科学版), 2005 (2): 74-78.

[13] 李俊. 如何更好地解读社会?: 论问卷设计的原则与程序 [J]. 调研世界, 2009 (3): 46-48.

[14] 李怀祖. 管理研究方法论 [M]. 西安: 西安交通大学出版社, 2000.

[15] 李丽萍, 于宏新. 基于项目流程的工程项目知识管理体系的构建 [J]. 科学管理研究, 2010, 28 (2): 80-83.

[16] 刘军. 管理研究方法: 原理与应用 [M]. 北京: 中国人民大学出版社, 2008.

[17] 刘玉新, 朱楠, 陈晨, 等. 员工何以蓬勃旺盛? 影响工作旺盛感的组织情境与理论模型 [J]. 心理科学进展, 2019, 27 (12): 2122-2132.

[18] 刘旸, 张玲玲, 黄安强, 等. 知识转移绩效影响因素的实证研究: 以软件行业为例 [J]. 管理学报, 2009, 6 (11): 1471-1477.

[19] 卢兵, 岳亮, 廖貅武. 联盟中知识转移效果的研究 [J]. 科学学与科学技术管理, 2006, 27 (8): 84-88.

[20] 马楠, 等. 模糊认知图研究进展 [J]. 计算机科学, 2011, 38 (10): 23-28.

[21] 祁红梅, 黄瑞华. 影响知识转移绩效的组织情境因素及动机机制实证研究 [J]. 研究与发展管理, 2008, 20 (2): 58-63.

[22] 任旭, 刘佳. 魅力型领导对项目团队内知识转移影响研究 [J]. 科研管理, 2021, 42 (6): 150-158.

[23] 司云波, 和金生. 知识经纪人与组织知识创新: 基于知识发酵视角 [J]. 情报杂志, 2009, 28 (11): 123-126.

[24] 孙锐, 赵大丽. 动态联盟知识共享的演化博弈分析 [J]. 运筹与管理, 2009, 18 (1): 92-96.

[25] 孙晓华. 产业集聚效应的系统动力学建模与仿真 [J]. 科学学与科学技术管理, 2008 (4): 71-76.

[26] 唐炎华, 石金涛. 我国知识型员工知识转移的动机实证研究 [J]. 管理

工程学报，2007，21（1）：29-35.

[27] 王能民，杨彤，汪应洛. 项目环境中知识转移的策略研究 [J]. 科学学与科学技术管理，2006，27（3）：68-74.

[28] 王其藩. 高级系统动力学 [M]. 北京：清华大学出版社，1995.

[29] 王三义，刘新梅，万威武. 社会资本结构维度对企业间知识转移影响的实证研究 [J]. 科技进步与对策，2007，（4）：111-113.

[30] 王三义，刘新梅，万威武. 知识转移机会、动机、能力对企业间知识转移效果影响的实证研究 [J]. 科技进步与对策，2008，24（11）：95-98.

[31] 王伟，黄瑞华. 知识转移的效率：知识特性和内部知识市场的影响 [J]. 科学学与科学技术管理，2006（3）：75-79.

[32] 王一飞，李柏洲. 基于 BSC-FANP 的中小企业知识转移绩效评价研究 [J]. 情报科学，2011，29（5）：662-666.

[33] 塔雷诺，多诺霍，库珀. 管理研究方法 [M]. 王永贵，等译. 北京：清华大学出版社，2015.

[34] 王众托. 项目管理中的知识管理问题 [J]. 中国机电工业，2003（5）：5-6.

[35] 魏静，宋瑞晓，苗建军，等. 知识转移以及知识元进化博弈的仿真研究 [J]. 研究与发展管理，2010（5）：14-22.

[36] 许光清，邹骥. 系统动力学方法：原理、特点与最新进展 [J]. 哈尔滨工业大学学报（社会科学版），2006（7）：72-77.

[37] 徐进，朱菁. 国外项目知识管理研究进展 [J]. 情报杂志，2010，29（4）：106-110.

[38] 徐金发，许强. 企业知识转移的情境分析模型 [J]. 科研管理，2003，24（2）：54-60.

[39] 徐琪，刘峥. 基于 SVM 的短生命周期产品供应链双渠道需求预测模型 [J]. 系统管理学报，2014，23（2）：255-262.

[40] 杨青，毕樱馨，常明星，等. 考虑时间重叠的项目间知识转移对项目集聚类的影响研究 [J]. 中国管理科学，2021：1-12.

[41] 杨钢，薛惠锋. 高校团队内知识转移的系统动力学建模与仿真 [J]. 科

学学与科学技术管理, 2009 (6): 87-92.

[42] 叶仁敏, HAGTVET K A. 成就动机的测量与分析 [J]. 心理发展与教育, 1992 (2): 14-16.

[43] 应洪斌, 沈瑶. 非正式网络中隐性知识传递的影响机制研究 [J]. 科研管理, 2009, 30 (4): 130-137.

[44] 于晓宇, 陶向明. 创业失败经验与新产品开发绩效的倒 U 形关系: 创业导向的多重中介作用 [J]. 管理科学, 2015, 28 (5): 1-14.

[45] 袁红军. 图书馆咨询团队知识转移效率: 知识特性与组织情境的影响 [J]. 情报理论与实践, 2013, 36 (6): 49-52.

[46] 原长弘, 赵文红, 周林海. 政府支持, 市场不确定性对校企知识转移效率的影响 [J]. 科研管理, 2012, 33 (10): 106-113.

[47] 原长弘, 周林海. 知识转移效率的研究现状 [J]. 中国科技论坛, 2011 (3): 113-120.

[48] 张兵, 王文平. 非正式知识网络关系强度分布与知识流动小世界 [J]. 中国管理科学, 2011, 19 (4): 159-166.

[49] 张宝生, 王晓红. 虚拟科技创新团队知识转移稳定性研究: 基于演化博弈视角 [J]. 运筹与管理, 2011 (5): 169-175.

[50] 张红兵, 张素平. 技术联盟知识转移有效性影响因素的实证研究 [J]. 科学学研究, 2013, 31 (7): 1041-1049.

[51] 张雷, 雷雳, 郭伯良. 多层线性模型应用 [M]. 教育科学出版社, 2003.

[52] 张莉, 顾新, 耿子扬. 能力与声誉权衡下的知识中介选择 [J]. 软科学, 2013 (5): 42-45, 50.

[53] 张玉利, 李乾文. 公司创业导向、双元能力与组织绩效 [J]. 管理科学学报, 2009, 12 (1): 137-152.

[54] 张志勇, 刘益, 卢兵. 战略联盟控制方式对知识转移效果的影响研究 [J]. 科学学与科学技术管理, 2007, 28 (11): 96-99.

[55] 赵丽梅, 张庆普. 我国知识管理研究前沿演进趋势知识图谱 [J]. 科学学与科学技术管理, 2012, 33 (1): 90-98.

[56] 赵云辉. 知识中介在跨国子公司间知识转移中的角色 [J]. 技术经济与

管理研究，2015（10）：34-38.

[57] 赵云辉，张晓娟. 企业知识网络中知识中介角色演变：从封闭到开放 [J]. 财经理论研究，2017（1）：98-104.

[58] 郑健壮，靳雨涵. 知识中介的功能与位置对知识转移的影响机理研究：以椒江缝纫机集群为例 [J]. 现代经济信息，2018（19）：20-22.

[59] 周国华，马丹，徐进，等. 组织情境对项目成员知识共享意愿的影响研究 [J]. 管理评论，2014（5）：61-70.

[60] 朱亚丽，徐青，吴旭辉. 网络密度对企业间知识转移效果的影响：以转移双方企业转移意愿为中介变量的实证研究 [J]. 科学学研究，2011，29（3）：427-431.

[61] ABBATE T，COPPOLINO R. Knowledge creation through knowledge brokers：Some anecdotal evidence [J]. Journal of Management Control，2011，22（3）：359-371.

[62] ACAMPORA G，LOIA V，VITIELLO A. Distributing emotional services in ambient intelligence through cognitive agents [J]. Service Oriented Computing and Applications，2011，5（1）：17-35.

[63] AGUILAR J. A dynamic fuzzy-cognitive-map approach based on random neural networks [J]. International Journal of Computational Cognition，2003，1（4）：91-107.

[64] AHMAD A S，HASSAN M Y，ABDULLAH M P，et al. A review on applications of ANN and SVM for building electrical energy consumption forecasting [J]. Renewable and Sustainable Energy Reviews，2014，33：102-109.

[65] AJMAL M M，KOSKINEN K U. Knowledge transfer in project-based organizations：An organizational culture perspective [J]. Project Management Journal，2008，39（1）：7-15.

[66] ALAVI M，LEIDNER D E. Review：Knowledge management and knowledge management systems：Conceptual foundations and research issues [J]. MIS quarterly，2001，1（10）：107-136.

[67] AL-ADAILEH R M，AL-ATAWI M S. Organizational culture impact on knowl-

edge exchange: Saudi telecom context [J]. Journal of Knowledge Management, 2011, 15 (2): 212-230.

[68] ALBINO V, GARAVELLI A C, SCHIUMA G. Knowledge transfer and inter-firm relationships in industrial districts: The role of the leader firm [J]. Technovation, 1998, 19 (1): 53-63.

[69] ALEXANDER A T, CHILDE S J. Innovation: A knowledge transfer per-spective [J]. Production Planning and Control, 2013, 24 (2 - 3SI): 208-225.

[70] ALLEN N J, MEYER J P. The measurement and antecedents of affective, continuance and normative commitment to the organization [J]. Journal of Occupational Psychology, 1990, 63 (1): 1-18.

[71] ALMEIDA M V, SOARES A L. Knowledge sharing in project-based organiza-tions: Overcoming the informational limbo [J]. International Journal of In-formation Management, 2014, 34 (6): 770-779.

[72] AMBOS T C, AMBOS B. The impact of distance on knowledge transfer effec-tiveness in multinational corporations [J]. Journal of International Manage-ment, 2009, 15 (1): 1-14.

[73] ARDICHVILI A, PAGE V, WENTLING T. Motivation and barriers to partic-ipation in virtual knowledge-sharing communities of practice [J]. Journal of knowledge management, 2003, 7 (1): 64-77.

[74] ARGOTE L. Organizational Learning: Creating, Retaining, and Transferring Knowledge [M]. Dordrecht: Kluwer Academic Publishers, 1999.

[75] ARGOTE L, INGRAM P. Knowledge transfer: A basis for competitive advan-tage in firms [J]. Organizational Behavior and Human Decision Processes, 2000, 82 (1): 150-169.

[76] ARTTO K, DAVIES A, KUJALA J, et al. The project business: Analytical framework and research opportunities [J]. The Oxford Handbook of Project Management, 2011: 133-153.

[77] ARTTO K, KULVIK I, POSKELA J, et al. The integrative role of the pro-ject management office in the front end of innovation [J]. International Jour-

nal of Project Management, 2011, 29 (4): 408-421.

[78] AXELROD R M, et al. Structure of Decision: The Cognitive Maps of Political Elites [M]. Princeton: Princeton University Press, 1976.

[79] AUBRY M, HOBBS B, THUILLIER D. A new framework for understanding organisational project management through the PMO [J]. International Journal of Project Management, 2007, 25 (4): 328-336.

[80] AUBRY M, HOBBS B, THUILLIER D. The contribution of the project management office to organisational performance [J]. International Journal of Managing Projects in Business, 2009, 2 (1): 141-148.

[81] AUBRY M, HOBBS B, MÜLLER R, et al. Identifying forces driving PMO changes [J]. Project Management Journal, 2010, 41 (4): 30-45.

[82] AUBRY M, MüLLER R, HOBBS B, et al. Project management offices in transition [J]. International Journal of Project Management, 2010, 28 (8): 766-778.

[83] AUDRETSCH D B. From the entrepreneurial university to the university for the entrepreneurial society [J]. Technol Transf, 2014, 39: 313-321.

[84] AUDRETSCH D B, LEHMANN E E, PALEARI S, et al. Entrepreneurial finance and technology transfer [J]. The Journal of Technology Transfer, 2016, 41 (1): 1-9.

[85] BACK W E, MOREAU K A. Information management strategies for project management [J]. Project Management Journal, 2001, 32 (1): 10-19.

[86] BAGOZZI R P, YI Y. On the evaluation of structural equation models [J]. Journal of the Academy of Marketing Science, 1988, 16 (1): 74-94.

[87] BARACHINI F. Cultural and social issues for knowledge sharing [J]. Journal of Knowledge Management, 2009, 13 (1): 98-110.

[88] BARGIELA A, PEDRYCZ W. Granular Computing: An Introduction [M]. New York: Springer Science and Business Media, 2012.

[89] BARTOL K M, SRIVASTAVA A. Encouraging knowledge sharing: The role of organizational reward systems [J]. Journal of Leadership and Organizational Studies, 2002, 9 (1): 64-76.

[90] BARTSCH V, EBERS M, MAURER I. Learning in project-based organizations: The role of project teams' social capital for overcoming barriers to learning [J]. International Journal of Project Management, 2013, 31 (2): 239-251.

[91] BILLINGTON C, DAVIDSON R. Using knowledge brokering to improve business processes [J]. Business Review, 2006, 84 (3): 58-66.

[92] BREDIN K, SÖDERLUND J. Human resource management in project-based organizations: The HR quadriad framework [M]. New York: Palgrave Macmillan, 2011.

[93] BROWN J S, DUGUID P. Organizational learning and communities-of-practice: Toward a unified view of working, learning, and innovation [J]. Organization science, 1991, 2 (1): 40-57.

[94] BOH W F. Mechanisms for sharing knowledge in project-based organizations [J]. Information and Organization, 2007, 17 (1): 27-58.

[95] BOSCHMA R A. Proximity and innovation: A critical assessment [J]. Regional Studies, 2005, 39 (1): 61-74.

[96] BOZEMAN B, RIMES H, YOUTIE J. The evolving state-of-the-art in technology transfer research: Revisiting the contingent effectiveness model [J]. Research Policy, 2015, 44 (1): 34-49.

[97] CACCIATORI E. Memory objects in project environments: Storing, retrieving and adapting learning in project-based firms [J]. Research Policy, 2008, 37 (9): 1591-1601.

[98] CAI Y, MIAO C, TAN A H, et al. Creating an immersive game world with evolutionary fuzzy cognitive maps [J]. IEEE computer graphics and applications, 2010 (2): 58-70.

[99] CAMERON K S, QUINN R E. Diagnosing and Changing Organizational Culture: Based on the Competing Values Framework [M]. New York: John Wiley and Sons, 2011.

[100] CAMMANN C, FICHMAN M, JENKINS G D, et al. Michigan organizational assessment questionnaire [J]. Assessing organizational change: A

guide to methods, measures, and practices, 1983: 71-138.

[101] CARVALHO J P, TOMÈ J A B. Rule based fuzzy cognitive maps-expressing time in qualitative system dynamics [C] //The 10th IEEE International Conference on Fuzzy Systems, 2001.

[102] CARRON A V, WIDMEYER W N, BRAWLEY L R. The development of an instrument to assess cohesion in sport teams: The Group environment questionnaire [J]. Journal of Sport Psychology, 1985, 7 (3): 244-266.

[103] CASSIMAN B, VEUGELERS R. In search of complementarity in innovation strategy: Internal R & D and external knowledge acquisition [J]. Management Science, 2006, 52 (1): 68-82.

[104] CAVUSGIL S T, CALANTONE R J, ZHAO Y S. Tacit knowledge transfer and firm innovation capability [J]. Journal of Business and Industrial Marketing, 2003, 18 (1): 6-21.

[105] CHANG H H, CHUANG S S. Social capital and individual motivations on knowledge sharing: Participant involvement as a moderator [J]. Information and management, 2011, 48 (1): 9-18.

[106] CHANG Y Y, GONG Y P, PENG M W. Expatriate knowledge transfer, subsidiary absorptive capacity, and subsidiary performance [J]. Academy of Management Journal, 2012, 55 (4): 927-948.

[107] CHEN C M. CiteSpace II: Detecting and visualizing emerging trends and transient patterns in scientific literature [J]. Journal of the American Society for information Science and Technology, 2006, 57 (3): 359-377.

[108] CHEN C M, CHEN Y, HOROWITZ M, et al. Towards an explanatory and computational theory of scientific discovery [J]. Journal of Informetrics, 2009, 3 (3): 191-209.

[109] CHENG F, YIN Y. Organizational antecedents and multiple paths of knowledge-sharing behavior of construction project members: Evidence from Chinese construction enterprises [J]. Engineering Construction and Architectural Management, 2022.

[110] CHESNAIS F. Technological agreements, networks and selected issues in

economic theory [M] //LAREDO P. MUSTAR P. Technological Collabo-
ration: Dynamics of Cooperation in Industrial Innovation. London: Edward
Elgar Publishing, 1996.

[111] CHILD D. The Essentials of Factor Analysis [M]. New York: Cassell Ed-
ucational, 1990.

[112] CHOUDHURY S, GHOSH S, BHATTACHARYA A, et al. A real time
clustering and SVM based price-volatility prediction for optimal trading strat-
egy [J]. Neurocomputing, 2014, 131: 419-426.

[113] CODARA L, LE MAPPE. Cognitive [M]. Rome: Carroccl, 1998.

[114] COHEN J. Statistical Power Analysis for the Behavioral Sciences [M]. New
York: Academic Press, 1988.

[115] COHEN W M, LEVINTHAL D A. Innovation and learning: The two faces
of R & D [J]. The Economic Journal, 1989, 99 (397): 569-596.

[116] COHEN W M, LEVINTHAL D A. Absorptive capacity: A new perspective on
learning and innovation [J]. Administrative Science Quarterly, 1990:
128-152.

[117] COLE J R, PERSICHITTE K A. Fuzzy cognitive mapping: Applications in edu-
cation [J]. International Journal of Intelligent Systems, 2000, 15 (1):
1-25.

[118] CONSTANT D, KIESLER S, SPROULL L. What's mine is ours, or is it?
A study of attitudes about information sharing [J]. Information Systems Re-
search, 1994, 5 (4): 400-421.

[119] CORREA R D, et al. Mechanisms for capturing and transferring tacit knowl-
edge between projects [J]. International Journal of Knowledge Management
Studies, 2023, 14 (1): 50-73.

[120] CRUZ N M, PÉREZ V M, CANTERO C T. The influence of employee moti-
vation on knowledge transfer [J]. Journal of knowledge Management,
2009, 13 (6): 478-490.

[121] CUMMINGS J L, TENG B S. Transferring R & D knowledge: The key fac-
tors affecting knowledge transfer success [J]. Journal of Engineering and

technology management, 2003, 20 (1): 39-68.

[122] CUMMINGS S, KIWANUKA S, GILLMAN H, et al. The future of knowl-edge brokering: Perspectives from a generational framework of knowledge management for international development [J]. Information Development, 2019, 35 (5): 781-794.

[123] CVITANOVIC C, CUNNINGHAM R, DOWD A M, et al. Using social net-work analysis to monitor and assess the effectiveness of knowledge brokers at connecting scientists and decision-makers: An australian case study [J]. Environmental Policy and Governance, 2017, 27 (3): 256-269.

[124] DAFT R L. Organization Theory and Design [M]. Cincinnati: South-West-ern College Publishing, 1998.

[125] DASÍ A, PEDERSEN T, BARAKAT L L, et al. Teams and project per-formance: An ability, motivation, and opportunity approach [J]. Project Management Journal, 2021, 52 (1): 75-89.

[126] DAI C X, WELLS W G. An exploration of project management office fea-tures and their relationship to project performance [J]. International Jour-nal of Project Management, 2004, 22 (7): 523-532.

[127] DAVENPORT T H, PRUSAK L. Working Knowledge: How Organizations Manage What they Know [M]. Boston: Harvard Business Press, 1998.

[128] DAVIS F D, BAGOZZI R P, WARSHAW P R. Extrinsic and intrinsic mo-tivation to use computers in the workplace1 [J]. Journal of Applied Social Psychology, 1992, 22 (14): 1111-1132.

[129] D'ARMAGNAC S. Issues in the management of embedded knowledge in pro-ject-based organizations: The project actor's role [J]. Knowledge Manage-ment Research and Practice, 2014: 1-17.

[130] DECI E L. Intrinsic Motivation [M]. New York: Plenum, 1975.

[131] DECI E L, RYAN R M. Intrinsic Motivation and Self-Determination in Hu-man Behavior [M]. New York: Springer Science and Business Media, 1985.

[132] DECI E L, RYAN R M. The support of autonomy and the control of behavior

[J]. Journal of Personality and Social Psychology, 1987, 53 (6): 1024.

[133] DECKER B, LANDAETA R E, KOTNOUR T G. Exploring the relation-ships between emotional intelligence and the use of knowledge transfer meth-ods in the project environment [J]. Knowledge Management Research and Practice, 2009, 7 (1): 15-36.

[134] DEFILLIPPI R J, ARTHUR M B. Paradox in project-based enterprise: The case of film making [J]. California Management Review, 2002, 40 (2): 125-139.

[135] DEMPSTER A P, LAIRD N M, RUBIN D B. Maximum likelihood from in-complete data via the EM algorithm [J]. Journal of the Royal Statistical So-ciety, 1977, 39 (1): 1-12.

[136] DEMPSTER A P, RUBIN D B, TSUTAKAWA R K . Estimation in covari-ance components models [J]. JASA: Journal of the American Statistical As-sociation, 1981, 76 (374): 341-353.

[137] DENISON D R, HART S L, KAHN J A. From chimneys to cross-functional teams: Developing and validating a diagnostic model [J]. Academy of Management Journal, 1996, 39 (4): 1005-1023.

[138] DENISON and MISHRA, 1995; Denison, 2000, Denison organizational culture survey.

[139] DESOUZA K C, EVARISTO J R. Managing knowledge in distributed pro-jects [J]. Communications of the ACM, 2004, 47 (4): 87-91.

[140] DEVELLIS R F. Scale Development: Theory and Applications [M]. New York: Sage publications, 2012.

[141] DHANARAJ C, LYLES M A, STEENSMA H K, et al. Managing tacit and explicit knowledge transfer in IJVs: The role of relational embeddedness and the impact on performance [J]. Journal of International Business Studies, 2004, 35 (5): 428-442.

[142] DIETRICH P, KUJALA J, ARTTO K. Strategic priorities and PMO func-tions in project-based firms [C] //PMI Research and Education Confer-ence, 2010.

［143］ DICKERSON J, KOSKO B. Virtual worlds as fuzzy cognitive maps ［C］ // Virtual Reality Annual International Symposium, IEEE, 1993: 471-477.

［144］ DISTERER G. Management of project knowledge and experiences ［J］. Journal of Knowledge Management, 2002, 6 (5): 512-520.

［145］ DIXON N M. The Organizational Learning Cycle: How We Can Learn Collectively ［M］. Burlington: Gower Publishing, Ltd. , 1999.

［146］ DIXON N M. Common Knowledge: How Companies Thrive by Sharing What They Knowledge ［M］. Boston: Harvard Business Press, 2000.

［147］ DOLL W J, TORKZADEH G. The measurement of end-user computing satisfaction ［J］. MIS quarterly, 1988, 12 (2): 259-274.

［148］ DONG J Y, LAI X M, ZHAO D L. How incentive affects knowledge transfer performance in corporate user community: The mediating roles of users' transfer willingness and ability ［J］. Managerial and Decision Economics, 2022, 43 (6): 2249-2260.

［149］ DOOLEN T L, HACKER M E, VAN AKEN E M. The impact of organizational context on work team effectiveness: A study of production team ［J］. Engineering Management IEEE Transactions on, 2003, 50 (3): 285-296.

［150］ DUAN Y Q, NIE W Y, COAKES E. Identifying key factors affecting transnational knowledge transfer ［J］. Information and management, 2010, 47 (7): 356-363.

［151］ DUBOIS A, GADDE L E . Systematic combining: An abductive approach to case research ［J］. Journal of Business Research, 2002, 55 (7): 553-560.

［152］ EDMONDSON A C. Speaking up in the operating room: How team leaders promote learning in interdisciplinary action teams ［J］. Journal of management studies, 2003, 40 (6): 1419-1452.

［153］ EGAN T M, YANG B, BARTLETT K R. The effects of organizational learning culture and job satisfaction on motivation to transfer learning and turnover intention ［J］. Human Resource Development Quarterly, 2004, 15 (3): 279-301.

[154] EISENBERGER R, ARMELI S, REXWINKEL B, et al. Reciprocation of perceived organizational support [J]. Journal of Applied Psychology, 2001, 86 (1): 42-51.

[155] EISENBERGER R, FASOLO P, DAVIS-LAMASTRO V. Perceived organizational support and employee diligence, commitment, and innovation [J]. Journal of Applied Psychology, 1990, 75 (1): 51-59.

[156] EISENHARDT K M. Making fast strategic decisions in high-velocity environments [J]. Academy of Management Journal, 1989, 32 (3): 543-576.

[157] ENDERS C K, TOFIGHI D. Centering predictor variables in cross-sectional multilevel models: A new look at an old issue [J]. Psychological Methods, 2007, 12 (2): 121-138.

[158] ERKAN O H, DABAS C, KOLEV K, et al. An assessment of hierarchical linear modeling in international business, management, and marketing [J]. International Business Review, 2013, 22 (4): 663-677.

[159] FERREIRA J J, FERNANDES C I, GUO Y, et al. Knowledge worker mobility and knowledge management in MNEs: A bibliometric analysis and research agenda [J]. Journal of Business Research, 2022, 142: 464-475.

[160] FORMENTINI M, ROMANO P. Using value analysis to support knowledge transfer in the multi-project setting [J]. International Journal of Production Economics, 2011, 131 (2): 545-560.

[161] FORNELL C, LARCKER D F. Evaluating structural equation models with unobservable variables and measurement error [J]. Journal of Marketing Research, 1981, 24 (4): 337-346

[162] FOSS N J, PEDERSEN T. Transferring knowledge in MNCs: The role of sources of subsidiary knowledge and organizational context [J]. Journal of International Management, 2002, 8 (1): 49-67.

[163] GAGNÉ M. A model of knowledge-sharing motivation [J]. Human Resource Management, 2009, 48 (4), 571-589.

[164] GARCIA A J, MOLLAOGLU S, FRANK K A, et al. Emergence and evo-

lution of network structures in complex interorganizational project teams [J]. Journal of Management in Engineering, 2021, 37 (5): 1–12.

[165] GASIK S. A model of project knowledge management [J]. Project Management Journal, 2011, 42 (3): 23–44.

[166] GEORGE J M, BRIEF A. Motivational Agendas in the Workplace: The Effects of Feelings on Focus of Attention and Work Motivation [M]. New York: JAI Press, 1996.

[167] GILBERT M, CORDEY-HAYES M. Understanding the process of knowledge transfer to achieve successful technological innovation [J]. Technovation, 1996, 16 (6): 301–312.

[168] GLADSTEIN D L. Groups in context: A model of task group effectiveness [J]. Administrative Science Quarterly, 1984, 29 (4): 499–517.

[169] GOFFIN K, KONERS U, BAXTER D, et al. Managing lessons learned and tacit knowledge in new product development [J]. Research Management, 2010, 53 (4): 39–51.

[170] GOH S C. Managing effective knowledge transfer: An integrative framework and some practice implications [J]. Journal of Knowledge Management, 2002, 6 (1): 23–30.

[171] GOLDSTEIN H. Multilevel mixed linear model analysis Using iterative generalized least squares [J]. Biometrika, 1986 (1): 43–56.

[172] GOTTA M, O'KELLY P. Trends in social software [R]. Educause Center for Applied Research (with the Burton Group), 2006.

[173] GOULD R, FERNANDEZ R. Structures of mediation: A formal approach to brokerage in transaction networks [J]. Sociological Methodology, 1989, 19: 89–126.

[174] GRABHER G. Temporary architectures of learning: Knowledge governance in project ecologies [J]. Organization Studies, 2004, 25 (9): 1491–1491.

[175] GRANT R M. Toward a knowledge-based theory of the firm [J]. Strategic management journal, 1996, 17 (S2): 109–122.

[176] GUERRERO M, CUNNINGHAM J A, URBANO D. Economic impact of

entrepreneurial universities' activities: An exploratory study of the United Kingdom [J]. Research Policy, 2015, 44 (3): 748-764.

[177] GUPTA A K, GOVINDARAJAN V. Knowledge flows and the structure of control within multinational corporations [J]. Academy of management review, 1991, 16 (4): 768-792.

[178] GUPTA A K, GOVINDARAJAN V. Knowledge flows within multinational corporations [J]. Strategic Management Journal, 2000, 21 (4): 473-496.

[179] GUPTA A K, et al. Knowledge management in industry 4. 0 environment for sustainable competitive advantage: A strategic framework [J]. Knowledge Management Research and Practice, 2022, 20 (6): 878-892.

[180] HAIR J F, BLACK W C, BABIN B J, et al. Multivariate Data Analysis [M]. Upper Saddle River: Pearson Prentice Hall, 2006.

[181] HÅKANSON L, NOBEL R. Technology characteristics and reverse technology transfer [J]. MIR: Management International Review, 2000: 29-48.

[182] HANSEN M T. The search-transfer problem: The role of weak ties in sharing knowledge across organization subunits [J]. Administrative Science Quarterly, 1999, 44 (1): 82-111.

[183] HANSEN M T, NOHRIA N, TIERNEY T. What's your strategy for managing knowledge? [J]. The Knowledge Management Yearbook, 1999, 77 (2): 106-116.

[184] HARGADON A. Firms as knowledge brokers: Lessons in pursuing continuous innovation [J]. California Managment, 1998, 40: 209-227.

[185] HARGADON A, SUTTON R I. Building an innovation factory [J]. Harvard Business Review, 2000, 78 (3): 157-166.

[186] HARGADON A B. Brokering knowledge: Linking learning and innovation [J]. Research in Organizational Behavior, 2002, 24: 41-85.

[187] HARRY, SCARBROUGH, JACKY, et al. Project-based learning and the role of learning boundaries [J]. Organization Studies, 2004, 25 (9): 1579-1600.

［188］ HAYNES S N, RICHARD D, KUBANY E S. Content validity in psychological assessment: A functional approach to concepts and methods ［J］. Psychological Assessment, 1995, 7 (3): 238.

［189］ HEAGERTY P J, ZEGER S L. Marginalized multilevel models and likelihood inference (with comments and a rejoinder by the authors) ［J］. Statistical Science, 2000, 15 (1): 22–24.

［190］ HINDS P J, PATTERSON M, PFEFFER J. Bothered by abstraction: The effect of expertise on knowledge transfer and subsequent novice performance ［J］. Journal of Applied Psychology, 2001, 86 (6): 1232–1243.

［191］ HO S P, TSERNG H P, JAN S H. Enhancing knowledge sharing management using BIM Technology in Construction ［J］. Scientific World Journal, 2013.

［192］ HOBDAY M. The project-based organization: An ideal form for managing complex products and systems? ［J］. Research Policy, 2000, 29 (7): 871–893.

［193］ HOBBS B, AUBRY M, THUILLIER D. The project management office as an organizational innovation ［J］. International Journal of Project Management, 2008, 26 (5): 547–555.

［194］ HOLZMANN V. A meta-analysis of brokering knowledge in project management ［J］. International Journal of Project Management, 2013, 31 (1): 2–13.

［195］ HOROWITZ A, SHINDELMAN L W. Reciprocity and affection: Past influences on current caregiving ［J］. Journal of Gerontological Social Work, 1983, 5 (3): 5–20.

［196］ HOWELLS J R L. Tacit knowledge, innovation and economic geography ［J］. Urban Studies, 2002, 39 (5–6): 871–884.

［197］ HSU D H, LIM K H. The antecedents and innovation consequences of organizational knowledge brokering ［R］. Working paper, 2011, Wharton School and Melbourne Business School.

［198］ HUNG S Y, HUANG Y W, CHOU Y T. Understanding the Factors Influencing Physicians' Knowledge Transfer Success ［R］. PACIS 2015 Proceedings, 2015.

[199] HUEMANN M, KEEGAN A, TURNER J R. Human resource management in the project-oriented company: A review [J]. International Journal of Project Management, 2007, 25 (3): 315-323.

[200] HUNG S Y, DURCIKOVA A, LAI H M, et al. The influence of intrinsic and extrinsic motivation on individuals' knowledge sharing behavior [J]. International Journal of Human-Computer Studies, 2011, 69 (6): 415-427.

[201] HYATT D E, RUDDY T M. An examination of the relationship between work group characteristics and performance: Once more into the breech [J]. Personnel Psychology, 1997, 50 (3): 553-585.

[202] IAKOVIDIS D K, PAPAGEORGIOU E. Intuitionistic fuzzy cognitive maps for medical decision making [J]. Information Technology in Biomedicine, IEEE Transactions on, 2011, 15 (1): 100-107.

[203] IDRIS K M, ALI K N, GODWIN A U. Influence of organizational leadership on knowledge transfer in construction [J]. Asian Social Science, 2015, 11 (21): 102-114.

[204] INKPEN A C, TSANG E W K. Social capital, networks, and knowledge transfer [J]. Academy of Management Review, 2005, 30 (1): 146-65.

[205] IPE M. Knowledge sharing in organizations: A conceptual framework [J]. Human Resource Development Review, 2003, 2 (4): 337-359.

[206] JACKSON P, KLOBAS J. Building knowledge in projects: A practical application of social constructivism to information systems development [J]. International Journal of Project Management, 2008, 26 (4): 329-337.

[207] JALLOW H, et al. AI Knowledge Management and Artificial Intelligence (AI) [R]. 21st European Conference on Knowledge Management (ECKM), Conventry Univ, ELECTR NETWORK, 2020.

[208] JANZ B D, COLQUITT J A, NOE R A. Knowledge worker team effectiveness: The role of autonomy, interdependence, team development, and contextual support variables [J]. Personnel psychology, 1997, 50 (4):

877-904.

[209] JAVERNICK-WILL A. Motivating knowledge sharing in engineering and construction organizations: Power of social motivations [J]. Journal of Management in Engineering, 2011, 28 (2): 193-202.

[210] JAVORCIK, B S. Does foreign direct investment increase the productivity of domestic firms? In search of spillovers through backward linkages [J]. American Economic Review, 2004, 94: 605-627.

[211] JENSEN R J, SZULANSKI G. Stickiness and the adaptation of organizational practices in cross-border knowledge transfers [J]. Journal of International Business Studies, 2004, 35 (6): 508-523.

[212] JENSEN R J, SZULANSKI G. Template use and the effectiveness of knowledge transfer [J]. Management Science, 2007, 53 (11): 1716-1730.

[213] JOHANNESSEN J A, OLSEN B. Projects as communicating systems: Creating a culture of innovation and performance [J]. International Journal of Information Management, 2011, 31 (1): 30-37.

[214] JULIAN J. How project management office leaders facilitate cross-project learning and continuous improvement [J]. Project Management Journal, 2008, 39 (3): 43-58.

[215] KALLING T. Organization-internal transfer of knowledge and the role of motivation: A qualitative case study [J]. Knowledge and Process Management, 2003, 10 (2): 115.

[216] KAPLAN R W, SACCUZZO D P. Psychological testing: Principles, applications, and issues [M]. monterey: Brooks/Cole, 1982.

[217] KIEFER L, FRANK J, DI RUGGIERO E, et al. Fostering evidence-based decision-making in Canada: Examining the need for a Canadian population and public health evidence centre and research network [J]. Canadian Journal of Public Health/Revue Canadienne de Sante'e Publique, 2005, 96 (3): I1-I19.

[218] KIM S, SUH E, JUN Y. Building a knowledge brokering system using social network analysis: A case study of the Korean financial industry [J].

Expert Systems with Applications, 2011. 38 (12): 14633-14649.

[219] KIM L, NELSON R R. Technology, Learning, and Innovation: Experiences of Newly Industrializing Economies [M]. Cambridge. Cambridge University Press, 2000.

[220] KIM S, LEE H. The impact of organizational context and information technology on employee knowledge-sharing capabilities [J]. Public Administration Review, 2006, 66 (3): 370-385.

[221] KISLOV R, WILSON P, BOADEN R. The 'dark side' of knowledge brokering [J]. Journal of Health Services Research and Policy, 2017, 22 (2): 107-112.

[222] KO D G, KIRSCH L J, KING W R. Antecedents of knowledge transfer from consultants to clients in enterprise system implementations [J]. MIS quarterly, 2005 (1): 59-85.

[223] KOGUT B, ZANDER U. Knowledge of the firm, combinative capabilities, and the replication of technology [J]. Organization science, 1992, 3 (3): 383-397.

[224] KOSKO B. Fuzzy cognitive maps [J]. International Journal of Man-Machine Studies, 1986, 24 (1): 65-75.

[225] KOSKINEN K U, PIHLANTO P, VANHARANTA H. Tacit knowledge acquisition and sharing in a project work context [J]. International Journal of Project Management, 2003, 21 (4): 281-290.

[226] KOSTOVA T. Transnational transfer of strategic organizational practices: A contextual perspective [J]. Academy of Management Review, 1999, 24 (2): 308-324.

[227] KOTTAS T L, BOUTALIS Y S, CHRISTODOULOU M A. Fuzzy cognitive network: A general framework [J]. Intelligent Decision Technologies, 2007, 1 (4): 183-196.

[228] KREPS D M. Intrinsic motivation and extrinsic incentives [J]. The American Economic Review, 1997, 8 (2): 359-364.

[229] LAHTI R K, BEYERLEIN M M. Knowledge transfer and management con-

sulting: A look at "the firm" [J]. Business Horizons, 2000, 43 (1): 65-74.

[230] LAIRD N M, WARE J H . Random-effects models for longitudinal data [J]. Biometrics, 1982, 38 (4): 963-974.

[231] LAM A, LAMBERMONT-FORD J P. Knowledge sharing in organizational contexts: A motivation-based perspective [J]. Journal of Knowledge Management, 2010, 14 (1): 51-66.

[232] LANE P J, KOKA B R, PATHAK S. The reification of absorptive capacity: A critical review and rejuvenation of the construct [J]. Academy of Management Review, 2006, 31 (4): 833-863.

[233] LANE P J, LUBATKIN M. Relative absorptive capacity and interorganizational learning [J]. Strategic Management Journal, 1998, 19 (5): 461-477.

[234] LANGONE R, ALZATE C, DE KETELAERE B, et al. LS-SVM based spectral clustering and regression for predicting maintenance of industrial machines [J]. Engineering Applications of Artificial Intelligence, 2015, 37: 268-278.

[235] LAURSEN K, SALTER A. Open for innovation: The role of openness in explaining innovation performance among UK manufacturing firms [J]. Strategic Management Journal, 2006, 27 (2): 131-150.

[236] LAVE J. Situating learning in communities of practice [J]. Perspectives on Socially Shared Cognition, 1991, 26 (10): 17-36.

[237] LEE H, CHOI B. Knowledge management enablers, processes, and organizational performance: An integrative view and empirical examination [J]. Journal of Management Information Systems, 2003, 20 (1): 179-228.

[238] LEE K C, KIM J S, CHUNG N H, et al. Fuzzy cognitive map approach to web-mining inference amplification [J]. Expert Systems with Applications, 2002, 22 (3): 197-211.

[239] LEVIN D Z, CROSS R. The strength of weak ties you can trust: The mediating role of trust in effective knowledge transfer [J]. Management Science,

2004, 50 (11): 1477-1490.

[240] LEWIS G. Tendency for Knowledge Transfer Effectiveness Scale Development [M]. New York: ProQuest, UMI Dissertations Publishing, 2011.

[241] LI Z H X, WAN T, LAN J. Substitution or complementarity: Influence of industry-university-research-institute cooperation governance mechanism on knowledge transfer: An empirical analysis from China [J]. Sustainability, 14 (13): 1-24.

[242] LI Z H X, ZHU G L. Knowledge transfer performance of industry-university-research institute collaboration in China: The moderating effect of partner difference [J]. Sustainability, 2022, 13 (23): 13202.

[243] LIN H F. Effects of extrinsic and intrinsic motivation on employee knowledge sharing intentions [J]. Journal of Information Science, 2007, 33 (2): 135-149.

[244] LINDENBERG S. Intrinsic motivation in a new light [J]. Kyklos, 2001, 54 (2-3): 317-342.

[245] LINDKVIST L. Governing project-based firms: Promoting market-like processes within hierarchies [J]. Journal of Management & Governance, 2004, 8 (1): 3-25.

[246] LINDLEY D V, SMITH A F M. Bayes estimates for the linear model [J]. Journal of the Royal Statistical Society. Series B: Methodological, 1972, 34 (1).

[247] LINDNER F, WALD A. Success factors of knowledge management in temporary organizations [J]. International Journal of Project Management, 2011, 29 (7): 877-888.

[248] LIU K N, SU Y K, POLLACK J, et al. Explaining the formation mechanism of intrateam knowledge exchange network in offsite construction projects: A social cognitive perspective [J]. Journal of Construction Engineering and Management, 2022, 148 (2): 1-15.

[249] LIU K, et al. Linking network embeddedness and team members' informal learning effectiveness in off-site construction projects: An opportunity-moti-

vation-ability perspective [J]. Journal of Management in Engineering, 2022, 38 (5): 126-145.

[250] LIU L, YETTON P. The contingent effects on project performance of conducting project reviews and deploying project management offices [J]. Engineering Management, IEEE Transactions on, 2007, 54 (4): 789-799.

[251] LONGFORD, NICHOLAS. A fast scoring algorithm for maximum likelihood estimation in unbalanced mixed models with nested random effects [J]. ETS Research Report Series, 1987, 1987 (1): 1-26.

[252] LOPEZ C, SALMERON J L. Dynamic risks modelling in ERP maintenance projects with FCM [J]. Information Sciences, 2014, 256: 25-45.

[253] LUO S H, LEE G G. Exploring the key factors to successful knowledge transfer [J]. Total Quality Management and Business Excellence, 2015, 26 (3-4): 445-464.

[254] MA G F, JIANG S, WANG D. Understanding the effects of social media use on construction project performance: A project manager's perspective [J]. Engineering Construction and Architectural Management, 2022, 29 (1): 551-570.

[255] MA L, QU Q. Differentiation in leader-member exchange: A hierarchical linear modeling approach [J]. The Leadership Quarterly, 2010, 21 (5): 733-744.

[256] MAZLOOMI K H, JOLLY D R. Knowledge transfer in alliances: determinant factors [J]. Journal of Knowledge Management, 2008, 12 (1): 37-50.

[257] MEI S, ZHU Y F, QIU X G, et al. Individual decision making can drive epidemics: A fuzzy cognitivemap study [J]. Fuzzy Systems, IEEE Transactions on, 2014, 22 (2): 264-273.

[258] MEYER J W, ROWAN B. Institutionalized organizations: Formal structure as myth and ceremony [J]. American Journal of Sociology, 1977, 83 (2): 340-363.

[259] MEYER K E, MUDAMBI R, NARULA R. Multinational enterprises and lo-

cal contexts: The opportunities and challenges of multiple embeddedness [J]. Journal of Management Studies, 2011, 48 (2): 235-252.

[260] MEYER M. The rise of the knowledge broker [J]. Science Communication, 2010, 32 (1): 118-127.

[261] MIAO Y, LIU Z Q, SIEW C K, et al. Dynamical cognitive network-an extension of fuzzy cognitive map [J]. Fuzzy Systems, IEEE Transactions on, 2001, 9 (5): 760-770.

[262] MIGUEL E, CAMERER C, CASEY K, et al. Promoting transparency in social science research [J]. Science, 2014, 343 (6166): 30-31.

[263] MILNE P. Motivation, incentives and organizational culture [J]. Journal of Knowledge Management, 2007, 11 (6): 28-38.

[264] MITTAL B. A comparative analysis of four scales of consumer involvement [J]. Psychology and Marketing, 1995, 12 (7): 663-682.

[265] MORRIS P W G, GERALDI J. Managing the institutional context for projects [J]. Project Management Journal, 2011, 42 (6): 20-32.

[266] MURPHY K R, DAVIDSHOFER C O. Psychological testing [J]. Principles, and Applications, Englewood Cliffs, 1988.

[267] Müller, C, GUREVYCH I. Using wikipedia and wiktionary in domain-specific information retrieval, in evaluating systems for multilingual and multimodal [J]. Information Access, 2009.

[268] NADEEM M A, LIU Z, GHANI U, et al. Impact of shared goals on knowledge hiding behavior: The moderating role of trust [J]. Management Decision, 2021, 59 (6): 1312-1332.

[269] NAM J, KIM J, MENCÍA E L, et al. Large-scale Multi-label Text Classification—Revisiting Neural Networks [M] //Machine Learning and Knowledge Discovery in Databases. Berlin: Springer, 2014: 437-452.

[270] NARAZAKI R S., et al. Social media in knowledge management: A holistic knowledge funnel based on a retrospective 10-year study in top-tier journals [J]. Knowledge and Process Management, 2020, 27 (2): 123-132.

[271] NEWELL S, EDELMAN L F. Developing dynamic project learning and

cross-project learning capability: Synthesizing two perspectives [J]. Information Systems Journal, 2008, 18 (6): 567-591.

[272] NEWELL S, ROBERTSON M, SCARBROUGH H, et al. Managing Knowledge Work and Innovation [M]. New York: Palgrave Macmillan, 2009.

[273] NEWMAN M E J, GIRVAN M. Finding and evaluating community structure in networks [J]. Physical Review E, 2004, 69 (2): 026113.

[274] NGEREJA B, HUSSEIN B. An examination of the preconditions of learning to facilitate innovation in digitalization projects: A project team members' perspective [J]. Ijispm-International Journal of Information Systems and Project Management, 2021, 9 (2): 23-41.

[275] NICHOLLS J G. Achievement motivation: Conceptions of ability, subjective experience, task choice, and performance [J]. Psychological Review, 1984, 91 (3): 328-346.

[276] NOE R A. Trainees' attributes and attitudes: Neglected influences on training effectiveness [J]. Academy of management review, 1986, 11 (4): 736-749.

[277] NONAKA I. The knowledge-creating company [J]. Harvard Business Review, 1991, 69 (6): 96-104.

[278] NONAKA I. A dynamic theory of organizational knowledge creation [J]. Organization Science, 1994, 5 (1): 14-37.

[279] NONAKA I, TAKEUCHI H. The Knowledge-Creating Company: How Japanese Companies Create the Dynamics of Innovation [M]. Oxford: Oxford University Press, 1995.

[280] NONAKA I, TOYAMA R, KONNO N. SECI, "Ba" and leadership: A unified model of dynamic knowledge creation [J]. Long Range Planning, 2000, 33 (1): 5-34.

[281] NONAKA I, TOYAMA R. The knowledge-creating theory revisited: Knowledge creation as a synthesizing process [J]. Knowledge Management Research and Practice, 2003, 1 (1): 2-10.

[282] NUNNALLY J C. Psychometric Theory [M]. New York: Mc Graw-

Hill, 1978.

[283] NUNNALLY J C, BERNSTEIN I H, BERGE J M F. Psychometric theory [M]. New York: McGraw-Hill, 1967.

[284] NYGÅRD R, GJESME T. Assessment of achievement motives: Comments and suggestions [J]. Scandinavian Journal of Educational Research, 1973, 17 (1): 39-46.

[285] O'DELL C S, GRAYSON C J, ESSAIDES N. If Only We Knew What We Know: The Transfer of Internal Knowledge and Best Practice [M]. New York: Simon and Schuster, 1998.

[286] OLDHAM G, MCLEAN R . Approaches to knowledge-brokering [J]. International Institute for Sustainable Development, 1997.

[287] OSTERLOH M, FREY B S. Motivation, knowledge transfer, and organizational forms [J]. Organization Science, 2000, 11 (5): 538-550.

[288] PAPAGEORGIOU E I, SALMERON J L. A review of fuzzy cognitive maps research during the last decade [J]. Fuzzy Systems, IEEE Transactions on, 2013, 21 (1): 66-79.

[289] PARK J Y, IM K S, KIM J S. The role of IT human capability in the knowledge transfer process in IT outsourcing context [J]. Information and Management, 2011, 48 (1): 53-61.

[290] PÉREZ-NORDTVEDT L, KEDIA B L, DATTA D K, et al. Effectiveness and efficiency of cross-border knowledge transfer: An empirical examination [J]. Journal of Management Studies, 2008, 45 (4): 714-744.

[291] PERKMANN M, TARTARI V, MCKELVEY M, et al. Academic engagement and commercialisation: A review of the literature on university-industry relations [J]. Research Policy, 2013, 42 (2): 423-426.

[292] PEDRYCZ W, HOMENDA W. From fuzzy cognitive maps to granular cognitive maps [J]. Fuzzy Systems, IEEE Transactions on, 2014, 22 (4): 859-869.

[293] PELLEGRINELLI S, GARAGNA L. Towards a conceptualisation of PMOs as agents and subjects of change and renewal [J]. International Journal of

Project Management, 2009, 27 (7): 649–656.

[294] PEMSEL S, WIEWIORA A. Project management office a knowledge broker in project-based organisations [J]. International Journal of Project Management, 2013, 31 (1): 31–42.

[295] PEMSEL S, WIEWIORA A, MÜLLER R, et al. A conceptualization of knowledge governance in project-based organizations [J]. International Journal of Project Management, 2014, 32 (8): 1411–1422.

[296] PEMSEL S, WIDÉN K. Bridging boundaries between organizations in construction [J]. Construction Management and Economics, 2011, 29 (5): 495–506.

[297] PENDLETON A, WILSON N, WRIGHT M. The perception and effects of share ownership: Empirical evidence from employee buy-outs [J]. British Journal of Industrial Relations, 1998, 36 (1): 99–123.

[298] PENG L, LAI L. A service innovation evaluation framework for tourism ecommerce in China based on BP neural network [J]. Electronic Markets, 2014, 24 (1): 37–46.

[299] PEREIRA L F, GONCALVES A F. Knowledge management in projects [J]. International Journal of Knowledge Management, 2021, 17 (1): 1–14.

[300] PERSSON O. The intellectual base and research fronts of JASIS 1986–1990 [J]. Journal of the American Society for Information Science, 1994, 45 (1): 31–38.

[301] PINDER C C. Work Motivation in Organizational Behavior [M]. Brandon: Psychology Press, 2014.

[302] PINTO J K, MANTEL JR S J. The causes of project failure [J]. Engineering Management, IEEE Transactions on, 1990, 37 (4): 269–276.

[303] POWELL W W. Inter-organizational collaboration in the biotechnology industry [J]. Journal of Institutional and Theoretical Economics (JITE) /Zeitschrift für die gesamte Staatswissenschaft, 1996: 197–215.

[304] PRENCIPE A, TELL F. Inter-project learning: Processes and outcomes of

knowledge codification in project – based firms ［J］. Research Policy, 2001, 30（9）, 1373–1394.

［305］ PRICE D D. Networks of scientific papers ［J］. Science, 1965, 149, 510–515.

［306］ Project Management Institute Standards Committee. A Guide to the Project Management Body of Knowledge ［M］, 4th ed. Boston: Project Management Institute, 2008.

［307］ RAUDENBUSH S W, BRYK A S. Hierarchical linear models: Applications and data analysis methods ［M］. New York: Sage, 2002.

［308］ REAGANS R, MCEVILY B. Network structure and knowledge transfer: The effects of cohesion and range ［J］. Administrative Science Quarterly, 2003, 48（2）: 240–267.

［309］ REED A H, KNIGHT L V. Effect of a virtual project team environment on communication-related project risk ［J］. International Journal of Project Management, 2010, 28（5）: 422–427.

［310］ REICH B H. Managing knowledge and learning in IT projects: A conceptual framework and guidelines for practice ［C］. Project Management Institute, 2007.

［311］ REICH B H, GEMINO A, SAUER C. Knowledge management and project-based knowledge in it projects: A model and preliminary empirical results ［J］. International Journal of Project Management, 2012, 30（6）: 663–674.

［312］ REICH B H, GEMINO A, SAUER C. How knowledge management impacts performance in projects: An empirical study ［J］. International Journal of Project Management, 2014, 32（4）: 590–602.

［313］ REN X, YAN Z, WANG Z J, et al. Inter-project knowledge transfer in project-based organizations: An organizational context perspective ［J］. Management Decision, 2020, 58（5）: 844–863.

［314］ REN X, DENG X F, LIANG L H. Knowledge transfer between projects within project-based organizations: The project nature perspective ［J］.

Journal of Knowledge Management, 2018, 22 (5): 1082-1103.

[315] RHODES J, HUNG R, LOK P, et al. Factors influencing organizational knowledge transfer: Implication for corporate performance [J]. Journal of Knowledge Management, 2008, 12 (3): 84-100.

[316] ROTHAERMEL F T, AGUNG S D, JIANG L. University entrepreneurship: A taxonomy of the literature [J]. Industrial and Corporate Change, 2007, 16 (4): 691-791.

[317] ROTIMI E D, et al. BIM knowledge transfer in construction industry: A partial least square analysis [J]. Journal of Engineering Design and Technology, 2022.

[318] RUAN D, HARDEMAN F, MKRTCHYAN L. Using belief degree-distributed fuzzy cognitive maps in nuclear safety culture assessment [C] //Fuzzy Information Processing Society (NAFIPS), 2011 Annual Meeting of the North American. IEEE, 2011: 1-6.

[319] RYU C, KIM Y J, CHAUDHURY A, et al. Knowledge acquisition via three learning processes in enterprise information portals: Learning-by-investment, learning-by-doing, and learning-from-others [J]. Mis Quarterly, 2005, 29 (2): 245-278.

[320] SALMERON J L. Modelling grey uncertainty with fuzzy grey cognitive maps [J]. Expert Systems with Applications, 2010, 37 (12): 7581-7588.

[321] SANTORO F M, BORGES M R S, REZENDE E A. Collaboration and knowledge sharing in network organizations [J]. Expert Systems with Applications, 2006, 31 (4): 715-727.

[322] SANTORO M D, GOPALAKRISHNAN S. The institutionalization of knowledge transfer activities within industry-university collaborative ventures [J]. Journal of engineering and technology management, 2000, 17 (3): 299-319.

[323] SANTOS V R, SOARES A L, CARVALHO J Á. Knowledge sharing barriers in complex research and development projects: An exploratory study on the perceptions of project managers [J]. Knowledge and Process Manage-

ment, 2012, 19 (1): 27-38.

[324] SAVOLAINEN T. Sharing tacit knowledge in a project-based organization: Perspective of Trust [J]. Research reports in Industrial Engineering and Management, Oulu, 2008, 2 (2008): 676-688.

[325] SCHINDLER M, EPPLER M J. Harvesting project knowledge: A review of project learning methods and success factors [J]. International Journal of Project Management, 2003, 21 (3): 219-228.

[326] SCHMIDHUBER J. Deep learning in neural networks: An overview [J]. Neural Networks, 2015, 61: 85-117.

[327] SELTEN R. A note on evolutionarily stable strategies in asymmetric animal conflicts [J]. Journal of Theoretical Biology, 1980, 84 (1): 93-101.

[328] SIEGEL D S, WALDMAN D, LINK A. Assessing the impact of organizational practices on the relative productivity of university technology transfer offices: An exploratory study [J]. Research Policy, 2003, 32 (1): 27-48.

[329] SIEGEL D S, WRIGHT M. Academic entrepreneurship: Time for a rethink? [J]. British Journal of Management, 2015, 26 (4): 582-95.

[330] SIEMSEN E, ROTH A V, BALASUBRAMANIAN S. How motivation, opportunity, and ability drive knowledge sharing: The constraining-factor model [J]. Journal of Operations Management, 2008, 26 (3): 426-445.

[331] SIMONIN B L. Ambiguity and the process of knowledge transfer in strategic alliances [J]. Strategic Management Journal, 1999, 20 (7): 595-623.

[332] SMALL H. Co-citation in the scientific literature: A new measure of the relationship between two documents [J]. Journal of the American Society for information Science, 1973, 24 (4): 265-269.

[333] SMITH J M. A quick measure of achievement motivation [J]. British Journal of Social and Clinical Psychology, 1973, 12 (2): 137-143.

[334] SÖDERLUND J. Theoretical Foundations of Project Management: Suggestions for a Pluralistic Understanding [M] //MORRIS W G, PINTO J K,

Söderlund J. The Oxford Handbook of Project Management . New York：Oxford University Press, 2011.

[335] SÖDERLUND J, VAAGAASAR A L, ANDERSEN E S. Relating, reflecting and routinizing：Developing project competence in cooperation with others [J]. International Journal of Project Management, 2008, 26 (5)：517-526.

[336] SONG H J, MIAO C Y, WUYTS R, et al. An extension to fuzzy cognitive maps for classification and prediction [J]. Fuzzy Systems, IEEE Transactions on, 2011, 19 (1)：116-135.

[337] SOUSA M. Open innovation models and the role of knowledge brokers [J]. Inside Knowledge, 2008, 11 (6)：18-22.

[338] SPARROWE R T, LIDEN R C. Process and structure in leader-member exchange [J]. Academy of management Review, 1997, 22 (2)：522-552.

[339] SRIKANTH R. Islands of control：A knowledge-based strategy formanaging projects [D]. New York：New York University, 1991.

[340] STACH W, KURGAN L, PEDRYCZ W, et al. Genetic learning of fuzzy cognitive maps [J]. Fuzzy Sets and Systems, 2005, 153 (3)：371-401.

[341] STEVENSON H H, JARILLO J C. A paradigm of entrepreneurship：Entrepreneurial management [J]. Strategic Management Journal, 1990, 11 (5)：17-27.

[342] STRENIO J F, BRYK W A S . Empirical bayes estimation of individual growth-curve parameters and their relationship to covariates. [J]. Biometrics, 1983, 39 (1)：71-86.

[343] SU Y J, WU R. The applications of BP neural network based on MIV in hydraulic fracturing [J]. Advanced Materials Research, 2014, 971：300-305.

[344] SWIFT M, BALKIN D B, MATUSIK S F. Goal orientations and the motivation to share knowledge [J]. Journal of Knowledge Management, 2010, 14 (3)：378-393.

[345] SYED-IKHSAN S O S, ROWLAND F. Knowledge management in a public

organization: A study on the relationship between organizational elements and the performance of knowledge transfer [J]. Journal of Knowledge Management, 2004, 8 (2): 95-111.

[346] SYDOW J, LINDKVIST L, DEFILLIPPI R. Project-based organizations, embeddedness and repositories of knowledge: Editorial [J]. Organization Studies-Berlin-Eurpean Group for Organizational Studies, 2004, 25 (9): 1475-1492.

[347] SZULANSKI G. Intra-Firm Transfer of Best Practices Project [M]. American Productivity and Quality Center, 1994.

[348] SZULANSKI G. Unpacking stickiness: An empirical investigation of the barriers to transfer best practice inside the firm [J]. Academy of Management Proceedings, 1995 (1): 437-441.

[349] SZULANSKI G. Exploring internal stickiness: Impediments to the transfer of best practice within the firm [J]. Strategic management journal, 1996, 17 (S2): 27-43.

[350] TEECE D J, ARMOUR H O. Innovation and divestiture in the US oil industry [M] //R & D in Energy: Implications of Petroleum Industry Reorganization, David J T. Stanford: Stanford University Institute for Energy Studies, 1977: 7-93.

[351] TELL F. Knowledge integration and innovation: A survey of the field [M] //BERGGREN C, BERGEK A, BENGTSSON L, et al. Knowledge Integration and Innovation. Critical Challenges Facing International Technology - based Firms . New York: Oxford University Press, 2011.

[352] TESORIERO R. Experience-based project management in a distributed development environments [D]. College Park: University of Maryland, 1999.

[353] TEO T S H, LIM V K G, LAI R Y C. Intrinsic and extrinsic motivation in Internet usage [J]. Omega, 1999, 27 (1): 25-37.

[354] THO N D, TRANG N T M. Can knowledge be transferred from business schools to business organizations through in-service training students? SEM and fsQCA findings [J]. Journal of Business Research, 2015, 68 (6): 1332-1340.

［355］ TRAYLOR M B, JOSEPH W B. Measuring consumer involvement in products: Developing a general scale ［J］. Psychology and Marketing, 1984, 1 (2): 65-77.

［356］ TURNER R J, KEEGAN A. The management of operations in the project based organisation ［J］. Journal of Change Management, 2000, 1 (2), 131-148.

［357］ TURNER J R, MÜLLER R. On the nature of the project as a temporary organization ［J］. International Journal of Project Management, 2003, 21 (1): 1-8.

［358］ TURNER T, PENNINGTON III W W. Organizational networks and the process of corporate entrepreneurship: How the motivation, opportunity, and ability to act affect firm knowledge, learning, and innovation ［J］. Small Business Economics, 2015, 45 (2): 1-17.

［359］ TYLER T R, BLADER S L. Identity and cooperative behavior in groups ［J］. Group Processes and Intergroup Relations, 2001, 4 (3): 207-226.

［360］ UNGER B N, GEMÜNDEN H G, AUBRY M. The three roles of a project portfolio management office: Their impact on portfolio management execution and success ［J］. International Journal of Project Management, 2012, 30 (5): 608-620.

［361］ VAKKAYIL J D. Activity theory: A useful framework for analysing project-based organizations ［J］. Vikalpa, 2010, 35 (3): 1-18.

［362］ VALLERAND R J. Deci and Ryan's self-determination theory: A view from the hierarchical model of intrinsic and extrinsic motivation ［J］. Psychological Inquiry, 2000, 11 (4): 312-318.

［363］ VAN DONK D P, RIEZEBOS J. Exploring the knowledge inventory in project-based organisations: A case study ［J］. International Journal of Project Management, 2005, 23 (1): 75-83.

［364］ VAN DYNE L, PIERCE J L. Psychological ownership and feelings of possession: Three field studies predicting employee attitudes and organizational citizenship behavior ［J］. Journal of Organizational Behavior, 2004, 25 (4):

439-459.

[365] VAN WIJK R, JANSEN J J P, LYLES M A. Inter-and intra-organizational knowledge transfer: A meta-analytic review and assessment of its antecedents and consequences [J]. Journal of Management Studies, 2008, 45 (4): 830-853.

[366] VILLARROEL J A, TAYLOR J E, TUCCI C L. Innovation and learning performance implications of free revealing and knowledge brokering in competing communities: Insights from the Netflix Prize challenge [J]. Computational and Mathematical Organization Theory, 2013, 19 (1): 42-77.

[367] VON KROGH G, NONAKA I, RECHSTEINER L. Leadership in organizational knowledge creation: A review and framework [J]. Journal of Management Studies, 2012, 49 (1): 240-277.

[368] WANG H, MENG X H. BIM-supported knowledge management: Potentials and expectations [J]. Journal of Management in Engineering, 2021, 37 (4): 1-13.

[369] WANG H, MENG X H, ZHU X Y. Improving knowledge capture and retrieval in the BIM environment: Combining case-based reasoning and natural language processing [J]. Automation in construction, 2022, 139 (6): 1-19.

[370] WANG X, DOLFSMA W, VAN DER BIJ H. Individual performance in a coopetitive R & D alliance: Motivation, opportunity and ability [J]. R & D Management, 2019, 49 (5): 762-774.

[371] WARD V, HOUSE A, HAMER, S. Knowledge brokering: Exploring the process of transferring knowledge into action [J]. BMC Health Services Research, 2009, 9 (12): 1-6.

[372] WAVEREN C, STEYN H, TSHUMA B. The mediation role of the PMO in the transfer of knowledge between projects-a case study of five PMOs [J]. International Journal of Managing Projects in Business, 2022, 15 (1): 150-174.

[373] WAYNE S J, SHORE L M, LIDEN R C. Perceived organizational support

and leader-member exchange: A social exchange perspective [J]. Academy of Management journal, 1997, 40 (1): 82-111.

[374] WEIBULL J W. Evolutionary Game Theory [M]. Cambridge: MIT Press, 1997.

[375] WEI Y, MIRAGLIA S . Organizational culture and knowledge transfer in project-based organizations: The oretical insights from a Chinese construction firm [J]. International Journal of Project Management, 2017, 35 (4): 571-585.

[376] WIEWIORA A, TRIGUNARSYAH B, MURPHY G, et al. Organizational culture and willingness to share knowledge: A competing values perspective in Australian context [J]. International Journal of Project Management, 2013, 31 (8): 1163-1174.

[377] WU J B, HOM P W, TETRICK L E, et al. The norm of reciprocity: Scale development and validation in the Chinese context [J]. Management and Organization Review, 2006, 2 (3): 377-402.

[378] XU J, HE M Q, JIANG Y. A novel framework of knowledge transfer system for construction projects based on knowledge graph and transfer learning [J]. Expert Systems with Applications, 2022, 199 (8): 1-18.

[379] XUAN Z G, XIA H X, DU Y Y. Adjustment of knowledge-connection structure affects the performance of knowledge transfer [J]. Expert Systems with Applications, 2011, 38 (12): 14935-14944.

[380] YAN M X, DING J Z. The Knowledge Sharing Model for Logistics Coalition Based on Evolutionary Game Theory [M] //LISS 2013. Berlin: Springer, 2015: 601-607.

[381] ZAHEER A, REHMAN K, AHMAD A. Organizational culture assessment of small and medium-sized enterprises [J]. The Lahore Journal of Economics, 2006, 11 (2): 155-167.

[382] ZAHRA S A, IRELAND R D, HITT M A. International expansion by new venture firms: International diversity, mode of market entry, technological learning, and performance [J]. Academy of Management journal, 2000,

43 (5): 925-950.

[383] ZELLMER-BRUHN M, GIBSON C. Multinational organization context: Implications for team learning and performance [J]. Academy of Management Journal, 2006, 49 (3): 501-518.

[384] ZHANG L Y, ZHANG X. SVM-based techniques for predicting cross-functional team performance: Using team trust as a predictor [J]. Engineering Management, IEEE Transactions on, 2015, 62 (1): 114-121.

[385] ZHANG P H, NG F F. Explaining Knowledge-Sharing Intention in Construction Teams in Hong Kong [J]. Journal of Construction Engineering and Management-Asce, 2013, 139 (3): 280-293.

[386] ZHANG Y Y, ZHAO J J, LIANG W. The fault diagnosis of electric power metering system based on momentum BP neural network [J]. Applied Mechanics and Materials, 2014, 668: 724-728.

[387] ZHOU H T, WANG H W, ZENG W. Smart construction site in mega construction projects: A case study on island tunneling project of Hong Kong-Zhuhai-Macao Bridge [J]. Frontiers of Engineering Management, 2018, 5 (1): 83-92.

[388] ZHOU Q W, DENG X P, HWANG B G, et al. Integrated framework of horizontal and vertical cross-project knowledge transfer mechanism within project-based organizations [J]. Journal of Management in Engineering, 2020, 36 (5): 1-15.

[389] ZHOU Q W, et al. Knowledge transfer among members within cross-cultural teams of international construction projects [J]. Engineering Construction and Architectural Management, 2022, 30 (4): 1787-1808.

[390] ZHOU S, QIN L P, ZHANG J X, et al. Research on the influencing factors of knowledge transfer among construction workers based on social cognitive theory [J]. Engineering Construction and Architectural Management, 2022, 30 (4): 1768-1786.

附　录

附录1　项目型组织知识转移特征要素重要程度评分量表

尊敬的专家：

十分感谢您能在百忙之中回答我们的问卷。我们是"项目型组织知识转移系统研究"课题组的成员。本次调查的目的是评价项目型组织知识转移特征要素的重要程度，问卷中的问题选项没有对错之分，请根据您的工作实践和专业知识，如实反映真实想法及项目实际情况。问卷不记名，您提供的一切信息只用于学术研究，在整个分析处理过程中对外保密，请放心填写。

您的支持对完成本研究非常重要，如果没有您的支持和参与，本研究项目将难以实现。非常感谢您的重视和关照！

针对您所在的项目型组织情况，根据以下描述对项目型组织知识转移要素的重要程度打分，在对应的分值上打钩。

1：非常不重要；2：不重要；3：一般；4：重要；5：非常重要。

序号	指标	指标释义	分值
1	平衡互惠	知识转移方在共享知识的同时期待接收方给予回报	1□　2□　3□　4□　5□
2	个人兴趣	发自内心地探索、共享、转移知识	1□　2□　3□　4□　5□
3	避免惩罚	为了逃避组织惩罚而进行知识转移	1□　2□　3□　4□　5□
4	员工情感承诺	出于对组织的情感、信任、支持而进行知识转移	1□　2□　3□　4□　5□

序号	指标	指标释义	分值				
5	成就动机	完成知识转移的成就感（自我激励和鞭策）	1□	2□	3□	4□	5□
6	模仿领导者行为	领导者营造了知识共享和互动的良好氛围，模仿领导者而进行知识转移	1□	2□	3□	4□	5□
7	自我实现	乐于共享知识，实现自我价值	1□	2□	3□	4□	5□
8	组织目标一致性	项目型组织中各项目之间、团队之间，以及与其父组织间的目标一致	1□	2□	3□	4□	5□
9	组织凝聚力	项目型组织成员间依靠诚实、互惠凝聚在一起	1□	2□	3□	4□	5□
10	组织支持感	项目成员对于组织如何看待其贡献以及关心其利益的一种总体感觉和信念	1□	2□	3□	4□	5□
11	组织领导力	组织的一种特殊人际影响力	1□	2□	3□	4□	5□
12	组织学习	组织为了实现发展目标、提高核心竞争力而围绕信息和知识采取的各种行动	1□	2□	3□	4□	5□
13	人际关系网络	组织知识或个人经验等通过人际关系网络实现转移或共享	1□	2□	3□	4□	5□
14	知识中介	独立于组织之外的第三方服务机构，提供专业化的咨询服务或智力支持	1□	2□	3□	4□	5□
15	组织网络	组织知识或个人经验通过组织结构节点网络实现转移或共享	1□	2□	3□	4□	5□
16	隐性知识	不能清晰地表达和有效转移的知识，具有默会性、黏聚性等	1□	2□	3□	4□	5□
17	显性知识	能够明确地表达的知识	1□	2□	3□	4□	5□
18	知识转移参与度	在知识转移过程中，组织成员是否积极参与并有效接收知识，组织规划完善，团队氛围良好	1□	2□	3□	4□	5□
19	知识转移满意度	对所接收知识的及时性、完整性、准确性的满意程度	1□	2□	3□	4□	5□
20	知识心理所有权	对所接收知识是否可以熟练掌握、灵活运用、举一反三	1□	2□	3□	4□	5□

附录 2　稳定状态下动态粒认知图概念节点相关性系数

附表 1　稳定状态下动态粒认知图概念节点相关性系数（最大值）

附表 2　稳定状态下动态粒认知图概念节点相关性系数（平均值）

附表 3　稳定状态下动态粒认知图概念节点相关性系数（最小值）

附表 1 稳定状态下动态粒认知图概念节点相关性系数（最大值）

	C_2	C_3	C_4	C_5	C_6	C_7	C_8	C_9	C_{10}	C_{11}	C_{12}	C_{13}	C_{14}	C_{15}	C_{16}	C_{17}	C_{18}	C_{19}	C_{20}
C_1	0.004	0.004	0.710	0.720	-0.662	0.005	0.004	0.703	0.593	0.004	0.004	0.004	0.678	0.004	-0.628	0.004	0.638	0.656	0.632
C_2		0.004	-0.621	0.003	0.010	0.004	0.004	0.004	-0.622	0.004	0.003	0.004	0.004	0.653	0.668	0.660	-0.649	0.004	0.003
C_3			0.703	0.003	0.005	0.005	0.721	0.636	0.003	0.004	0.004	0.004	0.004	0.005	0.004	0.004	0.673	0.659	0.672
C_4				0.709	0.004	0.005	0.641	0.642	0.613	0.004	0.004	0.004	0.004	0.004	-0.637	0.004	0.721	0.666	0.627
C_5					-0.610	0.003	0.003	0.641	0.626	0.003	0.003	0.003	0.639	0.003	-0.638	0.003	0.633	0.666	0.724
C_6						0.666	0.005	0.005	-0.624	0.741	0.004	0.741	0.004	0.771	0.716	0.004	0.005	0.005	-0.607
C_7							0.005	0.005	0.003	0.676	0.676	0.676	0.005	0.703	0.646	0.724	0.733	0.625	0.732
C_8								0.631	0.003	0.004	0.004	0.004	0.004	0.005	0.004	0.004	0.672	0.676	0.671
C_9									0.003	0.004	0.004	0.004	0.005	0.005	0.005	0.004	0.672	0.676	0.004
C_{10}										0.004	0.004	0.004	0.003	0.003	-0.602	0.004	0.612	0.639	0.605
C_{11}											0.004	0.004	0.004	0.602	0.004	0.622	0.004	0.004	0.004
C_{12}												0.725	0.004	0.625	0.004	0.004	0.004	0.004	0.003
C_{13}													0.004	0.625	0.004	0.004	0.004	0.004	0.004
C_{14}														0.005	0.004	0.004	0.608	0.579	0.004
C_{15}															0.702	0.004	0.005	0.005	0.608
C_{16}																0.004	-0.620	-0.607	-0.616
C_{17}																	0.004	0.004	0.003
C_{18}																		0.658	0.641
C_{19}																			0.658

附表 2　稳定状态下动态粒认知图概念节点相关性系数（平均值）

	C_1	C_2	C_3	C_4	C_5	C_6	C_7	C_8	C_9	C_{10}	C_{11}	C_{12}	C_{13}	C_{14}	C_{15}	C_{16}	C_{17}	C_{18}	C_{19}	C_{20}
C_1		-0.001	0.003	0.548	0.645	-0.460	0.003	0.003	0.548	0.537	0.003	0.003	0.003	0.564	0.003	-0.534	0.003	0.551	0.615	0.546
C_2			-0.001	-0.561	-0.001	0.002	-0.002	-0.001	-0.002	-0.541	-0.001	-0.001	-0.001	-0.001	-0.573	0.541	0.581	-0.592	-0.001	-0.001
C_3				0.548	0.002	-0.001	0.003	0.646	0.525	0.002	0.003	0.003	0.003	0.003	0.004	-0.001	0.003	0.537	0.576	0.537
C_4					0.547	-0.001	0.003	0.580	0.520	0.437	0.003	0.003	0.003	0.003	0.003	-0.562	0.003	0.646	0.582	0.516
C_5						-0.464	0.002	0.002	0.520	0.438	0.002	0.002	0.002	0.582	0.002	-0.562	0.002	0.526	0.582	0.517
C_6							0.498	-0.001	-0.001	-0.503	0.575	-0.001	0.575	-0.001	0.604	0.583	-0.001	-0.001	-0.001	-0.528
C_7								0.003	0.004	0.002	0.587	0.587	0.547	0.004	0.576	0.548	0.623	0.558	0.543	0.558
C_8									0.556	0.002	0.003	0.003	0.003	0.003	0.004	-0.001	0.003	0.533	0.570	0.532
C_9										0.002	0.003	0.003	0.003	0.003	0.004	-0.001	0.003	0.533	0.570	0.003
C_{10}											0.002	0.002	0.002	0.002	0.001	-0.535	0.002	0.524	0.548	0.524
C_{11}												0.003	0.623	0.003	0.502	-0.001	0.003	0.003	0.003	0.003
C_{12}													0.003	0.003	0.553	-0.001	0.003	0.003	0.003	0.003
C_{13}														0.003	0.553	-0.001	0.560	0.003	0.003	0.003
C_{14}															0.004	-0.001	0.003	0.508	0.531	0.508
C_{15}																0.646	0.003	0.004	0.004	0.003
C_{16}																	-0.001	-0.564	-0.530	-0.519
C_{17}																		0.003	0.003	0.003
C_{18}																			0.587	0.537
C_{19}																				0.587

附表 3　稳定状态下动态粒认知图概念节点相关性系数（最小值）

	C_2	C_3	C_4	C_5	C_6	C_7	C_8	C_9	C_{10}	C_{11}	C_{12}	C_{13}	C_{14}	C_{15}	C_{16}	C_{17}	C_{18}	C_{19}	C_{20}
C_1	-0.006	0.002	0.486	0.570	-0.399	0.002	0.002	0.492	0.410	0.002	0.002	0.002	0.470	0.002	-0.440	0.002	0.465	0.574	0.420
C_2		-0.007	-0.501	-0.004	-0.006	-0.007	-0.007	-0.007	-0.460	-0.006	-0.006	-0.006	-0.007	0.373	0.415	0.441	-0.535	-0.007	-0.006
C_3			0.462	0.001	-0.007	0.002	0.570	0.414	0.000	0.002	0.002	0.002	0.002	0.002	-0.006	0.002	0.432	0.494	0.402
C_4				0.486	0.006	0.002	0.499	0.429	0.420	0.002	0.002	0.002	0.002	0.002	-0.486	0.002	0.570	0.499	0.405
C_5					-0.418	0.002	0.001	0.429	0.400	0.002	0.002	0.002	0.473	0.002	-0.486	0.002	0.460	0.498	0.421
C_6						0.431	-0.007	-0.007	-0.421	0.489	-0.005	0.409	-0.007	0.438	0.451	-0.006	-0.007	-0.007	-0.484
C_7							0.002	0.002	0.000	0.478	0.498	0.418	0.003	0.448	0.451	0.522	0.423	0.392	0.433
C_8								0.442	0.000	0.002	0.002	0.002	0.002	0.002	-0.006	0.002	0.413	0.464	0.454
C_9									0.000	0.002	0.002	0.002	0.002	0.002	-0.007	0.002	0.413	0.464	0.002
C_{10}										0.000	0.000	0.000	0.000	-0.001	-0.427	0.000	0.406	0.456	0.393
C_{11}											0.003	0.522	0.003	0.402	-0.006	0.003	0.002	0.002	0.002
C_{12}												0.003	0.003	0.411	-0.005	0.477	0.002	0.002	0.002
C_{13}													0.003	0.411	-0.006	0.003	0.002	0.002	0.002
C_{14}														0.003	-0.006	0.003	0.407	0.483	0.467
C_{15}															0.589	0.003	0.002	0.003	0.002
C_{16}																-0.005	-0.509	-0.453	-0.487
C_{17}																	0.002	0.002	0.002
C_{18}																		0.516	0.472
C_{19}																			0.516

附录 3 项目型组织知识转移系统调查问卷

尊敬的先生/女士：

十分感谢您能在百忙之中回答我们的问卷。我们是"项目型组织知识转移系统研究"课题组的成员。本次调查的目的是研究项目型组织成员知识转移动机和组织情境对知识转移效果的影响，问卷中的问题选项没有对错之分，请根据您的工作实践和专业知识，如实反映真实想法及项目实际情况。问卷不记名，您提供的一切信息只用于学术研究，在整个分析处理过程中对外保密，请放心填写。

您的支持对完成本研究非常重要，如果没有您的支持和参与，本研究项目将难以实现。非常感谢您的重视和关照！

请根据您参与建设项目时的经验完成本问卷。

第一部分 基础信息

1. 性别： □男 □女

2. 您的年龄： □20~30 岁 □31~40 岁 □41~50 岁 □51 岁以上

3. 您在建筑业或相关行业的工作年限：

□1 年以内 □1~5 年 □6~10 年 □11~15 年 □16~20 年
□大于 20 年

4. 您在贵单位中担任的职务：

□一般员工 □基层管理人员 □中层管理人员 □高层管理人员

第二部分 量表测量

A.项目型组织成员知识转移效果

针对您所在项目中的个人情况，根据以下描述与实际的吻合程度，在对应分值上打钩。

1：非常不符合；2：不符合；3：一般；4：符合；5：非常符合。

序号	知识转移参与度	分值
1	工作业务规划很完善，并且大多数人都积极参与	1☐ 2☐ 3☐ 4☐ 5☐
2	组织由很多团队或部门构成，人们喜欢以团队的形式共事	1☐ 2☐ 3☐ 4☐ 5☐
3	大部分员工都积极参与工作并努力完成分配的任务	1☐ 2☐ 3☐ 4☐ 5☐
4	决定通常是在充分征求各部门意见的基础上做出的	1☐ 2☐ 3☐ 4☐ 5☐

序号	知识转移满意度	分值
1	不同组织成员间可以实现无障碍的知识共享	1☐ 2☐ 3☐ 4☐ 5☐
2	知识共享过程中能够保证知识的准确性	1☐ 2☐ 3☐ 4☐ 5☐
3	知识共享过程中能够保证知识的完整性	1☐ 2☐ 3☐ 4☐ 5☐
4	能够及时地得到工作所需的信息（知识）	1☐ 2☐ 3☐ 4☐ 5☐
5	在该项目中知识转移效率很高	1☐ 2☐ 3☐ 4☐ 5☐

序号	知识心理所有权	分值
1	在该项目中工作的过程中，能够熟练掌握学到的知识	1☐ 2☐ 3☐ 4☐ 5☐
2	经过一段时间，能够将吸收的知识转化为自己的知识	1☐ 2☐ 3☐ 4☐ 5☐
3	能够将学到的技能（知识）灵活地运用到工作中	1☐ 2☐ 3☐ 4☐ 5☐
4	遇到类似问题时可以举一反三、触类旁通	1☐ 2☐ 3☐ 4☐ 5☐

B.项目型组织成员知识转移动机

序号	平衡互惠	分值
1	组织对我的个人利益和组织利益同样关心	1☐ 2☐ 3☐ 4☐ 5☐
2	组织看重我的工作努力程度与所获得的回报相称	1☐ 2☐ 3☐ 4☐ 5☐
3	只要我关心组织的利益，组织就会关心我的利益	1☐ 2☐ 3☐ 4☐ 5☐
4	如果我尽心尽力并且工作出色，组织就会给我提升的机会	1☐ 2☐ 3☐ 4☐ 5☐
5	若我的工作业绩超过组织要求，组织会给我额外的奖励	1☐ 2☐ 3☐ 4☐ 5☐

序号	成就动机	分值
1	面对我没有把握解决的难题时，我会非常兴奋、快乐	1☐ 2☐ 3☐ 4☐ 5☐
2	我会被那些能了解自己有多少才智的工作吸引	1☐ 2☐ 3☐ 4☐ 5☐
3	我会被有困难的任务吸引	1☐ 2☐ 3☐ 4☐ 5☐
4	面对能测量我能力的机会，我感到一种鞭策和挑战	1☐ 2☐ 3☐ 4☐ 5☐
5	能够测量我能力的机会对我来说是有吸引力的	1☐ 2☐ 3☐ 4☐ 5☐

序号	避免惩罚	分值				
1	我不喜欢做那些我不知道自己能否胜任的事	1□	2□	3□	4□	5□
2	做那些看起来相当困难的事时，我感到很担心	1□	2□	3□	4□	5□
3	我不喜欢在不熟悉的环境下工作，即使无人知道也一样	1□	2□	3□	4□	5□
4	我对那些没有把握能胜任的工作感到忧虑	1□	2□	3□	4□	5□
5	我不希望被分配到有困难的工作	1□	2□	3□	4□	5□
序号	员工情感承诺	分值				
1	即使单位效益差也不愿离开	1□	2□	3□	4□	5□
2	对单位感情深	1□	2□	3□	4□	5□
3	愿为单位做任何贡献	1□	2□	3□	4□	5□
4	愿为单位贡献全部心血	1□	2□	3□	4□	5□
5	愿为单位贡献业余努力	1□	2□	3□	4□	5□

C. 组织情境

序号	组织目标一致性	分值				
1	建设项目参与单位的目标与建设项目的目标协调一致	1□	2□	3□	4□	5□
2	基于建设项目，各参与单位的目标一致	1□	2□	3□	4□	5□
3	个人目标与其所在组织的目标高度一致	1□	2□	3□	4□	5□
4	对组织的目标有广泛的共识	1□	2□	3□	4□	5□
5	组织领导已经公开表明组织所需达成的目标	1□	2□	3□	4□	5□
序号	组织凝聚力	分值				
1	组织成员靠忠诚、互信凝聚在一起，成员都具有承担义务的责任感	1□	2□	3□	4□	5□
2	组织成员靠创新和发展结合在一起，并努力走在创新和发展的前端	1□	2□	3□	4□	5□
3	成功和完成项目目标把组织成员联系在一起，进取和取得胜利是组织成员共同的目标	1□	2□	3□	4□	5□
4	组织成员靠正规的制度和政策在一起工作，组织具有良好、顺畅的运作环境	1□	2□	3□	4□	5□

序号	组织支持感	分值
1	组织考虑员工的目标和价值观	1□　2□　3□　4□　5□
2	员工在遇到棘手的问题时可以得到组织的帮助	1□　2□　3□　4□　5□
3	组织愿意提供资源激发员工的工作潜能	1□　2□　3□　4□　5□
4	组织很重视员工的意见	1□　2□　3□　4□　5□
5	组织能够让员工担当最合适的工作	1□　2□　3□　4□　5□
6	组织管理者平时关心员工的工作满意度情况	1□　2□　3□　4□　5□
7	组织对员工完成的工作感到满意	1□　2□　3□　4□　5□

D. 专家反馈意见

您认为问卷还遗漏了关于建设项目知识转移的哪些问题或有什么不合理之处？

若您想获得此次调查问卷的研究结果，请留下您的姓名和联系方式。

姓名：＿＿＿＿＿＿＿＿＿　　电子邮件：＿＿＿＿＿＿＿＿＿＿＿

电话：＿＿＿＿＿＿＿＿＿　　通讯地址：＿＿＿＿＿＿＿＿＿＿＿